야고보서를 읽읍시다

오덕호 지음

쿰란출판사

| 머리말 |

　우리는 모두 건강하기를 바랍니다. 그렇다면 건강한 사람은 어떤 사람입니까? 다음 두 사람 중 누가 더 건강한지 생각해 보십시오. 첫 번째 사람은 심장, 간, 폐, 위 등 몸의 모든 부분이 보통 사람들보다 2배 이상 튼튼합니다. 그런데 신장은 몹시 약합니다. 두 번째 사람은 심장, 간, 폐, 위, 신장 등 몸의 모든 부분이 그냥 보통 정도로 튼튼합니다. 누가 더 건강한 사람입니까? 두 번째 사람이지요. 첫 번째 사람은 전혀 건강한 사람이 아닙니다. 오히려 약한 사람입니다. 사람은 몸의 다른 부분이 다 건강하다고 해도 한 부분이 매우 약하다면 약한 사람입니다. 사실 이런 사람은 얼마 지나지 않아서 다른 부분도 약해지고 맙니다. 몸 전체가 다 건강한 사람이 정말 건강한 사람입니다.
　신앙의 건강도 마찬가지입니다. 신앙이 건강한 성도는 신앙의 모든 부분이 다 건강한 사람입니다. 신앙의 다른 부분이 모두 뛰어나도 한 부분이 약하다면 신앙이 약한 사람입니다. 다음 두 성도를 비교해 보십시오. 첫 번째 성도는 성경 지식이 탁월합니다. 마음도 따뜻해서 어려운 사람을 보면 불쌍히 여기며 눈물을 흘립니다. 그러나 의지가 약해서 행동을 하지 못합니다. 어려운 이웃을 돕자고 하면 열정적으로 찬성하지만 막상 도우러 갈 때는 참여하지 않습니다. 두 번째 성도는 성경도 조금 알고 마음도 약간 따뜻합니다. 의지도 있어서 행동도 조금 합니다. 어려운 이웃을 돕자고 하면 소극적으로 찬성하지만 실제로 도우러 갈 때 참여합니다. 누가 더 건강한 성도입니까? 두 번째 성도입니다.

성경 지식도 비슷합니다. 신앙이 건강한 성도는 성경을 전체적으로 아는 사람입니다. 어떤 성도가 성경의 특정한 부분을 줄줄 외운다고 해도 성경의 다른 부분을 전혀 모른다면 건강한 성도가 아닙니다. 오히려 성경 전체를 조금씩이라도 알고 있는 성도가 더 건강한 성도입니다. 이단을 보십시오. 성경의 일부는 완전히 외울 정도로 잘 알지만 성경의 다른 부분은 잘 모르지 않습니까? 그래서 이단은 건강한 신앙생활을 하지 못하고 비뚤어진 신앙생활을 하는 것입니다.

건강한 신앙생활을 하려면 무엇을 잘해야 할까요? 크게 두 가지를 잘해야 합니다. 하나는 주님의 은혜를 믿고 의지하는 것입니다. 다른 하나는 주님의 말씀대로 사는 것입니다. 이 둘 중에서 하나만 잘하면 건강하지 못한 신앙생활입니다. 둘 다 잘해야 건강한 신앙생활입니다. 성경 지식에 있어서도 예수님의 십자가 은혜에 대한 말씀만 많이 알고 주님 뜻대로 살아야 한다는 말씀을 잘 모르면 건강하지 못한 신앙생활입니다.

성경은 크게 두 가지 내용으로 되어 있습니다. 하나는 주님을 믿고 의지하면 구원을 받는다는 말씀이고, 다른 하나는 주님을 믿는 사람은 주님의 말씀대로 살아야 한다는 말씀입니다. 신앙이 건강한 성도가 되려면 이 두 가지 내용을 모두 잘 알고 행해야 합니다. 만일 둘 중의 한 가지만 알고 그것만 행한다면 우리는 건강한 신앙인이 될 수 없습니다. 두 가지를 모두 알고 행해야 건강한 신앙인이 될 수 있습니다.

야고보서는 이 두 가지 내용 중 어느 것에 더 가까울까요? 주님의 말씀대로 살아야 한다는 것에 더 가깝지요. 이에 반해 갈라디아서에는 예수님의 은혜만 의지해야 한다는 말씀이 많이 나옵니다. 물론 갈라디아서에도 주님 뜻대로 살라는 말씀이 나오지만 그래도 갈라디아서의 주제는 예수님의 은혜만 믿고 의지해야 한다는 것입니다. 이에 반해 야고보서의 주제는 주님 말씀대로 살아야 한다는 것입니다. 믿는 성도는 행함이 있어야 한다는 것입니다.

저는 광주서석교회를 섬기기 시작하면서 수요기도회 시간에 성경을 강해했습니다. 가장 먼저 강해한 성경이 고린도전서 13장이었습니다. 왜냐하면 그때 교회에 가장 필요한 것이 성도들 간의 사랑이라고 믿었기 때문입니다. 그다음으로는 갈라디아서를 강해했습니다. 고린도전서 13장을 통해 바르게 사는 것을 강조했기 때문에 이번에는 예수님의 은혜만 믿고 의지하는 것을 강조하는 게 좋을 것 같았기 때문입니다.

갈라디아서를 강해한 후에는 야고보서를 강해했습니다. 믿음을 강조한 후에는 다시 행함을 강조하는 게 좋을 것이라고 생각했기 때문입니다. 야고보서는 행함을 강조하기 때문에 성도들에게 부담을 주는 책입니다. 하지만 아무리 부담이 되어도 올바른 신앙생활을 위해서는 꼭 필요한 말씀입니다.

특히 지금 한국 교회가 사회에서 비난을 받는 대표적인 이유가 무엇입니까? 행함이 없기 때문이 아닙니까? 그러므로 야고보서는 한국 교회가 꼭 관심을 가지고 읽어야 할 하나님의 말씀입니다. 비록 부족한 사람을 통해 전해지는 말씀이지만 하나님의 뜻을 이루어 드리는 데 작은 역할을 할 수 있기 바랍니다.

끝으로 뛰어난 성경 지식과 성실함으로 초고를 교정해 주신 서은정 목사님께 감사를 드립니다. 졸저의 출판을 위해 많은 수고를 해주신 쿰란출판사의 이형규 장로님과 모든 직원들께도 감사를 드립니다.

2014년 10월
오덕호

| 목 차 |

머리말 … 2

I. 시련을 이기는 믿음

1. 이제 굳은 음식을 먹어도 될까요?(약 1:1) … 10
2. 시련도 축복입니다(약 1:2-4) … 24
3. 시련을 만나면 지혜를 구하십시오(약 1:5-8) … 37
4. 재물의 시련을 이기십시오(약 1:9-11) … 52
5. 시련을 만나도 미혹되지 마십시오(약 1:12-18) … 66

II. 행함이 있는 믿음

6. 들을 줄 아는 사람이 되십시오(약 1:19-21) … 80
7. 말씀을 들으면 행해야 합니다(약 1:22-27) … 93
8. 참된 교회에는 차별이 없습니다(약 2:1-13) … 107
9. 사랑과 평강의 교회(약 2:1-13) … 121
10. 죽은 믿음, 죽이는 믿음(약 2:14-26) … 134
11. 하나님의 종과 사탄의 종이 어떻게 다릅니까?(약 2:14-26) … 149

III. 지혜로운 믿음

12. 지도자는 더 큰 심판을 받습니다(약 3:1-2) … **162**
13. 내 입에 파수꾼을 세워 주소서(약 3:3-12) … **174**
14. 참된 지혜는 온유한 행동으로 나타납니다(약 3:13-18) … **187**

IV. 겸손한 믿음

15. 다투지 말고 기도하십시오(약 4:1-4) … **202**
16. 하나님의 열렬한 사랑(약 4:5-10) … **215**
17. 이웃을 비방하지 마십시오(약 4:11-12) … **228**
18. 큰소리치지 마십시오(약 4:13-17) … **240**
19. 천국에 합당한 부자(약 5:1-6) … **254**

V. 인내하는 믿음

20. 참는 사람이 복을 받습니다(약 5:7-11) … **268**
21. 쓸데없는 말 대신 찬양과 기도를 하십시오(약 5:12-15) … **282**
22. 능력의 기도와 따뜻한 사랑이 가득한 교회(약 5:16-20) … **296**

I. 시련을 이기는 믿음

1. 이제 굳은 음식을 먹어도 될까요?(약 1:1)
2. 시련도 축복입니다(약 1:2-4)
3. 시련을 만나면 지혜를 구하십시오(약 1:5-8)
4. 재물의 시련을 이기십시오(약 1:9-11)
5. 시련을 만나도 미혹되지 마십시오(약 1:12-18)

1. 이제 굳은 음식을 먹어도 될까요?

하나님과 주 예수 그리스도의 종 야고보는 흩어져 있는 열두 지파에게 문안하노라(약 1:1).

• 빵과 우유

한 교회의 한 집사님에게 이런 이야기를 들었습니다. 그 교회는 크게 부흥하고 있었고, 교회 분위기도 좋고 귀한 사업도 많이 하는 모범적인 교회였습니다. 그런데 그 집사님은 담임목사님에게 한 가지 아쉬운 점이 있다고 했습니다. 저는 좀 의아했습니다. 그 목사님이 워낙 훌륭한 분이었기 때문입니다. 그래서 무엇이 아쉬우냐고 물었더니 목사님이 빵과 우유만 준다는 것입니다. 무슨 말인지 이해가 되지 않았습니다. 그래서 무슨 뜻이냐고 물어 보니, 집사님은 목사님이 항상 교인들에게 이유식처럼 부드러운 음식만 준다는 것입니다. 설교 시간에 위로와 격려의 말씀만 전해 준다는 뜻이었습니다. 집사님은 목사님이 굳은 음식도 주면 좋겠다고 했습니다. 교인들에게 부담이 되더라도 강하고 어려운 말씀도 전해 주면 좋겠다고 했습니다. 그래야 교인들이 더 발전할 수 있을 것이라고 했습니다.

이 집사님의 말이 옳습니까? 옳을 수도 있고 옳지 않을 수도 있습니다. 교인들이 굳은 음식도 먹어야 한다는 것은 옳은 말입니다. 만일 굳은 음식이 필요없다면 왜 하나님이 성경을 3~4쪽만 되는 간단한 안내서로 주시지 않고 66권이나 되는 방대한 책으로 주셨겠습니까? 성경 66권에는 이해하기 어려운 말씀도 많이 있습니다. 그대로 따르기가 너무 어려워서 크게 부담되는 말씀도 많이 있습니다. 하지만 이런 말씀도 다 하나님의 말씀입니다. 우리는 이 모든 말씀을 다 먹어야 합니다. 신자가 평생 쉬운 말씀과 위로의 말씀만 먹는다면 결코 성숙한 성도가 될 수 없을 것입니다.

하지만 교회에 모인 성도는 다 다릅니다. 신앙이 성숙한 사람도 있고 미숙한 사람도 있습니다. 그렇다면 목사님이 누구를 중심으로 말씀을 전해야 할까요? 생각해 보십시오. 어느 가정에서 큰 아들은 매운 것을 좋아하고 작은 아들은 매운 것을 못 먹는다면 김치를 어떻게 담급니까? 매운 것을 못 먹는 아들을 기준으로 담그지요. 그래야 모두가 김치를 먹을 수 있기 때문입니다.

교회에서 말씀을 전할 때도 마찬가지입니다. 신앙이 약한 사람을 기준으로 말씀을 전하는 게 원칙적으로 옳습니다. 이런 점에서 이 목사님의 사역은 좋은 모습이라고 볼 수도 있습니다. 하지만 계속해서 부드러운 음식만 준다면 모든 성도가 똑같이 어린 신앙에서 벗어나지 못할 것입니다. 굳은 음식도 적절히 줘야 성도들의 신앙이 성장할 수 있기 때문입니다.

그러나 이것은 교회의 형편에 따라 목사님이 적절히 조절해야 할 일입니다. 다른 사람이 함부로 평가할 수 있는 일이 아닙니다. 성도들은 목사님이 교회의 사정을 제일 잘 아니까 가장 적절한 식단을 짜줄 것으로 믿고 모든 설교 말씀을 경청하고 순종하는 게 좋습니다. 하지만 그래도 내가 설교를 들으며 답답하게 느껴진다면 목사님께 자신의 생각을 전해 드려도 좋을 것입니다. 목사님이 참고해서 말씀을 더욱 균형 있게 전할 수 있을 것입니다. 아무쪼록 세상 모든 교회에 균형 잡힌 말씀이 충만하기 바랍니다.

• 믿음과 바른 삶의 균형

그렇다면 균형 잡힌 말씀은 어떤 말씀입니까? 두 가지 내용이 균형 있게 전해지는 말씀입니다. 두 가지 내용은 믿음과 바른 삶입니다. 먼저 믿음에 대한 말씀이 전해져야 합니다. 우리는 믿음으로 구원받습니다. 그래서 믿음에 대한 말씀이 가장 중요합니다. 여기서 말하는 믿음은, 하나님의 아들 예수님이 나를 위해 죽으시고 부활하셨기 때문에 이제 예수님만 믿으면 구원을 받는다는 복음을 믿는 믿음입니다.

다음으로 바른 삶에 대한 말씀이 전해져야 합니다. 우리가 믿음으로 구원을 받지만 바른 삶이 없는 믿음은 죽은 믿음입니다. 예수님을 구주로 믿는 사람은 반드시 예수님의 가르침에 따라 바르게 살아야 합니다. 그래서 교회에서는 믿음에 대한 말씀을 선포한 후에 반드시 바른 삶에 대한 말씀을 전해야 하는 것입니다. 특히 지금 한국 교회는 바른 삶이 부족한 게 큰 문제입니다. 그래서 한국 교회는 믿음을 가르친 후에 꼭 바른 삶을 가르쳐야 합니다.

그런데 성경에서 믿음을 가장 강하게 가르쳐 주는 책이 갈라디아서입니다. 반면에 바른 삶을 가장 강하게 가르쳐 주는 책은 야고보서입니다. 그러니까 우리가 갈라디아서를 먼저 읽은 후에 야고보서를 읽는다면 균형 잡힌 신앙생활을 하는 데 큰 도움이 될 것입니다. 갈라디아서를 많이 읽었거나 믿음에 대해서는 많이 들었는데 바른 삶에 대해서 많이 듣지 많은 사람이라면 야고보서를 읽는 게 큰 도움이 될 것입니다. 목사님들이 교회에서 설교할 때 갈라디아서를 먼저 강해하고 그 후에 야보고서를 강해하면 성도들의 신앙이 바르게 성장하는 데 큰 도움이 될 것입니다.

사실, 갈라디아서도 뒷부분에서는 바른 삶을 가르쳐 줍니다. 그래서 우리는 갈라디아서를 통해서도 어느 정도 균형 잡힌 신앙생활을 배울 수 있습니다. 하지만 갈라디아서의 핵심 내용은 바른 삶에 대한 교훈이 아니라 오직 믿음으로 구원받는다는 복음입니다. 그러므로 갈라디아서를 읽은 후에는 바른 삶을 강조하는 책을 읽는 게 좋습니다.

야고보서는 우리의 신앙생활을 바로잡기 위해 잘못된 모습을 꾸짖으며 바르게 살라고 강력하게 권하는 말씀입니다. 읽다 보면 나의 잘못이 드러나 마음이 아프기도 하고 말씀대로 살지 못해 부담이 되기도 합니다. 제가 신학생들의 모임에서 야고보서를 집중적으로 가르쳤더니 한 학생이 이런 편지를 보내왔습니다. "말씀의 화살을 너무 많이 맞아 고슴도치가 된 기분입니다."

맞습니다. 야고보서는 강한 말씀입니다. 그러나 우리를 정죄하려는 말씀이 아닙니다. 우리를 고쳐 주려는 말씀입니다. 물론 하나님께서는 먼저 은혜로 우리를 용서해 주시고 힘을 주시며 야고보서를 주십니다. 우리가 야고보서를 배울 때에도 계속해서 우리를 위로하시며 힘을 주실 것입니다. 그러나 우리 자신도 마음을 굳게 하지 않으면 야고보서를 읽는 게 부담이 되어 읽기를 중단하고 싶어질지도 모릅니다.

그래서 미리 경고해 드립니다. 절대 부담 때문에 야고보서 읽기를 포기하지 마십시오. 우리는 굳은 음식도 먹어야 건강해집니다. 또한 하나님께서 도와주실 것입니다. 하나님의 뜻을 잘 이해하게 도와주시고 잘 소화할 수 있게 도와주실 것입니다. 우리가 성령님의 도우심을 바라며 진실한 마음으로 야고보서를 읽으면 반드시 믿음과 바른 삶의 균형을 얻고 놀라운 은혜를 받게 될 것입니다.

• 야고보서를 읽기 위한 준비

야고보서를 읽기 위해서는 유의해야 할 것이 몇 가지 있습니다. 첫째, 야고보서는 위로와 격려보다 바른 삶에 대한 요구를 많이 하는 말씀입니다. 그래서 야고보서를 읽는 것은 부담이 될 수도 있습니다. 하지만 담대하게 야고보서의 말씀을 받아야 합니다. 그리고 말씀대로 살려고 노력해야 합니다. 그러면 놀라운 신앙의 성숙과 은혜를 체험하게 될 것입니다.

둘째, 야고보서의 말씀을 있는 그대로 받아들여야 합니다. 다른 성경 말씀으로 야고보서의 가르침을 약화시키면 안 됩니다. 교계의 지도자 격인 목사님이 젊은 목회자들에게 이런 말을 했습니다.

"교인들에게 말씀을 전할 때 너무 부담을 주지 마세요. 예를 들어, 설교는 이런 식으로 하는 게 좋습니다. '예수님은 우리에게 원수도 사랑하라고 하셨습니다. 그렇지만 우리가 그렇게 살 수 있습니까? 없지요. 그래서 우리는 예수님이 필요한 것입니다.' 이렇게 말씀을 전하면 교인들이 잘 받아들입니다."

이 말은 옳은 면도 있으나 잘못된 면도 있습니다. 이렇게 가르치면 교인들을 어떤 방향으로 인도하게 될까요? 예수님을 더욱 믿고 의지하며 그 은혜에 감사하도록 인도하겠지요. 이것 자체는 좋은 일입니다. 그러나 야고보서를 읽으면서 이런 식으로 가르치면 어떻게 될까요? 교인들이 야고보서가 가르치는 대로 행하게 될까요? 예를 들어, 말을 조심하라는 교훈을 이런 식으로 가르치면 이렇게 됩니다. "여러분, 말을 조심하십시오. 그런데 말을 조심하기가 쉽습니까? 어렵지요. 우리는 자꾸 말에 실수를 하지요. 그래서 우리는 예수님이 필요한 것입니다."

이렇게 되면 말을 조심하라는 야고보서의 교훈에서 무엇을 배우게 됩니까? '아, 나는 말로 자꾸 죄를 짓는 죄인이니까 예수님을 믿고 의지해야겠구나' 라는 것을 배우게 되지요. 이렇게 되면 내 마음에 말을 조심할 필요성이 강하게 남습니까, 아니면 말을 조심할 필요성이 줄어듭니까? 줄어듭니다. 야고보서를 이렇게 가르치면 바르게 살아야 할 필요성은 줄어들고 예수님의 은혜만 강조되는 것입니다. 야고보서를 이렇게 읽으면, 야고보서를 읽으면서 메시지는 야고보서의 메시지가 아니라 갈라디아서의 메시지를 배우게 됩니다.

이렇게 되면 어떻게 될까요? 야고보서가 필요 없어지게 됩니다.

여러분, 하나님이 왜 야고보서를 주셨겠습니까? 야고보서에서 배울 것이 있기 때문입니다. 우리가 야고보서를 읽을 때는 야고보서 자체의 메시지를 존중하며 읽어야 합니다. 예수님의 십자가 은혜를 들고 와서 행위를 강조하는 야고보서의 가르침을 무시해 버리면 안 됩니다. 야고보서를 읽을 때는 정말 바르게 살기 위해 기도하며 노력해야 합니다. 물론 바른 삶을 강조하는 중에 그 행동이 나를 구원하는 것처럼 생각하는 율법주의에 빠져도 안 됩니다. 오직 예수님의 은혜로 구원을 받았기 때문에 주님께 감사하며 주님을 사랑하는 마음으로 우리의 마음과 성품과 힘을 다해 하나님 뜻대로 살려고 노력해야 합니다.

셋째, 야고보서와 갈라디아서의 차이점을 잘 이해해야 합니다. 갈라디아서는 우리가 행위로 구원받는 게 아니라는 것을 무척 강조합니다. 갈라디아서 2장 16절은 이렇게 말합니다.

"사람이 의롭게 되는 것은 율법의 행위로 말미암음이 아니요 오직 예수 그리스도를 믿음으로 말미암는 줄 알므로 우리도 그리스도 예수를 믿나니 이는 우리가 율법의 행위로써가 아니고 그리스도를 믿음으로써 의롭다 함을 얻으려 함이라 율법의 행위로써는 의롭다 함을 얻을 육체가 없느니라."

반면에 야고보서는 사람이 믿음으로만 구원받는 게 아니라 행위도 있어야 구원받는다고 합니다. 야고보서 2장 24절은 이렇게 말합니다.

"이로 보건대 사람이 행함으로 의롭다 하심을 받고 믿음으로만은 아니니라."

갈라디아서와 야고보서가 왜 이렇게 서로 다릅니까? 서로 모순되는 겁니까? 아닙니다.

친구가 밥 한번 사라고 해서 함께 식당에 갔습니다. 오랜만에 한턱낸다고 고기를 샀습니다. 고기를 먹고 난 후 종업원이 물었습니다. "식사는 뭐로 준비할까요? 공깃밥, 누룽지, 냉면이 있어요." 그런데 친구가 냉면을 시켰습니다. 이날 친구는 고기와 냉면만 먹었습니다. 그러면 나는 친구에게 밥을 샀습니까, 사지 않았습니까? 산 것이지요. 이때는 밥이 음식을 의미하기 때문입니다. 고기나 냉면이나 다 밥인 것입니다. 그런데 종업원이 물어 볼 때는 밥과 냉면이 전혀 다른 것입니다. 왜 그렇습니까? 이때 말하는 밥은 쌀을 익힌 음식이기 때문입니다. 이렇게 밥이라는 말의 의미가 경우에 따라 다릅니다. 어떤 때는 밥이 쌀을 익힌 음식만 의미하고, 어떤 때는 모든 음식을 의미합니다.

이와 비슷하게 믿음이라는 단어도 경우에 따라 다른 의미를 가집니다. 특히 헬라인들이 말하는 믿음과 히브리인들이 말하는 믿음은 의미가 서로 달랐습니다. 헬라인들은 머리로 남의 말에 동의하는 것을 믿음이라고 했습니다. 예를 들어, 고물차를 보여주면서 "이 차가 겉은 이래도 성능은 아주 좋고 안전한 차입니다"라고 말할 때 "아, 그렇군요"라고 하면 믿는 것입니다. 반면에 히브리인들은 남의 말에 머리로 동의할 뿐 아니라 행동까지 해야 믿음이라고 했습니다. 고물차를 좋은 차라고 말한 사람의 말을 믿는다면 그 차로 같이 서울에서 강릉까지 가자고 할 때 전혀 불안해하지 않고 타야 믿는 것입니다.

원래 바울은 히브리인입니다. 바울이 복음을 전하며 예수님을 믿으라고 할 때는 히브리적인 믿음으로 믿으라고 한 것입니다. 그러니까 예수님을 하나님의 아들이며 구원자로 믿으면 당연히 예수님을 섬기고 그 말씀에 순종해야 합니다. 그래서 바울이 말한 믿음은 예수님을 구주로 인정하고 그 말씀대로 사는 것을 뜻합니다. 바울은 이렇게 행함까지 있는 믿음으로 구원받는다고 한 것입니다.

복음이 헬라 세계에 전해지면서 인간은 행위로 구원받는 게 아니라 오직 예수님을 믿음으로 구원받는다고 했습니다. 그런데 헬라인들은 예수님을 구주로 인정하기만 하면 믿음이 있는 거니까 예수님의 말씀에 순종하지 않아도 구원을 받는다고 생각했습니다. 그래서 말로는 예수님을 구주라고 고백하면서도 예수님의 말씀대로 살지는 않았습니다. 이것은 진정한 믿음이 아닙니다. 그래서 야고보는 헬라인들에게 그렇게 머리로만 믿는 믿음으로는 구원을 받지 못하고 행위까지 있어야 구원을 받는다고 가르쳤습니다. 이 말은 행위로 구원받는다는 뜻이 아니라 머리로만 믿는 믿음으로는 구원받지 못하고 행위까지 포함하는 진짜 믿음이어야 구원받는다는 뜻입니다. 그래서 야고보는 행위가 없는 믿음을 '죽은 믿음'이라고 하고, 행위가 있는 믿음을 '산 믿음'이라고 한 것입니다.

바울이 말한 믿음은 행함이 있는 믿음입니다. 그러므로 야고보가 말한 산 믿음과 같은 것입니다. 결국 야고보가 말한 내용과 바울이 말한 내용은 같습니다. 믿음의 의미가 서로 다르기 때문에 표현이 달라진 것뿐입니다. 다만 야고보는 헬라인들이 행함이 없는 믿음도 믿음인 줄 알고 행함 없이 신앙생활을 하는 것을 보며 그들을 바로잡아 주기 위해 바른 믿음은 행함이 있다는 것을 강조한 것입니다.

• **행함이 있는 믿음**

그렇다면 행함이 있다는 말은 무슨 뜻입니까? 물론 바르게 사는 행함이 있다는 뜻입니다. 여기서 아주 심각한 질문이 생깁니다. 도대체 어느 정도 바르게 살아야 행함이 있는 것이냐는 질문입니다. 사람은 누구도 이 세상에서 완전히 바르게 살지는 못합니다. 누구나 선도 행하고 악도 행합니다. 그렇다면 도대체 어느 만큼 바르게 살아야 행함이 있는 믿음입니까? 사랑의 행함이 있어야 한다면 어느 만큼 이웃을 도와줘야 행함이 있는 믿음입니까? 수입의 10퍼센트 이상으로 이웃을 도와주면 행함이 있는 믿음이고, 10퍼센트 미만으로 도와주면 행함이 없는 믿음입니까? 하루에 거짓말을 한 번 하면 행함이 있는 믿음이고 두 번 하면 행함이 없는 믿음입니까? 도대체 행함이 얼마나 있어야 행함이 있는 믿음입니까?

이 질문은 잘못된 질문입니다. 주님은 인간의 행위로 구원을 결정하시지 않습니다. 만일 행함이 어느 정도 이상이어야 구원을 받는다면, 그것은 인간의 행위로 구원을 받는 것이지 예수님의 은혜로 구원을 받는 게 아닙니다. 그것은 복음이 아니라 율법주의입니다. 그래서 성경은 인간이 어느 만큼의 행동을 해야 산 믿음이라고 가르쳐 주지 않습니다. 행함이 믿음의 증거이기는 해도 행함의 양이 믿음의 기준은 아닙니다. 믿고 행해야 산 믿음이라는 것은 틀림없습니다. 그러나 어느 정도의 행함이 있어야 산 믿음인지에 대한 기준은 없습니다.

그렇다면 행함이 있다는 말은 무슨 뜻입니까? 생각해 보십시오. 우리는 산 믿음으로 구원을 받습니다. 그리고 산 믿음은 반드시 행함이 있습니다. 그러나 우리는 행함으로 구원받는 게 아니라 믿음으로 구원받습니다. 그렇다면 산 믿음에서 중요한 것은 행함의 양이 아니라 행함이 있어야 한다고 믿는 믿음입니다. 산 믿음은 행함이 어느 정도 이상 있는 믿음이 아니라 반드시 바르게 살아야 한다고 믿는 믿음입니다. 산 믿음은 반드시 바르게 살아야 한다고 믿기 때문에 저절로 행함이 나타납니다. 믿음의 크기에 따라, 삶의 상황에 따라 행함의 양에는 차이가 있습니다. 그러나 행함의 양에 대한 기준은 없습니다. 다만 정말 행함이 있어야 구원을 받는다고 믿고 최선을 다해 바르게 살 뿐입니다.

그래서 산 믿음은 예수님의 은혜로 구원을 받는다고 믿으면서 동시에 구원을 받으면 반드시 바르게 살아야 한다고 믿는 믿음입니다. 이게 갈라디아서의 말씀처럼 행함과 관계없이 믿음으로 구원받는다는 복음입니다. 그러나 이렇게 믿으면 반드시 행함이 있게 됩니다. 그래서 야고보서의 말씀처럼 행함이 있는 산 믿음으로 구원받는다는 말씀이 되는 것입니다. 우리는 이런 것에 유의하며 야고보서를 읽어야 합니다.

• 예수님의 동생 야고보

그런데 야고보서를 쓴 야고보가 누구입니까? 여러 가지 정황을 볼 때 예수님의 동생 야고보인 것 같습니다. 그렇다면 야고보는 예루살렘 교회의 최고 지도자였던 사람입니다. 사도행전 15장의 사도회의에서 중요한 결정을 내리도록 주도한 사람입니다. 초대교회에서 굉장히 영향력이 큰 사람이었습니다. 갈라디아서를 보면, 야고보에게서 사람들이 왔다는 말을 듣고 베드로가 이방인과 같이 식사하다가 아닌 척하며 물러나는 모습이 나옵니다. 야고보가 그만큼 영향력이 큰 지도자였던 것입니다.

그런데 야고보는 본문에서 자기의 지도적인 위치나 예수님과의 혈연을 전혀 말하지 않습니다. 단순히 자기를 하나님과 주 예수 그리스도의 종이라고만 합니다. 그는 자기 형으로 오랫동안 같이 지냈던 예수님을 전혀 인간적으로 대하지 않습니다. 예수님의 동생이라는 사실에서 특권을 얻으려고 하지도 않습니다. 그래서 자기가 예수님의 형제라는 사실을 전혀 언급하지 않는 것입니다. 아울러 야고보는 교회의 지도적인 위치도 말하지 않습니다. 오직 그리스도의 종이라고만 합니다. 이것은 베드로도 마찬가지입니다. 베드로도 베드로전서를 쓸 때 자기의 화려한 경력을 전혀 말하지 않습니다.

우리도 주님을 섬기며 교회를 섬길 때 인척관계나 사회적 지위나 교회의 직분을 내세우지 말아야 합니다. 오직 주님의 종이라는 것만 내세워야 합니다. 우리는 다 주님을 섬기는 종이며 주님이 시켜서 일하는 종입니다. 주님의 도우심 속에서만 일할 수 있는 종입니다. 우리가 직분이나 업적을 내세우지 않고 주님만 섬기고 의지하며 사역할 때 주님이 우리를 귀하게 써 주십니다.

• 야고보서를 읽읍시다

지금까지 야고보서를 읽기 위한 서론적인 내용을 살펴봤습니다. 우리는 야고보서를 읽을 때 세 가지를 특별히 주의해야 합니다.

첫째, 야고보서는 굳은 음식과 같아서 부담스러운 내용이 많습니다. 그러나 사람이 성장하면 우유나 이유식만 먹지 않고 딱딱하고 질긴 음식도 먹어야 건강해지듯이 신자도 딱딱하고 어려운 하나님의 말씀을 접해야 신앙이 성장합니다. 마음을 굳게 먹고 야고보서를 읽으시기 바랍니다.

둘째, 행위를 강조하는 성경도 우리에게 꼭 필요한 말씀입니다. 우리가 말씀대로 살지 못한다고 해서 이런 말씀을 무시하고 십자가 은혜만 의지하려고 해서는 안 됩니다. 야고보서는 우리가 십자가만 의지하고 바른 삶을 위해서는 노력하지 않아도 된다는 것을 가르쳐 주기 위해 주신 책이 아닙니다. 믿음 안에서 바르게 살기 위해 최선을 다하라고 주신 책입니다.

셋째, 야고보서는 성경의 다른 책들과 전혀 모순되지 않습니다. 믿는 자는 하나님의 자녀답게 바르게 살아야 하는데 야고보서는 바른 삶을 살아야 한다는 교훈을 더 강조한 것뿐입니다.

서신 첫 부분의 인사에서 야고보가 지위나 혈연의 특권을 완전히 버리고 겸손히 예수님의 종으로 사역하는 모습도 우리에게 귀한 모범이 됩니다. 우리 모두가 바른 믿음을 배워 바르게 살겠다는 결심으로 야고보서를 함께 살펴볼 수 있기 바랍니다. 그리고 겸손히 주님의 말씀에 순종할 수 있기 바랍니다. 그래서 우리 모두가 산 믿음으로 구원의 길을 가며 주님께서 기뻐하시는 열매를 풍성히 맺게 되기 바랍니다.

2. 시련도 축복입니다

내 형제들아 너희가 여러 가지 시험을 당하거든 온전히 기쁘게 여기라 이는 너희 믿음의 시련이 인내를 만들어 내는 줄 너희가 앎이라 인내를 온전히 이루라 이는 너희로 온전하고 구비하여 조금도 부족함이 없게 하려 함이라(약 1:2-4).

• 논문과 학위

학생이 대학원을 졸업하고 석사나 박사 학위를 얻으려면 논문을 써야 합니다. 석사나 박사 학위 논문을 쓰는 것은 아주 힘든 작업입니다. 보통 논문 하나를 작성하는 데 석사 학위 논문은 반 년 이상, 박사 학위 논문은 2년 이상 걸립니다. 그런데 이런 논문은 아무나 쓸 수 있는 게 아닙니다. 필요한 과목을 다 이수하고 여러 가지 시험을 통과해야 비로소 쓸 수 있습니다. 이런 시험을 논문자격시험이라고 부릅니다.

그러면 학생들이 논문자격시험을 치르고 싶겠습니까, 치르지 않고 싶겠습니까? 당연히 치르고 싶지요. 그런데 시험을 치러서 합격하면 무엇을 해야 합니까? 죽도록 고생하며 논문을 써야 합니다. 그래서 학생들은 고생스러운 논문을 쓸 자격을 얻기 위해 그에 못지않게 고생스러운 논문자격시험을 준비하는 것입니다.

여러분, 학생들이 논문 쓰는 것이 좋아서 이렇게 논문 쓸 자격을 얻으려고 애를 쓸까요? 물론 논문 쓰는 것이 좋아서 자격을 얻으려고 하는 학생도 많이 있습니다. 그러나 논문 쓰는 것을 싫어하면서도 논문을 꼭 써야 하기 때문에 자격을 얻으려고 하는 학생도 있습니다.

논문 쓰는 것을 싫어하는 학생의 경우를 생각해 보십시오. 이런 학생에게 수업 시간에 간단한 논문을 쓰라고 하면 좋아하겠습니까, 싫어하겠습니까? 이런 학생은 싫어합니다. 그래서 틈만 나면 과제물을 줄여 달라고 교수님께 부탁을 합니다. 이렇게 될 수 있는 대로 과제물이나 논문을 줄이려고 하는 학생도 논문자격시험에는 꼭 합격해서 논문을 쓰려고 합니다. 왜 그렇습니까? 학위를 얻고 싶어서입니다. 왜 학위를 얻고 싶어합니까? 학위를 얻으면 사회에서 더 유능한 사람으로 인정받기 때문입니다.

그런데 학생 중에는 논문을 쓰고 싶어하는 학생도 있고 쓰기 싫어하는 학생도 있습니다. 그렇다면 어떤 학생이 진심으로 논문을 쓰고 싶어할까요? 학사 학위 논문을 써야 하는 대학생일까요, 박사 학위 논문을 써야 하는 대학원생일까요? 대학원생이지요. 왜 그럴까요? 대학생은 논문을 써도 학사 학위밖에 못 얻습니다. 그러나 대학원생은 논문을 통해 박사 학위를 얻습니다. 또한 대학원생은 논문을 많이 써 봐서 논문을 쓰는 게 자기의 발전에 얼마나 유익한지도 압니다. 그래서 대학원생이 더 논문을 쓰고 싶어하는 것입니다.

공부하는 것은 쉬운 일이 아닙니다. 논문을 쓰는 것도 쉬운 일이 아닙니다. 여러 가지 시험을 치르는 것도 쉬운 일이 아닙니다. 그래서 어린 사람은 시험이나 논문 쓰는 것을 피하려고 합니다. 그러나 성숙한 사람은 그것을 하려고 합니다. 왜냐하면 그것이 얼마나 유익한지 알기 때문입니다. 시험이나 논문은 두 가지 유익을 줍니다. 첫째, 우리의 능력을 키워 줍니다. 둘째, 우리에게 공식적인 자격을 줍니다. 어떤 시험이나 논문에 합격하면 우리는 사람들로부터 인정을 받게 됩니다.

• 신앙생활의 시련

신앙생활에도 이런 역할을 하는 게 있습니다. 우리를 훈련시켜 우리에게 능력을 주고 자격을 주는 게 있습니다. 그것이 무엇이겠습니까? 하나님께서 주시는 시련입니다. 오늘 본문 2절에서는 "시험을 당하거든"이라고 하고, 3절에서는 "믿음의 시련이"라고 하는데, 2절에서 말하는 '시험'과 3절에서 말하는 '시련'이 서로 다른 단어이기는 해도 같은 의미를 가지고 있습니다. 이것은 우리에게 닥치는 어려움을 의미합니다. 우리는 편의상 이것을 시련이라고 부를 것입니다.

시련은 우리에게 세 가지 역할을 합니다. 첫째, 시련은 훈련의 역할을 합니다. 시련은 신앙을 훈련시켜 믿음을 강하게 만들어 줍니다. 둘째, 시련은 자격시험 노릇을 합니다. 우리가 믿음으로 어려움을 잘 이겨내면 마치 자격시험에 합격한 것처럼 우리의 믿음을 인정을 받게 됩니다. 그러면 무슨 일이 일어나는지 아십니까? 하나님으로부터 상을 받습니다. 셋째, 시련은 우리를 죄 짓게 만들기도 합니다. 어려움을 겪을 때 우리는 하나님을 원망하거나 그 어려움을 피하기 위해 죄를 짓기 쉽습니다. 이럴 때는 시련이 훈련이나 자격시험 역할을 하는 게 아니라 죄짓게 만드는 유혹의 역할을 합니다. 만일 우리가 이런 유혹에 넘어가 죄를 지으면 우리는 믿음을 인정받지 못하고 벌을 받게 됩니다.

그렇다면 시련은 누가 줍니까? 하나님께서 주십니다. 왜 주십니까? 우리의 유익을 위해 주십니다. 더욱이 하나님께서는 시련을 주실 때 우리가 시련을 이길 수 있도록 도와주십니다. 따라서 우리는 시련을 이겨내고 유익을 얻을 수 있습니다. 그런데도 우리는 시련을 당할 때 죄를 짓는 경우가 많습니다. 왜 그럴까요? 욕심을 부리기 때문입니다. 하나님께서는 우리에게 어려움을 주시지만 죄를 짓게 만들지는 않으십니다. 오히려 하나님께서는 시련을 주실 때 견딜 수 있는 만큼만 주시고 또 견딜 수 있는 힘도 주십니다. 그런데도 우리는 시련 속에서 욕심을 부리다가 사탄의 유혹에 빠져 죄를 짓습니다.

• **시련의 유익**

시련을 만날 때 욕심으로 죄를 짓는 것에 대해서는 1장 14절에 말하고 있기 때문에 그때 살펴보기로 하고, 여기서는 본문이 보여주는 시련의 두 가지 유익을 살펴보겠습니다. 그것은 훈련과 자격시험의 역할입니다.

먼저 시련이 주는 훈련의 모습을 생각해 봅시다. 훈련은 사람으로 하여금 능력을 얻게 해줍니다. 그래서 자격시험에 합격할 수 있도록 도와줍니다. 그러니 시련이 얼마나 유익합니까. 그런데 훈련은 힘이 듭니다. 더 큰 능력을 얻기 위해서는 더 힘든 훈련을 받아야 합니다. 그래서 하나님께서 시키시는 훈련도 힘든 일, 즉 어려움을 통해서 옵니다. 어떤 때는 육체적인 어려움을 통해서 오고, 어떤 때는 정신적인 어려움을 통해서 오고, 어떤 때는 영적인 어려움을 통해서 옵니다.

이런 어려움을 만날 때 우리가 어떻게 해야 제대로 훈련을 받고 강해질 수 있을까요? 특별히 무엇을 해야 하는 게 아닙니다. 그냥 어려움을 견뎌내기만 하면 됩니다. 마치 태릉선수촌에 들어간 운동선수에게 각 종목에 대한 특별한 훈련 말고 그냥 달리기만 시켜도 체력이 강해지는 것과 같습니다.

이렇게 훈련을 통해 강해지는 모습 중의 하나가 견디는 능력을 얻게 되는 것입니다. 우리나라가 2002년 월드컵에서 좋은 성적을 얻었습니다. 그때 히딩크 감독이 선수들에게 꼭 갖추도록 강조한 것이 90분간 계속 뛸 수 있는 체력이었습니다. 감독은 선수들이 그런 체력을 갖출 수 있도록 어려운 훈련을 시켰습니다. 그래서 선수들이 90분간 지치지 않고 뛸 수 있는 체력을 갖춘 후에 경기를 하니 얼마나 잘하던가요.

그렇다면 신앙생활에서 지치지 않고 계속해서 뛰는 것은 어떤 모습일까요? 어떤 일을 만나도 쓰러지지 않고 굳건하게 신앙생활을 하는 모습입니다. 어떤 환경에서도 열심이 식지 않고 뜨겁게 주님을 사랑하며, 헌신적으로 맡은 사명을 잘 감당하는 모습입니다. 한시도 낙심하지 않고 항상 주님의 사랑을 품고 이웃을 사랑하며 사는 모습입니다. 어떤 어려움을 만나더라도 그것을 견뎌내고 올바른 신앙생활을 하는 것이 인내입니다. 우리의 신앙에 이런 인내가 있으면 우리는 평생 흔들리지 않고 굳건한 신앙생활을 할 수 있습니다. 그러면 정말 복된 성도가 됩니다.

우리가 이것을 알면 시련을 만나도 낙심하지 않고 오히려 기뻐할 수 있습니다. 그래서 본문은 우리가 신앙생활을 하다가 시련을 만나면 기뻐하라고 하는 것입니다. 그것도 온전히 기뻐하라고 합니다. 이 말은 오직 기뻐하기만 하라는 뜻입니다. 조금도 속상해하지 말고, 주눅 들지도 말고, 기뻐하라는 것입니다. 왜냐하면 그 시련이 인내를 키워 주고 성숙한 성도로 만들어 주기 때문입니다.

사실, 시련은 하나님께서 특별 훈련을 시키시기 위해 선발해 주셨기 때문에 받는 것입니다. 이것은 운동선수가 국가대표 선수에 선발되면 어려운 훈련 과정을 밟기 위해 태릉선수촌에 들어가는 것과 같습니다. 운동선수가 국가대표로 선발되어 이런 훈련을 받게 되면 무서워서 낙심하겠습니까? 아니지요. 오히려 선발되었다고 기뻐합니다. 그리고 앞으로 강도 높은 훈련을 통해 더 좋은 선수로 발전하게 될 것을 생각하며 기뻐할 것입니다.

더욱이 시련은 훈련 정도가 아니라 실전의 역할까지 합니다. 운동선수가 훈련만으로는 진짜 강한 선수가 될 수 없습니다. 실전 경험을 쌓아야 합니다. 실전 경험이 뭡니까? 상대방의 거친 공격을 받아 보는 것 아닙니까? 우리의 신앙생활도 비슷합니다. 교회에서 훈련받는 것만으로는 성숙한 성도가 되기 어렵습니다. 시련을 겪어야 성숙한 성도로 발전할 수 있습니다.

욥이 대표적인 경우입니다. 욥은 말할 수 없이 어려운 시험을 겪었습니다. 그런데 욥이 시험을 겪고 나서 뭐라고 합니까? 욥기 42장 5절을 보십시오.

"내가 주께 대하여 귀로 듣기만 하였사오나 이제는 눈으로 주를 뵈옵나이다."

욥은 시련을 통해 큰 신앙의 발전을 이루었습니다.

본문은 계속해서 말합니다. 시련을 만날 때 꼭 인내를 키우라고 합니다. 시련을 만날 때 넘어지면 안 됩니다. 그것은 하나님께서 발전시켜 주시려고 선택하시어 훈련을 시키시는데 불편하다고 도망가는 것과 같습니다. 그러면 발전은커녕 오히려 벌을 받게 됩니다. 우리는 시련을 만날 때 그것이 유익하다는 것을 굳게 믿고 그 어려움을 견뎌내며 인내를 키워야 합니다.

시련을 통해 인내를 키우려면 구체적으로 어떻게 해야 할까요? 어려움을 만날 때 넘어지는 사람은 대체로 다음과 같은 모습을 보여줍니다. 첫째, 하나님을 원망합니다. 둘째, 교회 나오는 것을 중단합니다. 셋째, 악한 방법으로 그 어려움을 피하려고 합니다. 우리가 시련을 만날 때 이렇게 하면 영락없이 사탄의 유혹에 빠져 죄를 짓고 맙니다.

우리는 이와 정반대로 행동해야 합니다. 본문 말씀처럼 어려움을 만나면 원망하지 말고 기뻐해야 합니다. 좋은 일이기 때문입니다. 그러면 당연히 하나님께 감사하게 됩니다. 교회에 나오는 것을 중단하는 것이 아니라 더 열심히 나와서 예배하고 기도해야 합니다. 그리고 더욱 하나님 뜻대로 살아야 합니다. 그러면 시련은 우리에게 훈련이 되어 우리는 인내를 이루고 굳건한 신앙인으로 성장하게 될 것입니다.

여러분은 기도할 때 믿음 성장을 위해 기도하시지요? 사랑이 많은 신자가 되기를 기도하시지요? 정말 그렇게 되기를 원하십니까? 그렇다면 하나님께서 여러분에게 무엇을 주실 것 같습니까? 믿음과 사랑이 더 성장하려면 무엇이 필요할까요? 훈련이 필요합니다. 그래서 우리가 성장하게 해 달라고 기도하면 하나님께서는 우리에게 시련을 주십니다. 하나님은 우리가 기도했다고 해서 그냥 믿음과 사랑이 자라게 해주시지 않습니다. 시련을 통해서 믿음과 사랑이 자라게 해주십니다.

중세에 필립 네리라는 성자가 있었습니다. 그가 수도원에서 생활할 때, 한번은 온유한 성품을 달라고 기도했습니다. 자기가 자꾸 화내고 실수하는 것이 마음아파서 그런 것입니다. 예배실에서 이 제목을 놓고 간절히 기도했습니다. 그리고 하나님의 응답을 확신하고 예배실에서 나왔습니다.

그런데 예배실에서 나오자마자 평소에는 잘 일어나지 않는 이상한 일이 생겨 다른 수도사에게 화를 내게 되었습니다. 온유하게 참지 못하고 화를 낸 것 때문에 속상해하면서 가는데 또 다른 수도사와 다투게 되었습니다. 공교롭게도 이 수도사는 한 번도 네리와 다툰 적이 없는 온화한 사람입니다. 그런데 뜻밖에 이 사람과 다투게 되었습니다.

네리는 너무 속이 상해서 다시 예배실로 뛰어 들어갔습니다. 그리고 하나님께 하소연했습니다. "하나님, 제가 온유한 사람이 되게 해 달라고 간절히 기도드리지 않았습니까? 하나님께서도 그렇게 해주겠다고 약속하시지 않았습니까? 그런데 왜 기도가 끝나자마자 이런 어려움을 주십니까?" 그때 하나님의 음성이 들려왔습니다. "애야, 내가 너를 온유하게 만들려고 훈련시키고 있는 거란다."

하나님께서는 우리가 기도하지 않아도 알아서 우리의 성장을 위해 시련을 주십니다. 그런데 시련을 만나면 처음에는 누구나 괴롭습니다. 피하고만 싶습니다. 그러나 이런 시련을 받으면서 하나님의 은혜를 체험하게 됩니다. 그리고 또 이것을 통해 신앙이 성장한다는 것을 깨닫게 됩니다. 그러면 이제 시련이 와도 두려워하지 않고 기뻐할 수 있습니다. 시련을 통해 인내가 자라기 때문입니다. 이렇게 시련 속에서 믿음이 자라고 인내를 배우게 되면 이제 더 큰 시련이 와도 이겨낼 수 있습니다. 그러면 더 큰 축복을 받게 됩니다. 이렇게 귀한 신앙생활이 어디 있습니까?

• **시련과 자격**

시련은 인내만 키워 주는 것이 아닙니다. 자격도 얻게 해줍니다. 시련이 자격시험 역할을 하는 것입니다. 생각해 보십시오. 세상에서도 자격을 얻으려면 적절한 훈련을 받고 시험에 합격해야 합니다. 중요한 자격일수록 어려운 시험을 통과해야 합니다. 사람의 생명을 직접 다루는 의사나 법관이 얼마나 힘든 공부를 하고 얼마나 어려운 시험에 합격해야 자격을 얻습니까?

신앙생활도 마찬가지입니다. 큰 일꾼의 자격을 얻기 위해서는 그만큼 어려운 시련을 통과해야 합니다. 더 어려운 시련을 이겨낼수록 하나님께서 더 크게 인정해 주시고 더 크게 칭찬해 주십니다. 야고보서 1장 12절은 이렇게 가르쳐 줍니다.

"시험을 참는 자는 복이 있나니 이는 시련을 견디어 낸 자가 주께서 자기를 사랑하는 자들에게 약속하신 생명의 면류관을 얻을 것이기 때문이라."

시련을 이겨냈다는 것은 하나님을 사랑한다는 증거입니다. 그래서 생명의 면류관을 얻게 됩니다. 물론 하나님을 사랑하는 사람이기 때문에 하나님께서 귀한 사명도 주십니다. 예수님도 부활하신 후 베드로에게 "네가 나를 사랑하느냐"고 물으셨습니다. 이렇게 베드로의 사랑을 확인하신 후에 귀한 사명을 주셨습니다.

사실, 우리도 사랑하는 사람을 위해서라면 얼마든지 어려움을 이겨낼 수 있습니다. 생각해 보십시오. 우리가 어려움에 빠지면 누가 가장 먼저 떠날까요? 우리를 사랑하지 않는 사람입니다. 자기 이익을 위해서 우리를 만나던 사람은 다 떠납니다. 그렇다면 끝까지 떠나지 않는 사람은 누구일까요? 우리를 사랑하는 사람입니다. 부모님은 우리가 아무리 큰 어려움을 당해도 끝까지 떠나지 않고 우리의 어려움을 함께 나눕니다. 사랑하기 때문입니다.

신앙생활도 마찬가지입니다. 시련이 와도 하나님을 떠나지 않고 끝까지 시련을 견디는 사람이 하나님을 사랑하는 사람입니다. 이런 사람에게 하나님께서 상을 주십니다. 그러니까 시련은 우리가 하나님을 사랑한다는 것을 하나님께 보여드릴 수 있게 해줍니다. 그래서 우리를 하나님의 귀한 일꾼으로 만들어 주고 하나님의 큰 상을 받게 해주는 것입니다.

그런데 시련에는 개인적인 시련만 있는 게 아닙니다. 공동체가 겪는 시련도 있습니다. 성도들 중에는 개인적인 시련은 잘 견디는데 공동체의 시련은 견디지 못하는 사람이 적지 않습니다. 교회에 어려움이 생기면 시험에 들어 교회를 떠나거나 아예 신앙을 버리고 맙니다. 이것은 잘못된 모습입니다. 우리는 교회에 어려움이 생겨도 이겨내야 합니다. 교회를 떠나지 말고 신앙을 버리지 말아야 합니다. 오히려 더욱 기도하고 더욱 서로 사랑하며 교회와 신앙을 지켜야 합니다. 이런 성도가 하나님을 사랑하는 성도입니다. 하나님께서는 이런 성도를 귀한 일꾼으로 세우시고 큰 상급을 주십니다.

· **시련과 바른 삶**

그렇다면 어려움을 이겨낸다는 것은 무엇일까요? 어려움 속에서도 믿음을 지키는 것입니다. 어려움이 닥쳐도 하나님을 떠나지 않고 하나님 뜻대로 사는 게 시련을 이겨내는 길입니다. 우리는 시련을 이겨내야 하나님 뜻대로 살 수 있습니다. 만일 어려움을 만났을 때 시험에 들면 하나님 뜻대로 살지 못하고 죄를 짓게 됩니다. 그러므로 시련을 이겨내야 바르게 살 수 있는 것입니다. 여기서 우리는 왜 야고보서의 첫 부분에 시련의 문제가 나왔는지 알 수 있습니다.

야고보서는 예수님을 믿는다고 하면서도 주님 뜻대로 살지 않는 잘못된 신앙인들에게, 참된 믿음은 머리로만 인정하는 게 아니라 행동까지 하는 것이라고 가르쳐 주는 책입니다. 야고보서의 주제는 주님 뜻대로 바르게 살아야 한다는 것입니다.

신자들이 주님 뜻대로 살지 못하는 가장 큰 이유가 무엇입니까? 시험에 들기 때문입니다. 그런데 사람은 어려움을 만나면 시험에 들기 쉽습니다. 예를 들어, 경제적인 어려움을 만나면 먹고살기 위해 수단 방법을 가리지 않고 돈을 벌어야 한다고 생각하는 사람이 있습니다. 경제적인 시련 때문에 시험에 든 것입니다. 이렇게 시련을 만나면 시험에 들어 죄를 짓는 경우가 많이 있습니다. 그러므로 사람이 주님 뜻대로 살려면 시련을 이겨내야 합니다. 그래서 야고보서는 바른 삶을 가르쳐 주기 전에 먼저 시련을 이겨내야 한다고 가르쳐 주는 것입니다. 그래야 바른 삶을 살 수 있기 때문입니다.

우리는 세상에서 여러 가지 어려움을 겪습니다. 더욱이 신앙생활을 잘 하려고 하면 생기는 어려움도 있습니다.

"무릇 그리스도 예수 안에서 경건하게 살고자 하는 자는 박해를 받으리라"(딤후 3:12).

그러나 우리가 만나는 모든 어려움은 우리의 유익을 위해 하나님께서 허락하신 것입니다. 하나님께서는 우리의 아버지이십니다. 반드시 우리에게 좋은 것만 주십니다. 그리고 어려움을 주셔도 반드시 이길 수 있게 해주십니다. 그래서 우리에게 닥친 어려움은 반드시 우리에게 유익이 되는 것입니다.

"우리가 알거니와 하나님을 사랑하는 자 곧 그의 뜻대로 부르심을 입은 자들에게는 모든 것이 합력하여 선을 이루느니라"(롬 8:28).

우리는 시련을 통해서 하나님의 은혜를 체험하며 인내가 자라고 믿음이 자랍니다. 그러면 어떤 상황에서도 믿음을 지키고 하나님 뜻대로 살 수 있게 됩니다. 그래서 놀라운 축복의 삶을 살게 됩니다. 우리 모두가 항상 하나님을 굳게 믿고 의지하여 어떤 시련을 만나도 낙심하지 않고 오히려 기쁨으로 시련을 이겨냄으로써 하나님을 사랑하는 사람에게 임하는 큰 은혜와 상급을 받게 되기 바랍니다.

3. 시련을 만나면 지혜를 구하십시오

너희 중에 누구든지 지혜가 부족하거든 모든 사람에게 후히 주시고 꾸짖지 아니하시는 하나님께 구하라 그리하면 주시리라 오직 믿음으로 구하고 조금도 의심하지 말라 의심하는 자는 마치 바람에 밀려 요동하는 바다 물결 같으니 이런 사람은 무엇이든지 주께 얻기를 생각하지 말라 두 마음을 품어 모든 일에 정함이 없는 자로다(약 1:5-8)

• 솔로몬의 지혜

기도회 시간에 성도들의 기도 제목을 들어보면 가장 많이 나오는 것이 바로 자녀를 위한 기도입니다. 자녀를 위한 기도 제목도 자녀의 나이에 따라 달라집니다. 자녀가 학생일 때는 대체로 지혜를 구하는 제목이 많이 나옵니다. 아마도 공부하는 시기이기 때문에 그런 것 같습니다. 나이가 더 들면 취업이나 결혼을 위한 기도 제목이 중요한 자리를 차지합니다. 그런데 나이와 관계없이 그야말로 전천후로 나오는 기도 제목이 있습니다. 무엇일까요? 믿음과 건강에 대한 것입니다. 이것은 당연한 모습입니다. 믿음과 건강이 공부나 취업이나 결혼 같은 세상의 성공보다 더 중요하기 때문입니다.

그렇다면 자녀의 지혜를 구하는 기도는 중요하지 않을까요? 그렇지 않습니다. 아주 중요합니다. 사실 진짜 지혜는 하나님을 경외하는 것입니다. 그러니까 참된 지혜를 구하는 것은 믿음을 구하는 것과 상당히 비슷합니다. 그래서 참된 지혜를 구하는 기도는 정말 중요한 기도입니다. 그러나 문제는, 우리가 지혜를 구할 때 이런 참된 지혜보다 세상적인 지혜를 구하는 경우가 많다는 것입니다. 우리는 공부를 잘하는 지혜, 사업을 잘하는 지혜를 구하는 경우가 많습니다. 물론 이런 지혜도 좋은 것입니다. 이런 지혜를 구해도 괜찮습니다. 하지만 이런 지혜부터 먼저 구한다면 문제가 있는 것입니다.

성경에서 지혜로 가장 유명한 사람이 누구일까요? 솔로몬이겠지요. 그래서 많은 어머니들이 자기 자녀가 솔로몬처럼 지혜로웠으면 좋겠다고 기도합니다. 좋은 기도입니다. 솔로몬이 지혜를 구한 것은 하나님의 뜻에 맞았습니다. 그래서 하나님께서 크게 기뻐하시며 솔로몬에게 지혜를 주셨습니다.

"이에 하나님이 그에게 이르시되 네가 이것을 구하도다 자기를 위하여 장수하기를 구하지 아니하며 부도 구하지 아니하며 자기 원수의 생명을 멸하기도 구하지 아니하고 오직 송사를 듣고 분별하는 지혜를 구하였으니 내가 네 말대로 하여 네게 지혜롭고 총명한 마음을 주노니 네 앞에도 너와 같은 자가 없었거니와 네 뒤에도 너와 같은 자가 일어남이 없으리라 내가 또 네가 구하지 아니한 부귀와 영광도 네게 주노니 네 평생에 왕들 중에 너와 같은 자가 없을 것이라"(왕상 3:11-13).

그러므로 솔로몬처럼 지혜롭게 해 달라고 기도하는 것은 좋은 일입니다. 그러나 저는 솔로몬처럼 지혜롭게 해 달라는 기도를 들으면 좀 거북합니다. 거기에는 그만한 이유가 있습니다. 솔로몬의 인생을 보십시오. 솔로몬이 처음에는 하나님께서 주신 지혜로 훌륭히 왕 노릇을 했습니다. 그러나 나중에는 그 지혜 덕분에 얻은 부귀영화에 빠져서 하나님을 떠났습니다. 열왕기상 11장 4-5절은 이렇게 말하고 있습니다.

"솔로몬의 나이가 많을 때에 그의 여인들이 그의 마음을 돌려 다른 신들을 따르게 하였으므로 왕의 마음이 그의 아버지 다윗의 마음과 같지 아니하여 그의 하나님 여호와 앞에 온전하지 못하였으니 이는 시돈 사람의 여신 아스다롯을 따르고 암몬 사람의 가증한 밀곰을 따름이라."

열왕기상 11장 9절은 이렇게 말합니다.

"솔로몬이 마음을 돌려 이스라엘 하나님 여호와를 떠나므로 여호와께서 그에게 진노하시니라."

얼마나 무서운 말씀입니까? 분명히 솔로몬은 하나님께서 주신 지혜로 왕위를 굳건하게 하고 부귀영화를 얻었습니다. 그러나 나중에는 자기의 정욕을 채우기 위해서, 또한 더 강한 나라를 이루기 위해서 외국 공주들과 정략결혼을 했습니다. 그래서 수많은 이방 여인들을 데려오고, 결국 그들의 유혹에 빠져 우상숭배를 했습니다.

솔로몬의 모습을 보면서 우리는 지혜에 대해 중요한 교훈을 받게 됩니다. 먼저, 하나님께서 기뻐하시는 지혜가 어떤 것이냐는 것입니다. 솔로몬은 1,000번의 번제를 드리고 하나님으로부터 소원을 말하라는 말씀을 들었습니다. 이때 솔로몬은 지혜를 구했습니다. 그런데 그게 어떤 지혜입니까? 열왕기상 3장 9-10절은 이렇게 가르쳐 줍니다.

"누가 주의 이 많은 백성을 재판할 수 있사오리이까 듣는 마음을 종에게 주사 주의 백성을 재판하여 선악을 분별하게 하옵소서 솔로몬이 이 것을 구하매 그 말씀이 주의 마음에 든지라."

솔로몬이 구한 지혜는 하나님의 뜻을 바로 알고 하나님 뜻대로 나라를 다스리는 지혜였습니다. 솔로몬은 하나님을 경외하는 참된 지혜를 구한 것입니다.

솔로몬이 구한 지혜는 세상에서 공부 잘하고 사업 잘하게 해주는 지혜가 아니었습니다. 하나님의 뜻을 바로 알고 시행하게 해주는 지혜였습니다. 하나님께서는 솔로몬이 이런 지혜를 구하자 크게 기뻐하셨습니다. 그리고 솔로몬에게 세상의 부귀영화를 얻을 수 있는 지혜까지 주셨습니다. 여기서 우리는 지혜를 구할 때 하나님을 경외하고 하나님의 뜻을 이루어드리는 참된 지혜를 구해야 한다는 것을 알 수 있습니다. 그러면 세상 성공에 필요한 지혜까지 얻어 큰 복을 누리게 되는 것입니다. 그래서 여호와를 경외하는 것이 지혜의 근본이라고 하는 것입니다.

"여호와를 경외하는 것이 지혜의 근본이요 거룩하신 자를 아는 것이 명철이니라"(잠 9:10).

솔로몬은 이런 지혜를 구해서 얻었습니다. 그러나 이 귀한 지혜를 끝까지 지키지 못했습니다. 부귀영화를 얻게 되자 부귀영화의 시험에 빠지고 말았기 때문입니다. 그래서 그는 부귀영화를 얻기 위해 이방 여인을 데려오고 우상을 숭배하고 백성을 학대했습니다.

여러분, 부귀영화를 얻는 것도 시험입니다. 이것은 야고보서 1장 10절에서 살펴볼 것입니다. 솔로몬은 대단한 지혜를 얻었지만 한 가지 아주 중요한 지혜가 부족했습니다. 바로 부귀영화의 시험을 이겨내는 지혜였습니다. 이 점에서 솔로몬의 지혜는 아쉬움이 남는 지혜였습니다.

• 다니엘의 지혜

성경에는 솔로몬 외에도 지혜로 유명한 사람이 몇 명 더 있습니다. 요셉도 지혜로 유명한 사람입니다. 하나님께서 주신 지혜로 애굽 대신들의 꿈을 해몽하고, 애굽 왕 바로의 꿈을 해몽하고, 7년 흉년을 잘 준비하여 세상을 살린 사람입니다. 다니엘도 지혜로 유명합니다. 이제부터 다니엘의 지혜를 좀더 살펴보겠습니다.

다니엘은 당대 최고의 문명국가인 바벨론에서 모든 박사들보다 10배나 더 지혜로운 사람이었습니다. 이런 지혜로 다니엘은 세상적으로도 크게 성공했습니다. 다니엘은 당시 세계 최대강국인 바벨론의 총리가 되었습니다. 이스라엘 왕 솔로몬에 비해 결코 손색이 없는 성공입니다. 그뿐이 아닙니다. 다니엘은 꿈과 이상을 해석하는 지혜도 받았습니다. 수많은 환상도 보았습니다. 다니엘은 하늘의 지혜도 많이 받은 것입니다.

특히 다니엘은 평생 철저히 하나님을 섬기며 하나님 뜻대로 살았습니다. 청소년 때에 뜻을 정하고 부정한 음식을 먹지 않았습니다.

"다니엘은 뜻을 정하여 왕의 음식과 그가 마시는 포도주로 자기를 더럽히지 아니하리라 하고 자기를 더럽히지 아니하도록 환관장에게 구하니"(단 1:8).

다니엘은 평생 흠 없이 바르게 살았습니다.

"이에 총리들과 고관들이 국사에 대하여 다니엘을 고발할 근거를 찾고자 하였으나 아무 근거, 아무 허물도 찾지 못하였으니 이는 그가 충성되어 아무 그릇됨도 없고 아무 허물도 없음이었더라"(단 6:4).

다니엘은 하나님을 경외하며 하나님 뜻대로 바르게 살았습니다. 참된 지혜로 가득했던 것입니다. 그렇다면 우리는 솔로몬 같은 지혜보다 다니엘 같은 지혜를 구해야 하지 않을까요?

우리가 지혜를 생각할 때 꼭 기억해야 할 것은, 지혜 중에 가장 귀하고 으뜸 되는 지혜는 하나님을 경외하며 하나님 뜻대로 사는 지혜라는 것입니다. 오늘 본문에서 지혜가 부족하면 지혜를 구하라는 말씀도 바로 이런 지혜를 구하라는 뜻입니다.

• 시련을 이기는 지혜

야고보서의 주제가 무엇입니까? 하나님을 믿는 사람은 머리로만 하나님을 믿지 말고 행동으로도 하나님을 믿어야 한다는 것입니다. 행동으로 하나님을 믿는 것은 하나님의 뜻에 순종하며 바르게 사는 것입니다. 야고보서는 우리가 이렇게 살 수 있도록 돕기 위해 첫 부분에서 시련을 이겨내야 한다고 가르쳐 줍니다. 왜냐하면 우리가 하나님 뜻대로 사는 것을 가장 무섭게 방해하는 것이 시련이기 때문입니다. 그래서 야고보서는 첫 부분에서 시련에 대한 교훈을 줍니다.

그리고 이어서 지혜를 구하라고 합니다. 지혜가 무엇입니까? 지혜는 크게 세 가지 의미를 가지고 있습니다. 첫째, 하나님을 경외하며 하나님 뜻대로 살게 만드는 참된 지혜입니다. 둘째, 세상에서 삶을 더 풍요롭게 만드는 삶의 지혜입니다. 셋째, 본문의 문맥에서 말하는 지혜입니다. 이 중에 본문의 문맥에서 말하는 지혜부터 먼저 생각해 보겠습니다.

지금까지 야고보서는 시련을 이겨내라고 가르쳤습니다. 시련을 이겨내지 못하면 바른 신앙생활을 할 수 없기 때문입니다. 이런 문맥에서 지혜를 구한다면 어떤 지혜를 구해야 할까요? 시련을 이기는 지혜입니다. 솔로몬이 갖추지 못해서 말년을 망칠 수밖에 없었던, 바로 그 지혜를 구해야 합니다.

시련을 이기기 위해서는 두 가지 지혜가 필요합니다. 하나는 시련 속에서 쓰러지지 않도록 도와주는 지혜입니다. 시련의 가장 무서운 점은 우리를 죄짓게 만든다는 것입니다. 그러니까 우리는 시련을 만났을 때 그 어려움 때문에 죄를 짓지 않도록 각별히 유의해야 합니다. 그러나 우리의 힘만으로는 시련을 이겨낼 수 없습니다. 그래서 시련을 이길 수 있는 지혜를 하나님으로부터 받아야 하는 것입니다.

우리가 무엇을 알면 시련을 이겨낼 수 있을까요? 앞에서 살펴본 것을 알면 이겨낼 수 있습니다. 시련은 하나님께서 우리의 유익을 위해서 주신 것이고, 우리는 반드시 시련을 이겨낼 수 있으며, 결국 우리는 시련을 통해 유익을 얻게 된다는 것을 알면 됩니다. 이것만 확실히 알고 믿으면 시련을 이길 수 있습니다.

그렇다면 좀 이상하지 않습니까? 이미 다 알려준 내용인데 이런 지혜를 얻기 위해 또 기도를 해야 합니까? 그렇습니다. 이런 기도가 꼭 필요한 이유는 두 가지입니다.

첫째, 우리는 시련이 유익하다는 것을 알고 머리에 있어도 막상 심각한 어려움을 만나면 그 말씀이 생각나지 않아 당혹과 실망에 빠지는 경우가 많습니다. 이럴 때야말로 성령님이 우리 마음에 감동을 주셔서 하나님의 사랑과 섭리를 기억하게 하셔서 우리가 시련을 기쁘게 받아들일 수 있도록 해주셔야 합니다. 늘 눈에 보이던 것도 급할 때는 보이지 않지 않습니까? 늘 알고 있는 것도 급할 때는 생각이 나지 않지 않습니까? 시련을 만났을 때 시련이 축복이라는 것을 생각해내는 것이야말로 성령님이 주시는 지혜입니다.

둘째, 시련이 유익하다는 것을 알아도 구체적으로 이 시련이 어떤 유익을 주는지 모르면 시련에 감사하기 어렵습니다. 그래서 성령님이 우리에게 이 시련이 어떤 유익을 주는지 알게 해주시면 큰 도움이 됩니다. 학생이 어려운 환경에서 힘들게 공부할 때 그 공부가 의과대학에 합격하는 데 큰 도움이 될 것이라는 말을 듣는 것과 살다 보면 도움이 될 것이라는 막연한 말을 듣는 것은 다르지 않습니까? 이렇게 구체적인 유익을 깨닫게 해주는 것도 시련을 이기는 데 큰 도움이 되는 지혜입니다. 이런 지혜를 받으면 시련을 이기기 쉽습니다.

시련을 이기는 데 필요한 또 다른 지혜는 시련에서 벗어나게 해주는 지혜입니다. 가난의 시련을 겪는 사람에게는 믿음으로 그 시련을 견디는 지혜도 필요하지만 가난에서 벗어나는 지혜도 필요합니다. 우리가 언제까지 훈련만 받겠습니까? 속히 훈련을 마치고 새로운 일을 해야 하지 않겠습니까?

물론 하나님께서 적절할 때에 훈련을 마치게 해주실 것입니다. 그러나 훈련을 마치기 위해서는 지혜가 필요할 때도 있습니다. 그래서 우리는 기도를 통해 이런 지혜를 얻어야 합니다. 재물을 얻어 가난에서 벗어날 수 있는 지혜도 얻고, 인간관계의 어려움을 극복하고 좋은 관계를 회복할 수 있는 지혜도 얻어야 합니다. 이렇게 여러 가지 시련을 만나 감당하기 어려운 고난을 당할 때 우리는 기도로 주님께서 주시는 지혜를 얻어 이겨내야 합니다. 그래야 시련 속에서 죄를 짓지 않고 바른 삶을 살 수 있습니다. 본문의 문맥은 우선 이것을 가르쳐 줍니다.

하나님을 경외하며 하나님 뜻대로 살게 만드는 참된 지혜는 우리의 신앙생활에 항상 필요합니다. 세상에 이보다 더 중요한 지혜는 없습니다. 우리는 항상 이런 지혜를 구해야 합니다.

세상에서의 삶을 더 풍요롭게 만드는 지혜도 말할 수 없이 중요합니다. 이 지혜는 단순히 나만 잘 먹고 잘살려는 지혜가 아닙니다. 이웃에게 유익을 끼치고 세상을 더 행복하게 만들기 위한 지혜입니다. 그래서 삶의 지혜를 구하는 것도 하나님께서 기뻐하시는 일입니다. 다만 내 욕심을 채우기 위해 남을 짓밟고 이기기 위한 지혜를 구해서는 안 됩니다. 오직 하나님을 사랑하고 이웃을 사랑하는 마음으로 하나님의 뜻을 이루어드리고 이웃에게 유익을 끼치기 위한 지혜를 구해야 합니다.

• 하나님의 응답

우리가 하나님께 이런 지혜를 달라고 기도하면 하나님께서 어떻게 하십니까? 기쁘게 들어 주십니다. 하나님께서 이런 기도를 기쁘게 들어 주시는 이유는 두 가지입니다. 첫째, 이런 기도가 하나님의 뜻에 합당하기 때문입니다. 둘째, 하나님께서 원래 우리를 사랑하시기 때문입니다. 사실 하나님의 이런 모습을 아는 것 자체가 지혜입니다. 이것을 알면 시련 속에서도 하나님을 굳게 믿고 시련을 이겨낼 수 있기 때문입니다.

그래서 본문도 하나님의 이런 모습을 보여줍니다. 하나님이 어떤 분입니까? 모든 사람에게 후히 주시고 꾸짖지 않으시는 분입니다. 모든 사람에게 주신다는 것은 조건을 따지지 않으신다는 뜻입니다. 이 세상에는 조건을 따지지 않는 혜택이 있습니까? 거의 없습니다. 학력, 경력, 나이, 성별 등 얼마나 많은 조건을 따집니까? 더구나 큰 혜택인 경우에는 얼마나 까다롭습니까?

그러나 하나님께서는 아무 조건 없이 기도만 하면 들어 주십니다. 신앙 경력? 안 따지십니다. 나이? 안 따지십니다. 헌금 업적? 안 따지십니다. 세례? 안 따지십니다. 문자 그대로 아무것도 따지지 않으십니다. 아무나 하나님께 기도할 수 있습니다. 그리고 누구나 응답받을 수 있습니다. 오직 하나, 하나님을 믿고 기도해야 합니다. 믿음에 대해서는 조금 후에 살펴보겠습니다.

하나님께 기도하면 하나님께서 어떻게 주십니까? 후히 주십니다. '후히 주신다' 는 말씀은 한마음으로 주신다는 뜻입니다. 이럴까 저럴까 하지 않으시고 오직 주려고만 하신다는 뜻입니다. 우리도 누구에게 무엇을 받으면, 정말 주려고 하는 사람으로부터 받을 때와 줄까 말까 하다가 주는 사람으로부터 받을 때가 다릅니다. 전자라면 고맙고 또 다음에도 부탁하고 싶지만, 후자라면 별로 고맙지 않지요. 마음도 상하고 어떨 때는 치사하다는 느낌도 들지요. 될 수 있으면 부탁하지 않고 싶기도 합니다. 하나님께서는 그렇지 않으십니다. 마음이 나뉘어 줄까 말까 하면서 주시는 게 아닙니다. 오직 사랑하는 마음, 한마음으로 주십니다. 하나님께서는 줄 수만 있으면 언제든지 주려고 하시는 분입니다.

그렇다면 하나님께서 주실 수 없을 때는 없을까요? 아닙니다. 있습니다. 언제입니까? 우리가 준비되지 않아서 주시면 해가 될 때입니다. 그럴 때는 먼저 준비를 시키고 주십니다. 훈련도 시키시고 신앙과 인격을 준비시키신 후에 주십니다. 그리고 기도하지 않을 때도 주시지 않습니다. 기도도 하지 않았는데 주신다면 감사도 모르고 신앙에도 도움이 되지 않기 때문입니다. 오히려 더 게을러지고 악해질 위험이 있습니다. 그래서 기도해야 주십니다.

하나님께서는 정말 사랑 속에 항상 주려고만 하십니다. 늘 주실 준비를 하고 계십니다. 더구나 하나님께서는 모든 것을 다 가지신 분입니다. 그러니 하나님께 기도하면 얼마나 좋은 것으로 잘 주시겠습니까?

하나님께서는 꾸짖지 않고 주십니다. 꾸짖지 않는다는 말은 티 내거나 따지지 않는다는 뜻입니다. "또 달라고 해?" "이런 것도 달라고 해?" 하시지 않는다는 뜻입니다. 우리가 아무리 귀한 것을 달라고 해도 하나님께서는 "네 주제를 알아라. 네까짓 게 이런 것을 달라고 할 자격이나 있느냐?"라고 하시지 않습니다. 아무리 시시한 것을 달라고 해도 "그런 것까지 나에게 달라고 하느냐?"라고 하시지 않습니다. 하나님께서는 우리가 연약하여 아무것도 할 수 없다는 것을 아십니다. 우리도 우리 자신이 아무것도 할 수 없다는 것을 압니다. 그러니 우리가 하나님을 의지하지 않고 기도하지 않고 무엇을 할 수 있겠습니까? 그래서 하나님께서 우리가 어떤 것을 달라고 기도해도 기쁘게 들어 주시는 것입니다.

• **믿음의 기도**

그런데 우리가 하나님께 기도할 때 꼭 필요한 것이 있습니다. 바로 믿음입니다. 물론 기도가 응답되기 위해 필요한 것은 더 있습니다. 사랑의 마음도 필요하고, 하나님 뜻에 맞게 기도하는 것도 필요합니다. 그러나 본문은 특히 믿음을 강조합니다. 사실 성숙한 믿음이 있으면 당연히 사랑의 마음으로 기도하고 하나님 뜻에 맞게 기도할 것입니다.

하지만 본문은 믿음의 성숙한 모습을 강조하지 않습니다. 믿음의 가장 기본적인 모습을 강조합니다. 기도할 때 의심하면 안 된다는 것입니다. 의심한다는 것은 아예 믿지 않는 것과 다릅니다. 의심하는 것은 주실 것이라고 믿는 것과 주시지 않을 것이라고 믿는 것 사이에 있는 태도입니다. 그래서 야고보서는 의심하며 기도하는 사람을 두 마음을 품은 자라고 표현하는 것입니다. 주실 것이라고 생각했다가 안 주실 것이라고 생각했다가 하며, 왔다 갔다 하는 것이 의심하는 모습입니다.

어떤 사람이 믿다가 안 믿다가 하는 의심에 빠질까요? 교회에서 하나님의 말씀을 들을 때는 믿다가 세상에 나가서 세상 사람들의 말을 들을 때는 안 믿는 사람입니다. 시련을 만났을 때 교회에 나와서 시련이 유익이 될 것이라는 말씀을 들으면 믿고 기도하며 믿음을 지키려고 합니다. 그러나 세상 친구를 만나 "예수 믿는 게 무슨 소용이냐? 네가 교회 열심히 다녀도 안 되지 않느냐? 차라리 나와 같이 이렇게 해결하자"라는 말을 들으면 솔깃해서 친구의 말을 따라야 할지 고민합니다. 이게 바로 의심하는 모습입니다.

본문은 이런 모습을 바람에 밀려 요동하는 바다 물결 같다고 합니다. 여러분, 빙산을 아시지요? 빙산은 바다에서 떠다닙니다. 오래전에 빙산의 움직임을 연구하던 학자가 깜짝 놀랐습니다. 빙산이 바다의 조류와 다르게 떠내려가고 있었기 때문입니다. 마치 강물에 뜬 물건이 강물을 거슬러 올라가는 것과 같았습니다. 생명도 없는 빙산이 어떻게 그럴 수가 있었을까요? 그래서 연구한 결과 발견한 것이, 바다 속 깊은 곳에는 바다 표면의 조류와는 다른 별개의 조류가 있다는 것이었습니다. 빙산은 바다 위로는 조금만 떠 있고 대부분 바다 속 깊이 잠겨 있습니다. 그래서 빙산은 깊은 조류를 따라 움직입니다. 그래서 표면의 조류와는 전혀 다르게 움직인 것입니다. 그러나 나무토막은 다릅니다. 바다 표면의 조류나 파도에 밀려다닙니다.

우리의 믿음은 나무토막이 아니라 빙산 같아야 합니다. 믿음의 무게 중심을 하나님의 말씀에 두고, 세상에서 어떤 말을 들어도 그것을 따라서는 전혀 움직이지 않고 하나님의 말씀에 따라서만 움직여야 합니다. 그러면 하나님을 의심하며 왔다 갔다 하지 않습니다. 오히려 굳건한 믿음으로 항상 하나님의 은혜 안에 거하며 복된 신앙생활을 할 수 있습니다.

믿음 없는 기도의 또 다른 모습은 시험 삼아 해 보는 것입니다. 믿음은 확실히 믿고 기도하는 것이지, 한번 해 볼까 하는 마음으로 시험 삼아 기도하는 게 아닙니다. 히브리서 11장 29절에는 이런 말씀이 나옵니다.

"믿음으로 그들은 홍해를 육지같이 건넜으나 애굽 사람들은 이것을 시험하다가 빠져 죽었으며."

이스라엘 사람들은 하나님을 믿고 홍해를 건너서 무사히 건너갔지만 애굽 사람들은 시험 삼아 건너 보다가 물에 빠져 죽었습니다.

한 여성도가 기도에 대한 설교를 들었습니다. 믿고 기도하면 산도 옮긴다는 설교를 들은 성도는 집에 가자마자 엎드려 기도했습니다. "하나님, 우리 집 뒷산을 옮겨서 멀리 바다에 빠뜨려 주시옵소서. 그래서 우리 집이 겨울에도 그늘이 지지 않고 따뜻하게 해주시옵소서." 한참 기도하고 들창을 열어 보았을 때 산이 없어졌겠습니까, 안 없어졌겠습니까? 안 없어졌겠지요. 왜 그렇습니까? 자기 욕심만 채우려는 기도였기 때문입니다.

그런데 산이 없어지지 않은 것을 보고 여성도가 이렇게 말했습니다. "내 그럴 줄 알았지." 이런 것이 시험 삼아 해 보는 기도입니다. 기도해서 이루어지면 좋고 안 이루어져도 본전이고, 이런 마음으로 기도하면 안 됩니다. 우리는 진정으로 원하는 것이 있으면 먼저 그것이 하나님의 뜻에 맞는지 생각해 보아야 합니다. 그리고 하나님의 뜻에 맞는다는 확신이 생기면 하나님께서 이루어 주실 것으로 믿고 간절히 기도해야 합니다. 그러면 하나님께서 가장 좋은 것으로 응답해 주실 것입니다.

하나님께서는 누구에게나 차별 없이 후히 주시고 꾸짖지 않으십니다. 우리는 이런 하나님을 굳게 믿고 지혜를 달라고 기도해야 합니다. 특히 시련을 이기는 지혜를 달라고 기도해야 합니다. 그러면 하나님께서 놀라운 지혜를 주실 것입니다. 우리 모두가 이런 믿음의 기도로 지혜를 얻어 어떤 시련도 이겨내고 믿음을 지킬 수 있기 바랍니다. 그리고 주님께서 주신 지혜로 어려움도 해결하고 더 힘차게 살아갈 수 있기를 바랍니다. 그래서 하나님께 큰 영광을 돌리고 세상에 큰 덕을 끼치는 복된 삶을 살 수 있기 바랍니다.

4. 재물의 시련을 이기십시오

낮은 형제는 자기의 높음을 자랑하고 부한 자는 자기의 낮아짐을 자랑할지니 이는 그가 풀의 꽃과 같이 지나감이라 해가 돋고 뜨거운 바람이 불어 풀을 말리면 꽃이 떨어져 그 모양의 아름다움이 없어지나니 부한 자도 그 행하는 일에 이와 같이 쇠잔하리라(약 1:9-11).

• 부자가 천국에 갈 수 있는가?

신학교에서 강의할 때 부자는 천국에 가기 어렵다는 말씀을 전한 적이 있습니다. 그랬더니 한 학생이 정말 부자는 천국에 가기 어려우냐고 물었습니다. 저는 그렇다고 대답했습니다. 그러면서 재물의 시험은 정말 무서운 것이라고 했습니다. 그러자 한 학생이 화를 내면서 그러면 어떻게 살아야 하느냐고 물었습니다. 그래서 제가 뭐라고 했는지 아십니까? "여러분은 부자가 아니니까 염려하지 마십시오"라고 했습니다. 그 수업은 야간 수업이었고 소수의 학생들이 수업에 참여했는데 제가 알기로는 모두 다 가난한 학생들이었습니다. 그런데 그 학생들이 부자가 천국에 가기 어렵다고 하니까 자기가 천국에 못 갈까봐 염려했던 것입니다.

제가 염려하지 말라고 하자 한 학생이 이런 말을 했습니다. 자기는 학비를 내기 어려워서 주위 분들이 도와준다고 했습니다. 그 학기에도 한 분이 도와줘서 학비를 냈는데 다른 성도 한 분이 학비에 쓰라고 또 돈을 줬다는 것입니다. 아마 학비 보조 받은 것을 미처 모르고 학생의 부인이 받은 것 같습니다. 그래서 이 학생이 고민을 했다고 합니다. '나는 학비를 이미 냈는데 또 받았으니 이 돈을 어떻게 해야 하나? 다른 학생에게 줘야 하나, 돈을 준 분에게 다시 돌려드려야 하나, 아니면 보관해 두었다가 다음 학기에 써야 하나?' 그러다가 그것을 은행에 저금했습니다. 그런데 마음이 편치 않다는 것입니다. 약 25년 전 일인데 한 학기 학비가 50만 원 정도였습니다. 이 학생은 예정에 없던 50만 원이 더 생겨 그 돈을 저금해 놓고 고민했던 것입니다. 그래서 제가 이렇게 말해줬습니다. "주신 분의 의도에 맞게 잘 쓰면 될 것 아닙니까? 50만 원을 저금했기 때문에 부자라고 고민할 필요는 없습니다."

저는 학생들이 이렇게 재물에 대해 민감하게 생각하는 모습을 보고 깊은 감동을 받았습니다. 사실 부자가 천국에 가기 어렵다고 하지만 누가 부자인지 무엇을 기준으로 판단합니까? 예를 들어, 지구 전체를 놓고 보면 선진국에 사는 사람은 다 부자라고 해도 과언이 아닙니다. 그런데 선진국의 대부분이 기독교 국가입니다. 그러면 아이러니컬하게도 기독교 국가에서는 천국 갈 사람이 거의 없다는 말이 됩니다. 참 어려운 문제지요.

부자가 천국 가기 어렵다는 말씀을 이해하는 데 유익한 방법이 하나 있습니다. 그것은 소유와 소비를 구별하는 것입니다. 부자에는 소유가 많은 부자도 있고 소비가 많은 부자도 있습니다. 그렇다면 천국에 가기 어려운 부자는 어떤 부자일까요? 소유가 많은 부자가 아니라 소비가 많은 부자입니다. 재물을 많이 가지고 있는 사람이 천국에 가기 어려운 게 아니라 재물을 사치스럽게 소비하는 사람이 천국에 가기 어려운 것입니다.

재물을 많이 소유하고 있어도 그것을 이기적으로 소비하지 않는 사람은 재물에 대해 청지기적인 사고를 가지고 있는 사람입니다. 이런 사람은 재물이 하나님의 것이고 하나님께서 맡겨 주신 것이라고 믿습니다. 그래서 재물을 하나님 뜻대로 사용하고 이기적으로는 소비하지 않습니다. 더욱이 정말 재물을 하나님의 것이라고 믿으면 재물을 의지하지도 않습니다. 오직 하나님만 의지합니다. 이렇게 재물이 많아도 재물을 믿지 않고 하나님을 믿으며 재물을 하나님 뜻대로 사용하면 천국 가기가 어렵지 않습니다.

반면에 많은 재물을 이기적으로 소비하는 사람은 재물을 자기 것으로 생각하고 있는 사람입니다. 이런 사람은 재물로 자기가 하고 싶은 것을 합니다. 그러다 보면 재물이 많은 것을 해준다고 생각하게 되어 자연스럽게 재물을 의지합니다. 그러면 그만큼 하나님은 의지하지 않게 됩니다. 재물이 하나님의 자리를 대신하는 우상이 된 것입니다. 이런 사람이 천국에 가겠습니까? 더욱이 하나님께서 주신 재물로 이웃을 사랑하지 않으니 하나님 뜻대로 살지 않는 사람입니다. 이런 사람이 천국에 간다는 것은 문자 그대로 낙타가 바늘구멍을 통과하는 것보다 더 어려울 수밖에 없습니다.

물론 많은 재물을 소유하고도 사치스럽게 살지 않는 것 자체가 몹시 어려운 일입니다. 하지만 불가능한 것은 아닙니다. 감리교의 창시자로 불리는 존 웨슬리는 재물에 대해 세 가지 단순한 교훈을 줬습니다. 첫째, 많이 버시오. 둘째, 많이 저축하시오. 셋째, 이웃을 위해 많이 쓰시오. 그리고 그 자신도 그대로 실천했습니다. 주급이 30파운드일 때에 생활비로 28파운드를 썼고, 주급이 60파운드가 되었을 때에도 생활비로 28파운드를 썼고, 수입이 90파운드가 되었을 때에도 생활비로는 28파운드를 썼습니다. 그렇다면 그가 30파운드 벌 때는 천국에 가기 쉽고 90파운드를 벌 때는 천국에 가기 어려웠겠습니까? 오히려 90파운드 벌 때 더 천국에 가깝지 않았겠습니까? 이기적으로 쓰고 싶은 유혹을 이겨냈으니까요.

부자가 천국에 가기 어렵다고 해서 농부가 많이 수확하기 위해 노력하지 않고 가난해지는 것은 천국에 가는 청빈한 삶이 아닙니다. 오히려 달란트를 땅에 묻어두는 죄악입니다. 우리는 정당한 방법으로 최대한 생산하기 위해 노력해야 합니다. 그 후에 그 수입을 이기적으로 사치스럽게 사용하지 말고 이웃을 위해 사용해야 합니다. 그래서 신자는 소유가 많은 부자는 될 수 있습니다. 하지만 사치스럽게 사는 부자는 될 수 없습니다.

신자는 최선을 다해 생산하고 또 재투자하여 많은 재산을 소유한 큰 기업가가 될 수 있습니다. 이것은 하나님께서 주시는 복의 한 모습입니다. 우리 주위에 이런 신자가 많아지기를 바랍니다. 그러나 자기 가족만을 위해 이기적으로 그 재산을 사용하며 사치스럽게 살아서는 절대 안 됩니다. 우리 주위에 이런 신자는 없어지기를 바랍니다.

사치와 사랑은 결혼할 수 없다는 말이 있습니다. 맞는 말입니다.

사랑을 품고 사는 사람은 사치스럽게 살 수 없습니다. 왜 그렇습니까? 세상에는 너무나 많은 사람이 어렵게 살고 있기 때문입니다. 이웃을 사랑하는 사람이 그 어려운 이웃을 두고 어떻게 자기만 사치스럽게 살 수 있겠습니까? 자녀가 굶주리고 있는데 밍크코트를 입고 외식하러 나가는 부모가 어디 있습니까? 사랑이 있으면 이 세상에서 사치스러운 삶을 살 수 없습니다.

그런데 문제는, 재물이 많으면서 사치스럽게 살지 않기가 무척 어렵다는 것입니다. 소유가 많아지면 잘못된 소비의 유혹을 받으며 결국 천국에 가기 어려워집니다. 그래서 재물이 많은 것 자체가 시험 거리가 되는 것입니다. 재물의 시험이 얼마나 큰지는 이미 예수님께서 가르쳐 주셨습니다. 예수님께서는 우리가 하나님과 재물을 겸하여 섬길 수 없다고 하셨습니다.

> "한 사람이 두 주인을 섬기지 못할 것이니 혹 이를 미워하고 저를 사랑하거나 혹 이를 중히 여기고 저를 경히 여김이라 너희가 하나님과 재물을 겸하여 섬기지 못하느니라"(마 6:24).

이 말씀은 재물이 사람을 하나님으로부터 떠나게 만드는 가장 강력한 우상이라는 뜻입니다.

● 재물의 시험을 이기는 지혜

야고보서도 재물이 얼마나 큰 시험 거리인지 잘 가르쳐 줍니다.

지금까지 살펴본 야고보서의 내용을 생각해 보십시오. 야고보서는 처음부터 시련은 유익한 것이니 시련을 만나면 기뻐하라고 가르쳐 줍니다. 야고보서가 이렇게 가르쳐 주는 것은 시련을 이겨내도록 돕기 위해서입니다. 왜 시련을 이겨내도록 돕습니까? 시련을 이겨내야 하나님 뜻대로 살 수 있기 때문입니다. 또 야고보서는 시련을 이길 수 있는 방법을 가르쳐 줍니다. 그것은 하나님께 기도하여 하늘의 지혜를 얻는 것입니다.

그리고 오늘 본문에서는 두 가지 구체적인 시험 거리와 그것을 이기는 지혜를 가르쳐 줍니다. 본문에서 낮은 형제는 이렇게 하고 부한 형제는 저렇게 하라고 하는 말씀은, 낮은 형편이라는 시련과 부한 형편이라는 시련을 어떻게 이겨내야 하는지 가르쳐 주는 교훈입니다.

여기서 낮은 형제가 무엇을 의미합니까? 본문은 처음에 낮은 사람은 높은 것을 자랑하라고 함으로써 낮은 것과 높은 것을 대조합니다. 그런데 그다음에 부자는 낮은 것을 자랑하라고 함으로써 부자와 낮은 것을 대조합니다. 부자와 낮은 것을 대조한다면 부자는 높다는 뜻이 되지요. 부자가 높다면 낮은 사람은 가난한 것이 됩니다. 그래서 낮은 사람은 가난한 사람이고, 부자는 높은 사람입니다. 본문은 낮고 가난한 사람이 겪는 시련과 부하고 높은 사람이 겪는 시련을 이겨내는 방법을 가르쳐 주는 것입니다.

사실 부자가 높고 가난한 사람이 낮다는 것은 당시 사회에서 당연한 모습이었습니다. 이런 모습은 지금도 있지만 당시에는 훨씬 더 심했습니다. 대부분의 부는 지위가 높은 귀족들이 차지했습니다. 그리고 일부 상인들 중에 부자가 좀 있었을 뿐 서민은 거의 다

가난했습니다. 가난은 세상적으로 높은 것이 아니라 낮은 것이었습니다. 반면에 부자는 높은 사람이었습니다. 더욱이 본문은 사회적 지위가 높은가 낮은가보다 부자인가 가난한가를 더 강조하는 말씀입니다. 본문의 결론을 보십시오. 부자에 대한 경고입니다.

"부한 자도 그 행하는 일에 이와 같이 쇠잔하리라"(약 1:11b).

그래서 본문은 주로 가난과 부의 시련에 대해 가르쳐 주고 있는 것입니다.

왜 야고보서가 여기서 가난과 부의 시련을 이기는 방법을 가르쳐 줄까요? 사람이 겪는 시련의 대표적인 예를 들고 있기 때문입니다. 야고보서는 시련을 만나면 하나님께 지혜를 구해야 한다고 가르칩니다. 그리고 이제 실제로 사람이 만나는 가장 무서운 시련의 예로 재물의 두 가지 시험 거리에 대해 가르쳐 주고 있습니다. 그것은 가난의 시련과 부유함의 시련입니다.

그러면서 야고보서는 그런 시련을 이겨내는 지혜도 가르쳐 줍니다. '낮은 자는 자기의 높음을 자랑하라' 는 말씀은 가난의 시련을 이겨내는 지혜입니다. '부한 자는 자기의 낮아짐을 자랑하라' 는 말씀은 부유함의 시련을 이겨내는 지혜입니다. 이렇게 야고보서는 시련의 대표적인 예로 재물의 시련 두 가지를 들고 있습니다. 이것은 재물의 시련이 얼마나 무서운 시련인지 잘 보여주는 것입니다. 더욱이 야고보서는 재물의 시련에 대해 2장, 4장, 5장에서도 계속해서 가르쳐 주고 있습니다. 재물의 시련이 그렇게 무서운 것입니다.

본문의 이런 모습은 우리에게 두 가지 중요한 교훈을 줍니다. 첫째, 재물이 우리에게 심각한 시험 거리가 된다는 것을 알려줍니다. 재물이 생기거나 없어질 때 우리는 신중하게 그 상황을 맞이해야 합니다. 재물을 잃었다고 마냥 슬퍼하거나 재물을 얻었다고 마냥 즐거워해서는 안 됩니다. 믿음으로 이 문제를 해결해야겠다고 단단히 각오해야 합니다. 그리고 하나님께 기도하며 재물의 시련을 잘 이겨내야 합니다.

둘째, 재물의 시련은 어려운 시련의 대표적인 예로 나온 것입니다. 그래서 재물의 시련을 이기는 지혜는 단순히 재물의 시험만 이기는 지혜가 아닙니다. 다른 시련을 이겨내는 데도 유익한 지혜입니다. 우리는 재물의 시험을 이기는 지혜의 원리를 이용해서 다른 시련도 이겨내야 합니다.

재물의 시련은 우리에게 두 가지 모습으로 다가옵니다. 하나는 가난이고, 다른 하나는 부귀입니다. 이 두 가지 모두 상당히 어려운 시험 거리입니다. 그런데 둘 중에 어느 게 더 어려울까요? 가난해지면 죄짓기 쉬울까요, 부자가 되면 죄짓기 쉬울까요? 대체로 부자가 되는 게 더 큰 시험 거리라고 합니다. 맞는 말입니다.

오늘 본문도 이것을 보여줍니다. 오늘 본문은 세 절로 되어 있습니다. 여기서 가난한 자에게 권고하는 내용과 부자에게 권고하는 내용 중 어느 것이 더 깁니까? 9절은 가난한 자에 대한 교훈이고 10-11절은 부자에 대한 교훈입니다. 절의 수로 따지면 부자에 대한 교훈이 두 배이고, 글자 수로는 4.5배나 됩니다. 이렇게 부자에 대한 교훈이 가난한 자에 대한 교훈보다 더 긴 것은 부자가 받는 시련이 더 위험하기 때문입니다. 더욱이 결론도 부자에 대한 경고입니다. 본문의 이런 모습은 부자가 되는 게 훨씬 더 무서운 시험 거리라는 것을 잘 보여주고 있습니다.

• 가난의 시험을 이기는 지혜

이제 재물의 시련을 이기는 방법을 살펴봅시다. 먼저 가난의 시련은 어떻게 이겨내야 합니까? 9절을 보십시오. 자기의 높음을 자랑함으로써 이겨내라고 합니다. 가난한 자가 높은 게 무엇입니까? 본문은 가난한 자라고 하지 않고 낮은 자라고 합니다. 이것은 세상적으로 볼 때 낮은 사람을 의미합니다.

그렇다면 세상적으로 낮은 사람이 자랑할 수 있는 높은 게 뭡니까? 영적으로 높은 것이지요. 우리가 세상에서 낮고 가난해지는 시련을 겪을 때 꼭 기억해야 할 것이 바로 우리가 영적으로는 높다는 사실입니다. 여기서 영적으로 높다는 것은 두 가지를 의미합니다. 하나는 비록 세상에서 낮고 가난해도 영적으로는 조금도 낮지 않고 남들과 대등하다는 뜻입니다. 이것도 세상적인 모습에 비해서 영적인 모습이 상대적으로 높은 것입니다. 그래서 영적으로는 높다고 말할 수 있습니다.

여러분, 세상에서 낮고 멸시받는 사람이 가장 원하는 것이 무엇입니까? 평등한 사회가 되는 것 아닙니까? 낮은 사람에게는 그것만으로도 자기가 높아진 것입니다. 그래서 세상적으로 가난하고 낮은 사람이 영적으로는 아무 차별 없이 존중된다면 그것만으로도 높아진 것입니다.

다른 하나는 가난한 사람이 영적으로는 더 높아지는 것입니다. 사실 세상적으로 낮고 가난한 사람이 영적으로는 더 높아질 가능성이 큽니다. 왜 그렇습니까? 아무래도 가난한 사람이 부자보다 더 많이 하나님을 찾고 의지하기 때문입니다. 그래서 야고보서 2장 5절은 이렇게 가르쳐 줍니다.

"내 사랑하는 형제들아 들을지어다 하나님이 세상에서 가난한 자를 택하사 믿음에 부요하게 하시고 또 자기를 사랑하는 자들에게 약속하신 나라를 상속으로 받게 하지 아니하셨느냐."

그러니까 가난한 사람은 먼저 자기가 영적으로는 부자와 아무 차별 없이 은혜 받는 것에 감사해야 합니다. 그리고 나아가서 오히려 부자보다 더 큰 은혜를 받는 것에 감사해야 합니다.

본문에서 '자랑하라' 는 말씀은 뻐기라는 뜻이 아닙니다. 그것이 귀한 것인 줄 알고 감사하며 기뻐하라는 뜻입니다. 특히 유의할 것은 남들보다 영적으로 더 높아졌다고 자랑하라는 뜻이 아니라는 것입니다. 만일 자기가 남보다 영적으로 더 높다고 자랑하는 사람이 있다면 그는 영적으로 가장 낮은 사람입니다. 교만보다 더 비천한 게 어디 있습니까? 본문은 남과 비교하며 남보다 영적으로 더 높은 것을 자랑하라는 뜻이 아닙니다. 내가 세상적으로는 보잘 것없지만 그런 세상적인 여건을 보시지 않고 영적으로 풍족한 은혜를 베풀어 주시는 하나님의 은혜에 감사하며 기뻐하라는 뜻입니다.

이 말씀은 어려움을 이겨내는 가장 중요한 원리를 가르쳐 줍니다. 우리가 어려움을 만날 때 세상적인 형편만 볼 게 아니라 영적인 형편을 봐야 한다는 것입니다. 우리는 영적으로 하나님의 자녀가 되었습니다. 우리가 이것만 바로 안다면 가난만이 아니라 건강의 문제나 인간관계의 문제나 죽음의 문제 등 그 어떤 문제를 만나도 이겨낼 수 있습니다. 하나님의 자녀가 되어 이 세상에서 하나님의 사랑 속에 살며 나중에 영생을 얻게 된다는 놀라운 은혜를 생각하면 지금 겪는 모든 시련을 이겨낼 수 있는 것입니다.

물론 세상에서 가난하고 낮고 착취당하는 사람들은 억울할 것입니다. 그러나 이런 사람들은 지금 세상에서 부와 권력을 가지고 악을 행하는 자들이 얼마 후에는 다 시들어버린다는 것을 생각하며 견뎌내야 합니다. 나는 신실하게 사는데 가난하고, 남들은 온갖 악을 행하는데 부유하면 시험에 들기 쉽습니다. 그러나 그들이 받을 운명을 바라보면 악을 행해서라도 부를 차지하려는 유혹을 이겨낼 수 있습니다. 11절에서 부자가 쇠잔할 것이라고 하는 말씀은 부자에게 경고하는 말씀이기도 하지만 가난한 사람을 격려하는 말씀이기도 합니다.

• 부유함의 시험을 이기는 지혜

그러나 본문이 강조하는 것은 가난의 문제가 아니라 부유함의 문제입니다. 부귀영화를 누리는 것도 시련입니다. 어쩌면 시련이라기보다 시험 거리라고 하는 게 더 실감이 날 것입니다. 재물이 많아지고 사회적으로 높아지면 큰 시험에 듭니다. 재물이 많아지면 우선 재물을 의지하며 하나님을 의지하는 마음이 줄어듭니다. 재물이 이런 힘을 가지고 있기 때문에 예수님도 재물을 우상에 비유하신 것입니다. "너희가 하나님과 재물을 겸하여 섬길 수 없느니라"는 말씀이 이런 뜻입니다. 또 재물이 많아지면 사회적으로 높아지기 때문에 교만해집니다. 특히 재물 자체가 워낙 큰 힘을 발휘하기 때문에 재물만 있으면 교만해집니다.

이런 시험을 이기려면 어떻게 해야 할까요? 자기의 재물이 아무 것도 아니라는 것을 깨달아야 합니다. 그리고 재물 때문에 교만해지지 말아야 합니다. 그래서 부자에게 주시는 교훈이 '부자는 자기의 낮음을 자랑하라'인 것입니다. 여기서 낮은 것은 영적으로 낮은 것을 말합니다. 이것은 내가 아무리 세상적으로 부유하고 높아도 영적으로는 전혀 우월한 것이 아니라는 것을 깨닫는 것입니다. 오히려 하나님 앞에서는 내가 한없이 연약하다는 것을 고백하고 겸손히 지내는 것입니다. 이렇게 자기의 약함을 아는 것이야말로 부자가 가장 귀하게 여기며 감사해야 할 일입니다. 왜냐하면 이것이 부자를 구원의 자리에 있게 해주는 것이기 때문입니다.

부자가 자기의 약함을 알려면 어떻게 해야 할까요? 자기가 얼마나 보잘것없는 존재인지 깨달아야 합니다. 자기가 가지고 있는 재물이나 권력의 약함을 깨닫는 것보다 자기 자신의 약함을 먼저 깨달아야 합니다. 물론 세상 재물과 권력의 한계를 깨닫는 것도 중요합니다. 그러나 그보다 더 중요한 것은 자기 자신이 언젠가는 이 세상에서 보잘것없이 사라지고 만다는 사실을 깨닫는 것입니다.

달리 말하면 우리 인생은 아무것도 아니라는 것을 깨닫는 것입니다. 들의 꽃이 아름다움을 뽐내도 뜨거운 해 아래서는 얼마 지나지 않아 말라 죽고 맙니다. 부자들이 많은 재물을 자랑하고 또한 그것으로 큰일을 하는 것처럼 위세를 떨쳐도 시간이 지나면 늙고 병들어 죽습니다. 이생의 모습을 가지고는 자랑할 게 없습니다. 이것은 마치 아이들이 방과 후 학교 운동장에서 땅따먹기를 하는 것과 같습니다. 선을 그어가며 땅을 따먹을 때는 많이 따먹은 아이가 대단해 보이고 적게 따먹은 아이는 초라해 보입니다. 하지만 날이 어두워지고 집에 돌아갈 때가 되면 다 똑같습니다. 땅을 많이 차지한 아이나 조금 차지한 아이나 시간이 지나면 모두 그 땅을 버리고 집으로 가야 합니다.

우리도 이렇게 조금만 시간이 지나면 다 똑같이 사라지게 됩니다. 오직 하나님을 경외하던 사람만 영생을 얻습니다. 부자는 바로 이것을 귀하게 여겨야 합니다. 그래서 돈을 의지하지 말고 교만해지지 말아야 합니다. 오히려 풀같이 사라질 자기의 모습을 깨닫고 하나님 앞에서 낮은 마음으로 하나님께서 주시는 천국을 바라봐야 합니다. 그리고 영적으로 겸손하게 사는 것을 귀하게 여기고 감사해야 합니다. 이런 믿음을 가지고 있으면 아무리 횡재를 하고 부귀영화를 누려도 그것 때문에 넘어지지 않습니다.

영적으로 낮은 것을 중요하게 여기고 부귀를 중요하게 여기지 않는 사람은 부에 대해 탐욕을 부리지 않습니다. 욕심이 없으면 죄도 피할 수 있습니다. 특히 그 행하는 일에 쇠잔하리라는 말씀처럼 나의 사업도 어느덧 사라지리라는 것을 알면 사업에 매달리지 않게 됩니다. 오히려 그 사업을 하나님의 뜻에 맞게 사용하게 됩니다. 이웃을 위해 사용하게 됩니다. 그래서 부귀영화의 시련을 이겨내는 참된 지혜를 얻게 되는 것입니다.

야고보서는 바른 삶을 강조하며 신자들에게 많은 것을 요구합니다. 그러나 무작정 '이렇게 하라', '저렇게 하라'고 명령만 하지 않습니다. 그렇게 할 수 있도록 하나님의 사랑과 은혜를 많이 보여줍니다.

갈라디아서는 자기의 행위를 믿는 율법주의를 공격하기 위해 그리스도의 은혜를 강조했습니다. 그리고 그 후에 은혜 받은 사람이 은혜를 오해하여 방탕주의에 빠지지 않도록 바른 삶의 교훈을 주었습니다. 하지만 야고보서는 하나님의 뜻대로 살도록 지도하기 위해 먼저 하나님의 은혜를 보여줍니다. 왜냐하면 은혜를 알아야 시련을 이기고 바른 삶을 살 수 있기 때문입니다.

하나님께서는 시련을 통해서도 우리에게 좋은 것을 주십니다. 또 시련을 주실 때는 이길 지혜도 주십니다. 가난과 부귀의 시험도 하나님께서 주신 '영적인 은혜'와 '내세의 영생'을 바라보면 이겨낼 수 있습니다. 이렇게 되면 가난 속에서도 영적으로 큰 은혜를 입을 수 있습니다. 부귀 속에서도 그 모든 부와 권력으로 이웃을 사랑하며 하나님의 뜻을 이루어 드릴 수 있습니다.

우리 모두가 하나님께서 주시는 영적인 은혜와 내세의 영광을 바라보며, 이 세상에서 겪는 재물의 시련을 비롯한 모든 시련을 다 이겨내고 더욱 하나님을 기쁘시게 하며 이웃에게 덕을 끼치고 우리 자신도 큰 복을 받는 귀한 신앙생활을 할 수 있기 바랍니다.

5. 시련을 만나도 미혹되지 마십시오

시험을 참는 자는 복이 있나니 이는 시련을 견디어 낸 자가 주께서 자기를 사랑하는 자들에게 약속하신 생명의 면류관을 얻을 것이기 때문이라 사람이 시험을 받을 때에 내가 하나님께 시험을 받는다 하지 말지니 하나님은 악에게 시험을 받지도 아니하시고 친히 아무도 시험하지 아니하시느니라 오직 각 사람이 시험을 받는 것은 자기 욕심에 끌려 미혹됨이니 욕심이 잉태한즉 죄를 낳고 죄가 장성한즉 사망을 낳느니라 내 사랑하는 형제들아 속지 말라 온갖 좋은 은사와 온전한 선물이 다 위로부터 빛들의 아버지께로부터 내려오나니 그는 변함도 없으시고 회전하는 그림자도 없으시니라 그가 그 피조물 중에 우리로 한 첫 열매가 되게 하시려고 자기의 뜻을 따라 진리의 말씀으로 우리를 낳으셨느니라(약 1:12-18).

• **책임 전가**

사람이 죄를 지었거나 지으려고 할 때 가장 많이 나타나는 현상 중의 하나가 무엇인지 아십니까? 남에게 책임을 전가하는 것입니다. 이것은 인류가 처음 죄를 지었을 때부터 나타났습니다.

아담이 하나님께서 먹지 말라고 하신 선악과를 먹은 후에 하나님께서는 아담에게 선악과를 먹었느냐고 물어보셨습니다. 그때 아담이 뭐라고 대답합니까? "하나님이 주셔서 나와 함께 있게 하신 여자 그가 그 나무 열매를 내게 주므로 내가 먹었나이다"라고 대답합니다. 무슨 뜻입니까? 하나님과 여자 때문에 그런 죄를 지었다는 뜻이지요. 여기서 우리가 유의해야 할 것은, 인류가 죄를 짓고 한 첫 번째 변명이 하나님께 책임을 전가한 것이라는 사실입니다.

이렇게 책임을 하나님께 전가하는 것은 세 가지 심각한 문제를 안고 있습니다. 첫째, 이것은 처음에 지은 죄보다 더 큰 죄입니다. 차라리 자기 잘못을 인정하면 죄가 덜할 것입니다. 그러나 자기 죄를 하나님께 떠넘겨서 하나님이 죄를 짓게 만드는 분이라고 하니 얼마나 큰 신성모독의 죄악입니까?

둘째, 하나님께 책임을 떠넘기는 사람은 회개하기 어렵습니다. 자기 책임이라고 생각하지 않는데 어떻게 회개하겠습니까?

셋째, 내가 죄짓는 것이 하나님의 책임이라고 생각하면 쉽게 죄를 지을 수 있습니다. 세상에서도 다른 사람에게 책임을 떠넘길 수 있으면 쉽게 죄를 짓지 않습니까? 여러분도 이런 경험이 있으십니까? 가고 싶지 않은 모임에 억지로 갔는데 문이 아직 안 열렸어요. 그러면 기다렸다가 참석해야 할 것을 기다리지 않고 "아이고, 잘됐다" 하며 그냥 와버립니다. 나중에 왜 안 왔느냐고 하면 갔는데 문이 잠겨 있어서 그냥 왔다고 하지요. 우리가 다른 사람에게 책임을 전가할 수 있어도 쉽게 죄를 짓는데 하물며 하나님께 책임을 전가할 수 있다면 얼마나 더 죄를 쉽게 짓겠습니까?

이렇듯 나의 죄에 대한 책임을 하나님께 전가하는 것은 말할 수 없이 위험한 일입니다. 그렇다면 누가 우리에게 이런 마음을 불어넣을까요? 사탄입니다. 그래서 오늘 본문은 우리가 시련을 만났을 때 죄를 짓지 않도록 돕기 위해 죄에 대한 책임을 하나님께 전가하지 말라고 가르쳐 줍니다.

본문 12-18절은 다음과 같은 흐름으로 되어 있습니다. 먼저 12절에서는 시련을 견디는 것이 얼마나 좋은 일인지 가르쳐 줍니다. 그리고 13절에서는 시련을 이기는 데 방해가 되는 게 무엇인지 알려줍니다. 그래서 그 방해를 피할 수 있게 해줍니다. 그 방해 요소가 바로 하나님께서 나를 죄짓게 만드신다고 생각하는 것입니다. 하나님께 책임을 전가하는 것이지요. 이렇게 생각하면 시련을 이길 수 없습니다. 그래서 본문은 절대 그것이 아니라고 가르쳐 줍니다. 14-15절은 하나님께서 나를 죄짓게 만드는 게 아니라 나의 욕심이 나를 죄짓게 만드는 것이라고 가르쳐 줍니다. 그리고 16-18절에서 하나님께서는 나를 죄짓게 만드시는 분이 아니라 항상 나에게 좋은 것만 주시는 분이라고 알려줍니다.

본문은 이런 가르침을 통해 우리가 시련을 만나도 죄를 짓지 않고 오히려 시련을 이겨내며 더 큰 복을 받게 만들어 주는 것입니다.

• **시련과 하나님 사랑**

이제 본문을 좀더 자세히 살펴보겠습니다.

먼저 12절을 보십시오. 시험을 참는 자가 복이 있다고 합니다. 이 말씀은 시련을 견뎌내는 사람이 복 있다는 뜻입니다. 어려운 일을 만났을 때 시험에 들어 죄를 짓는 사람은 복이 없습니다. 그러나 어려움 속에서도 죄를 짓지 않고 끝까지 믿음을 지키는 사람은 복이 있는 것입니다. 왜 그렇습니까? 1장 3절에서는 인내를 얻기 때문이라고 했습니다. 오늘 본문인 1장 12절에서는 그것이 하나님을 사랑하는 증거이기 때문이라고 합니다. 그래서 시련을 견디는 사람은 하나님을 사랑하는 사람에게 주시는 상급을 받게 됩니다.

제가 교육전도사 시절에 한 고등학생이 이런 질문을 했습니다. "전도사님, 정말 예수님은 비 오는 수요일 밤에 재림하시나요?" 이 학생이 왜 이런 질문을 했는지 아시겠습니까? 그 당시 교회에 그런 말이 유행했기 때문입니다. 도대체 왜 교회에 그런 말이 유행했을까요? 교인들이 조금만 불편해도 교회에 나오지 않는 것을 보고 어떤 목사님이 이렇게 말한 것 같습니다. "여러분이 그렇게 비 좀 온다고 교회에 안 나온다면 예수님은 비 오는 수요일 밤에 재림하셔서 교회 안 나온 여러분을 부끄럽게 하실 겁니다." 이 말이 성도들에게 좋은 경고가 된다고 생각되어 교회에 널리 퍼진 것입니다.

그런데 처음에는 예수님이 비 오는 수요일 밤에 재림하신다고 하더니 얼마 후에는 권투 세계챔피언 결정전이 있는 주일 밤에 오신다는 말도 나왔습니다. 비 온다고 교회 안 나오고, 권투 경기 있다고 교회 안 나오는 연약한 신앙생활을 경고한 것이지요. 그러나 예수님은 그런 식으로 사람들이 죄를 지을 때를 골라서 재림하시지 않습니다. 다만 아무도 예측하지 못할 때 오십니다. 그래서 우리는 늘 깨어 있어야 합니다. 비가 오면 교회 나가기 어렵고, 텔레비전에 재미있는 프로가 있으면 교회 나가기 어렵고, 기말고사 기간에는 교회 나가기 어려운 것은 사실입니다. 그러나 이렇게 교회

나가기 어려운 때에도 예배에 참석한다면 확실히 하나님을 더 사랑하는 모습이라고 볼 수 있습니다.

생각해 보십시오. 총을 들이대고 신앙을 포기하지 않으면 죽이겠다고 할 때도 믿음을 지키는 사람이 그런 위기 속에서 믿음을 버리는 사람보다 하나님을 더 사랑하는 사람이 아닙니까? 어떤 어려움이 오든지 믿음을 포기하지 않고 꿋꿋하게 믿음을 지키는 것이 하나님을 사랑한다는 증거입니다. 더 큰 어려움을 이겨낼수록 사랑이 더 크게 나타납니다. 그러므로 시련은 괴로운 것이지만 동시에 우리가 하나님을 사랑한다는 것을 증명할 기회이고 상급 받을 기회입니다.

제가 아는 목사님 한 분이 일제강점기 때 초등학교를 다니셨습니다. 이 목사님은 머리가 아주 비상한 분입니다. 수많은 통계자료를 외우고 있다가 설교 시간에 그런 자료를 이용해서 설득력 있게 성도들을 가르치셨습니다. 이 목사님은 우리나라의 군(郡, 행정구역 단위)을 외우는데 북한에 있는 군까지 다 외우고 계실 정도입니다. 한번은 민주화운동을 하다가 감옥에 가서 간첩과 대화를 하게 되었습니다. 그런데 이 간첩은 목사들을 미국의 종이요 민중의 착취자로 생각하고 있었습니다. 그러다가 이 목사님이 북한의 군까지 다 외우면서 북한 동포를 극진히 생각하는 모습을 보고 목사를 다시 보게 되었다고 합니다.

그런데 이 목사님은 초등학교 때 선생님께 가끔 이런 말씀을 드렸다고 합니다. "선생님, 시험 안 보나요? 시험 좀 보면 좋겠습니다." 그러면 다른 학생들이 질색을 했습니다. 다른 학생들은 다 시험을 싫어하는데 이 목사님은 시험을 좋아했습니다. 왜 그랬을까요? 시험을 보면 상으로 공책을 받았기 때문입니다. 학생이 시험을 보는 것은 부담스러운 일입니다. 그러나 열심히 공부한 사람은 자기의 실력을 드러낼 수 있는 기회이기 때문에 좋아합니다. 옛날에 선비들이 과거가 시행되기를 기다리는 것과 같습니다.

여러분 잊지 마십시오. 하나님께서는 우리에게 좋은 것만 주십니다. 그런데 시련도 하나님께서 주시는 것입니다. 그래서 시련은 우리에게 좋은 것입니다. 시련은 우리가 하나님을 사랑한다는 것을 증명하고 상 받을 기회입니다.

• 죄와 욕심

만일 우리가 시련을 이기지 못하고 죄에 빠지면 우리에게 복이 되어야 할 시련이 우리를 망치는 무서운 걸림돌이 되고 맙니다. 그러므로 시련이 죄의 유혹이 되지 않도록 하기 위해 우리가 반드시 알아야 할 것이 있습니다. 그것은 하나님께서 절대 우리를 죄짓게 만드는 분이 아니라는 사실입니다. 하나님은 친히 아무도 시험하지 않으신다는 말씀이 바로 이런 뜻입니다. 하나님께서는 우리를 죄짓게 만들지 않으십니다.

이것을 유의해서 보십시오. 시련은 하나님께서 주십니다. 그러나 그 시련 때문에 우리가 죄를 짓게 되는 것은 하나님이 이끄시는 게 아닙니다. 누가 이끕니까? 우리의 욕심이 이끕니다. 우리가 어려울 때 죄를 짓는 것은 자기 욕심에 이끌려 미혹되기 때문입니다. 물론 그 배후에는 사탄의 유혹이 있습니다. 그러나 우리가 욕심을 부리지 않으면 사탄이 유혹하지 못합니다. 사탄은 우리를 강제로 죄짓게 만들지 못합니다. 우리의 욕심을 자극해서 우리가 스스로 죄짓게 만듭니다. 혹은 염려를 자극해서 죄짓게 만듭니다.

그런데 사람은 어려움에 처하면 그 어려움이 하나님의 섭리라고 생각합니다. 그러면서 이런 상황에서는 죄를 지을 수밖에 없다고 생각하며 죄의 책임을 하나님께 전가하는 경향이 있습니다. 본문 바로 앞에서는 시련의 대표적인 예로 재물의 시련을 들었는데, 책임을 전가하는 모습도 재물의 시련을 예로 들어 살펴보겠습니다.

사람이 경제적으로 큰 어려움에 처하게 되면 어떤 유혹을 받습니까? 우리나라 속담에 "광에서 인심 난다"는 말이 있습니다. 이 말을 거꾸로 해석하면 가난해지면 인심이 사나워진다는 뜻이지요. 그래서 경제적으로 어려워지면 사회가 살벌해지고 범죄가 활개를 치는 것입니다. 이런 모습은 신앙생활에도 나타납니다. 우리가 경제적으로 어려워지면 이렇게 생각하기 쉽습니다. "이렇게 먹고살기 어려운데 어떻게 주일을 지켜? 나중에 살 만해지면 교회에 가야지." "이렇게 어려운데 어떻게 법을 다 지키며 살아? 뇌물이고 뭐고 닥치는 대로 받아야지." 이 말은 어려운 상황에서는 죄를 지을 수밖에 없는데, 나를 이런 형편으로 인도한 분이 하나님이시니 하나님이 죄의 원인 제공자라는 뜻입니다.

경제적인 시련 중에 가난보다 더 무서운 시련이 무엇입니까? 부유한 것이지요. 사람이 부자가 되면 대부분 이렇게 생각합니다. "하나님이 나에게 복을 줘서 이렇게 부자가 되게 하셨으니 내가 이런 것을 누리는 것은 당연한 일이야." 그러면서 사치스러운 삶을 살게 됩니다. 그것도 처음에는 절제를 하다가 점점 해이해져서 나중에는 불신자와 똑같이 사치를 누리게 됩니다. 그러면서도 하나님이 주신 복을 누리는 것이니 죄가 아니라고 생각합니다. 만일 사치가 잘못인 줄 알면서도 하나님이 그렇게 만들어 주셨다고 생각한다면 결국 하나님이 죄를 짓게 만드는 것이 됩니다. 얼마나 무서운 일입니까?

그래서 본문은 분명히 이렇게 가르쳐 줍니다. "하나님은 절대 죄를 짓도록 유혹하시는 분이 아니다."

본문 12절에서 '시험을 참는 자'라고 할 때 시험은 '시련'을 의미합니다. 하나님께서 주시는 어려움입니다. 그래서 시련을 참고 견디면 큰 상을 받습니다. 그러나 13절에서 '하나님이 시험하지 않으신다'고 할 때 시험은 죄를 짓도록 '유혹'하는 것입니다. 하나님께서는 어려움을 주시지만 우리가 죄를 짓도록 유혹하시지는 않습니다. 그 어려움들은 다 우리에게 복이 됩니다. 가난 속에서 믿음을 지키면 하나님을 사랑한다는 증거가 되어 오히려 상급을 받습니다. 부자가 되어 이웃에게 사랑을 베풀면 하나님을 사랑한다는 증거가 되어 상급을 받습니다. 시련은 모두 상급 받을 기회입니다. 절대 하나님께서 주신 시련이 우리를 죄짓게 만드는 게 아닙니다.

• 좋으신 하나님

하나님이 시험을 받지 않으신다는 말씀은 무슨 뜻입니까? 하나님께서는 죄의 유혹을 받지 않으신다는 뜻입니다. 달리 말하면, 하나님께서는 당신의 뜻을 어기도록 유혹받지 않으신다는 뜻입니다.

당연한 말이지요. 누가 하나님을 유혹해서 하나님의 뜻에 맞지 않는 행동을 하게 할 수 있겠습니까?

하나님께서는 우리에게 좋은 것만 주십니다. 절대 우리에게 나쁜 것을 주시지 않습니다. 이것이 하나님의 모습입니다. 그런데 하나님은 시험을 받지 않으십니다. 그래서 하나님은 결코 우리에게 나쁜 것을 주도록 미혹되지 않으십니다. 하나님은 절대 우리에게 나쁜 것을 주실 수 없습니다. 나쁜 것을 주시는 것이 하나님의 뜻을 어기는 시험이기 때문입니다. 하나님은 항상 우리에게 좋은 것만 주십니다. 그래서 우리를 죄짓게 하지도 않으십니다. 죄짓는 것은 우리에게 해로운 일이기 때문입니다.

사람들은 왜 시련을 만나면 죄를 지을까요? 자기 욕심 때문에 스스로 미혹되기 때문입니다. 가난해서 힘드니까 돈을 벌겠다고 하나님을 떠납니다. 부자가 되었으니까 사치스럽게 삽니다. 이것은 다 자기 배를 위하는 욕심 때문에 짓는 죄입니다. 경제적으로 어려울 때, 자기 욕심을 채우고 싶은데 하나님께서 물질을 주지 않으시니 하나님을 떠나 악한 방법으로 돈을 버는 것입니다. 재물이 많아져서 방탕한 생활을 하고 싶은데 하나님께서 허락해주지 않으시니 하나님을 떠나 자기 마음대로 사는 것입니다.

그런데 사람은 자기 죄에 대해 하나님께 책임을 전가하며 자기 죄를 정당화하려는 경향이 있습니다. 혹은 죄를 짓고도 큰 잘못이 아닌 것처럼 생각하는 경향이 있습니다. 우리도 죄를 지은 후에 "어쩔 수 없었어"라고 말한 적이 있지 않습니까?

그래서 본문은 하나님에 대해 다시 한 번 분명히 알려줍니다. 하나님은 절대적으로 좋은 것만 주시는 분이라는 것입니다. 그런 이유로 하나님은 우리가 시련을 만나도 죄를 짓지 않도록 도와주십니다. 특히 하나님은 우리를 죄짓게 만드시는 분도 아니고 죄짓는 것을 괜찮게 보시는 분도 아니십니다. 야고보서는 이것을 우리에게 분명하게 알려줍니다. 생각해 보십시오. 좋은 것을 주셨는데 어떻게 죄짓는 것을 괜찮다고 하시겠습니까? 우리도 자녀들에게 이런 말을 하지 않습니까? "내가 너에게 해줄 만큼 해줬는데 어째서 그런 짓을 했느냐?" 좋은 것을 주신 분은 그것을 받고도 나쁜 짓 하는 것을 결코 괜찮게 생각하지 않습니다.

하나님은 어떤 분입니까? 각양 좋은 은사와 온전한 선물을 주시는 분입니다. 그렇다면 악한 것은 어디서 옵니까? 우리의 욕심에서 나옵니다. 본문은 하나님께서 이렇게 좋은 분이므로 어려움을 만나도 하나님께서 우리에게 좋은 것을 주셨다고 믿고 죄에 **빠지지** 말라는 것입니다. 이런 믿음이 없으면 시련을 만날 때 죄를 짓게 됩니다.

본문은 이렇게 좋은 하나님에 대해 두 가지 모습을 더 보여줍니다. 한 가지 모습은 변함이 없으시다는 것입니다. 하나님은 우리에게 좋은 것을 주시는 데 변함이 없습니다. 그러니까 좋은 것을 주셨다가 나쁜 것을 주셨다가 하시지 않습니다. 본문에서 회전하는 그림자도 없다고 하는데, 이 말씀은 천체의 회전을 의미합니다. 천체가 돌기 때문에 날이 어두웠다 밝았다 합니다. 추웠다 더웠다 합니다. 하나님께는 이런 게 없다는 것입니다. 조금도 어두웠다 밝았다 하지 않습니다. 항상 밝습니다.

우리가 높은 사람을 대하면 그의 기분이 어떤지 신경을 씁니다. 그래서 결재 받을 일이 있으면 상사의 기분이 나쁠 때는 피하고 좋을 때 결재를 받지요. 사람은 이렇게 변덕스럽습니다. 밝았다 어두웠다 합니다. 그러나 하나님께서는 절대 그렇지 않습니다. 항상 우리를 밝은 모습과 사랑으로 대하십니다. 좋은 것만 주십니다.

다른 한 가지 모습은 자기의 뜻을 따라 우리를 낳으셨다는 것입니다. 하나님께서 우리를 자녀로 삼으셨는데, 낳고 싶지 않은 것을 낳은 게 아니라 꼭 원해서 낳으셨다는 것입니다. 원하지 않았는데 자녀가 생기는 경우도 있지요. 그렇다고 사랑하지 않습니까? 그래도 사랑합니다. 하물며 원하던 자녀가 생기면 얼마나 사랑하겠습니까? 사라나 라헬을 보십시오. 아들을 간절히 바라다가 낳으니까 얼마나 기뻐하며 사랑합니까? 하나님께서는 그러시다는 것입니다. 하나님은 우리를 간절히 원해서 낳으셨습니다. 그러니 얼마나 사랑하며 잘해 주시겠습니까? 항상 가장 좋은 것을 주실 수밖에 없습니다.

그런데 하나님께서 우리를 낳으실 때 무엇으로 낳으셨습니까? 진리의 말씀으로 낳으셨습니다. 우리는 무엇으로 하나님의 자녀가 됩니까? 하나님의 말씀으로 됩니다. 생각해 보십시오. 우리는 하나님의 말씀을 듣고 믿음으로 하나님의 자녀가 되지 않습니까? 이렇게 하나님의 말씀으로 하나님의 자녀가 된 우리이기에 하나님의 말씀대로 살아야 합니다. 이것은 우리가 어떤 시련을 만나도 오직 하나님의 말씀대로 살아야 한다는 것을 알려줍니다. 우리의 생명은 하나님의 말씀을 따르는 데 있습니다.

이것을 가르쳐 주기 전에 야고보서는 속지 말라고 경고합니다.

"내 사랑하는 형제들아 속지 말라"(약 1:16).

무엇에 속지 말라는 것입니까? 하나님께서 우리에게 항상 좋은 것만 주신다는 것을 굳게 믿고, 이것을 의심하게 만드는 거짓말에 속지 말라는 것입니다. 하나님께서는 뜻을 가지고 우리를 낳으셔서 극진히 사랑하시며 좋은 것만 주십니다. 이것을 의심하게 만드는 어떤 거짓말에도 속지 말라는 것입니다. 그리고 하나님께서 우리를 진리의 말씀으로 낳으셨다는 것을 굳게 믿고 마치 말씀대로 살지 않아도 생명을 얻을 수 있는 것처럼 말하는 거짓말에 속지 말라는 것입니다.

만일 우리가 이런 것에 속으면 어려움을 만날 때 죄를 짓게 됩니다. 하나님께서 항상 좋은 것만 주시는 것이 아니라 나쁜 것을 주실 수도 있다고 생각하면, 하나님께서 주신 시련을 거부하고 악한 방법으로 그것을 피하게 됩니다. 심지어 하나님께서 나에게 나쁜 것을 주셔서 나는 죄를 지을 수밖에 없었다고 변명하며 하나님을 모독하게 됩니다. 또 하나님께서 진리의 말씀으로 나를 낳으셔서 나의 생명이 진리의 말씀에 있다는 것을 의심하면 언제든지 내 욕심을 위해 진리의 말씀을 떠나 죄에 빠질 수 있습니다. 이것이 바로 자기 욕심을 따르다가 사망에 빠지는 모습입니다.

야고보서는 첫 부분에서 시련을 이기도록 가르쳐 주었습니다. 이를 위해 시련을 만나면 기뻐하라고 하며 시련이 우리에게 유익을 준다고 가르칩니다. 시련을 만나면 기도를 통해 하나님의 지혜를 얻어서 이기라고 가르칩니다. 이때에도 하나님께서 얼마나 사랑으로 우리의 기도를 잘 들어주시는지 알려줍니다. 그리고 시련의 대표적인 예로 가난과 부의 시련을 이기는 비결을 가르쳐 줍니다. 그것은 영적인 축복과 산 소망을 바라보며 새 힘을 얻는 길입니다.

그러므로 세상의 가난 때문에 낙심하지 말고, 지상의 부 때문에 교만하게 굴지 말고, 오직 굳건한 믿음으로 시련을 이겨내야 하겠습니다.

오늘 본문에서는 모든 시련을 이기는 비결을 가르쳐 줍니다. 먼저 하나님께서는 우리를 죄짓게 만드시는 분이 아닙니다. 오히려 우리에게 유익한 것만 주시는 분입니다. 그것도 항상 변함없이 좋은 것만 주십니다. 뜨거운 사랑으로 좋은 것만 주십니다. 우리에게 좋은 것은 진리의 말씀입니다. 우리가 죄를 짓는 것은 오직 우리의 욕심 때문입니다. 이것을 믿지 못한다면 사탄에게 속은 것입니다. 욕심에 미혹된 것입니다. 우리는 하나님께서 항상 우리에게 좋은 것만 주신다는 것을 굳게 믿어야 합니다.

또한 하나님은 우리를 죄짓게 만드시는 분이 아니라 이기게 해 주시는 분이라는 것을 굳게 믿어야 합니다. 그래서 어떤 시련을 만나도 죄짓지 말고 오히려 믿음을 잘 지켜 하나님께 대한 우리의 사랑을 밝히 드러내고 하나님의 큰 은혜와 복을 누리며 살 수 있기 바랍니다.

II.
행함이 있는 믿음

6. 들을 줄 아는 사람이 되십시오(약 1:19-21)
7. 말씀을 들으면 행해야 합니다(약 1:22-27)
8. 참된 교회에는 차별이 없습니다(약 2:1-13)
9. 사랑과 평강의 교회(약 2:1-13)
10. 죽은 믿음, 죽이는 믿음(약 2:14-26)
11. 하나님의 종과 사탄의 종이 어떻게 다릅니까?(약 2:14-26)

6. 들을 줄 아는 사람이 되십시오

내 사랑하는 형제들아 너희가 알지니 사람마다 듣기는 속히 하고 말하기는 더디 하며 성내기도 더디 하라 사람이 성내는 것이 하나님의 의를 이루지 못함이라 그러므로 모든 더러운 것과 넘치는 악을 내버리고 너희 영혼을 능히 구원할 바 마음에 심어진 말씀을 온유함으로 받으라(약 1:19-21).

• 복습

 야고보서는 바른 삶을 강조하는 성경입니다. 그런데 바른 삶을 가장 크게 방해하는 것이 삶 속에서 겪는 어려움입니다. 사람은 어려움을 만나면 죄짓기 쉽습니다. 그래서 야고보서는 처음부터 시련을 만났을 때 죄짓지 않도록 가르쳐 줍니다. 시련을 만나도 죄를 짓지 않으려면 시련이 실제로 우리에게 유익하다는 것을 알아야 합니다. 이것을 알면 시련을 만났을 때 하나님을 원망하지 않고 바른 삶을 포기하지 않을 것이기 때문입니다. 그래서 야고보서는 시련이 우리에게 유익하다는 것을 알려줍니다.

시련을 이겨내려면 하나님의 도움이 필요합니다. 그래서 야고보서는 시련을 만났을 때 하나님께 지혜를 구하여 시련을 이겨내라고 합니다. 그러면서 하나님이 얼마나 좋으신 분인지 알려줍니다. 이것을 아는 것 자체가 어려움 속에서 시험을 이길 수 있는 지혜입니다. 이것을 알면 어려움을 만나도 하나님을 신뢰하며 믿음을 지킬 수 있기 때문입니다.

이어서 야고보서는 시련 중에 가장 대표적인 것으로 재물의 시련을 들며 이것을 이겨내는 방법을 가르쳐 줍니다. 재물의 시련에는 가난과 부요가 있습니다. 이 두 가지 시련을 이기는 방법은, 영적인 은혜와 영생을 바라보며 세상의 물질로 인해 좌절하지도 않고 교만해지지도 않는 것입니다.

그다음에는 시련을 만났을 때 미혹을 받지 않는 근본적인 비결을 가르쳐 줍니다. 그것은 하나님께서 항상 좋은 것만 주신다고 믿는 것입니다. 이 믿음은 재물의 시련만이 아니라 그 어떤 시련도 이기게 해줍니다. 어떤 어려움을 만나도 그것을 하나님께서 주신 좋은 것이라고 믿는데 어떻게 시험에 들겠습니까?

• 말의 시련

오늘 본문에서는 재물과 다른 무서운 시험 거리에 대해 가르쳐 줍니다. 그것은 말입니다. 야고보서는 우리가 바르게 살도록 돕기 위해 첫 번째로는 재물의 시련을 이기도록 가르쳐 줍니다. 그리고 두 번째로 말의 시련을 이기도록 가르쳐 줍니다. 이것은 말이 재물에 버금가는 무서운 시험 거리라는 것을 알려줍니다.

　말이 무서운 시험 거리가 되는 데는 세 가지 이유가 있습니다. 첫째, 말은 우리의 악한 마음에서 나오는 것이기 때문입니다. 마가복음 7장에 이런 사건이 나옵니다. 한번은 예수님의 제자들이 씻지 않은 손으로 음식을 먹었습니다. 그러자 이것을 본 바리새인들이 비난했습니다. 왜냐하면 씻지 않은 손으로 음식을 먹으면 부정한 음식을 먹게 될 위험이 크기 때문입니다. 생각해 보십시오. 만일 나도 모르게 부정한 것을 만졌다면 그 손으로 집는 음식이 부정해지지 않습니까? 그래서 이스라엘 사람들은 음식을 먹기 전에 반드시 먼저 손을 씻고 먹습니다. 그런데 예수님의 제자들이 씻지 않은 손으로 먹으니까 바리새인들이 비난한 것입니다.

　이때 예수님이 뭐라고 말씀하십니까?

　"밖에서 들어가는 것은 사람을 더럽힐 수 없다. 왜냐하면 그런 것은 다 사람의 마음에 들어가는 게 아니라 배를 통과해 배설되기 때문이다. 오히려 사람을 더럽히는 것은 속에서 나오는 것이다. 그것은 악한 마음에서 나오는 것이기 때문이다."

　마음속에서 나오는 것이 더러우며 사람을 죄인으로 만듭니다. 그런데 말이라는 것이 바로 악한 마음에서 나옵니다. 그래서 말은 우리를 죄짓게 만드는 시험 거리가 됩니다. 내가 악한 말을 하면 우선 나에게 시험 거리가 됩니다. 그리고 그 악한 말을 듣는 사람에게도 시험 거리가 됩니다. 말은 이렇게 무서운 것입니다.

　둘째, 말은 쉽게 할 수 있기 때문입니다. 남을 미워하는 마음이 있을 때 행동으로 직접 피해를 입히기는 쉽지 않습니다. 남을 해치는 행동을 하려면 많은 수고가 필요하고 심지어 무서운 벌을 각오해야 하기 때문입니다. 그러나 말로 비난하기는 쉽습니다. 힘도 들지 않고 벌도 크게 받지 않기 때문입니다. 그래서 사람들은 쉽게 악한 말을 하고, 그 악한 말이 사람들에게 무서운 시험 거리가 됩니다.

셋째, 말은 영향력이 크기 때문입니다. 어느 교회에 권사님 한 분이 새로 등록했습니다. 목사님은 크게 기뻐하며 환영했습니다. 교회의 중요한 직분을 맡기려고 했습니다. 그런데 얼마 후에 그 권사님이 전에 다니던 교회의 목사님으로부터 전화가 왔습니다. 그 목사님은 권사님에 대해 이렇게 말했습니다. "그 권사님은 화가 나면 목사님 목에 비수를 들이대는 사람입니다. 조심하십시오." 목사님은 이 전화를 받고 섬뜩했습니다. 이때부터 권사님을 경계하게 되었습니다. 명절에 선물을 가져오거나 교회에서 열심히 일하는 모습을 봐도 항상 속으로는 이렇게 생각했습니다. "저렇게 잘하다가도 화가 나면 언제 내 목에 비수를 들이댈지 몰라. 조심해야지."

그 권사님은 5년 정도 충성스럽게 교회를 잘 섬기다가 먼 도시로 이사를 갔습니다. 이사한 후에도 때가 되면 선물도 보내고 목사님을 비롯한 교우들과 계속 교제했습니다. 이사한 지 5년이 지나서야 비로소 목사님은 권사님이 나쁜 사람이 아니라는 것을 확신하게 되었습니다. 전화로 들은 말 한마디 때문에 10년 동안 선한 사람을 악하게 봤던 것입니다.

말은 우리의 악한 마음에서 나오고, 쉽게 나오고, 영향력이 크기 때문에 보통 무서운 시험 거리가 아닙니다. 우리는 말에 대해 각별히 조심해야 합니다. 말이 무서운 시험 거리이기 때문에 야고보서는 3장에서 다시 말에 대해 자세히 경고해 줍니다. 그리고 4장과 5

장에서도 말에 대한 교훈을 줍니다. 이런 모습만 봐도 말이 얼마나 조심해야 할 시험 거리인지 잘 알 수 있지 않습니까?

• 말을 더디 해야 합니다

말 때문에 죄를 짓지 않으려면 크게 두 가지를 조심해야 합니다. 말은 하는 사람이 있고 듣는 사람이 있습니다. 그래서 우리는 말하는 것과 듣는 것 두 가지를 잘해야 말의 시험 거리를 이길 수 있습니다.

그러면 말하는 것은 어떻게 해야 합니까? 더디 해야 합니다. 여기서 말을 더디 한다는 것은 두 가지 의미를 가지고 있습니다. 하나는 조급하게 말하지 않고 천천히 말하는 것이고, 다른 하나는 적게 말하는 것입니다.

천천히 말하라는 것은 내 말이 맞는지, 적합한지, 또 그 말로 어떤 결과가 생길지 충분히 생각해 보고 신중히 말하라는 뜻입니다. 하지만 이것이 얼마나 어렵습니까? 우리가 어떻게 충분히 생각해 보고 말하겠습니까? 그런데 충분히 생각하지 못해도 말을 천천히 하다 보면 미처 생각하지 못했던 것이 생각납니다. 혹은 말을 하지 않고 있는 동안 미처 몰랐던 상황을 파악하게 됩니다. 그래서 말을 천천히 하기만 하면 분명히 실수를 줄일 수 있습니다.

또한 말을 천천히 하면 다른 사람에게 말할 기회를 주게 됩니다. 이것은 남을 사랑하는 행동입니다. 그래서 말을 천천히 하는 것 자체가 선한 행동입니다. 말할 기회가 있을 때마다 말을 하는 사람은 옳은 말을 하더라도 그 행동 자체가 남에게 해를 끼치기 쉽습니다. 그래서 남의 미움을 사게 됩니다. 얼마나 어리석은 일입니까? 더욱이 조급하게 말을 꺼내면 실수하기 쉽습니다. 이렇게 되면 더욱 남에게 해를 끼치고 나쁜 인상을 줍니다. 참으로 어리석은 일이지요.

교회에서 회의를 할 때도 마찬가지입니다. 회의에서는 모두 평등하게 자기 의견을 말할 수 있어야 합니다. 하지만 누군가는 먼저 말을 꺼내야 합니다. 이것을 누가 나쁘다고 하겠습니까? 그러나 회의 때마다 먼저 자기 생각만 말하면 이웃에게 시험 거리가 될 위험이 큽니다. 우선, 자꾸 혼자 나서니 남들을 무시하는 모습이 될 수 있습니다. 더욱이 조급하게 말하면 지혜롭지 않은 의견을 낼 위험이 있습니다. 깊이 생각하지 않고 말하기 때문입니다. 그런데 교회에서는 남이 무슨 말을 하면 쉽게 반대하지 않는 경향이 있습니다. 그래서 조급하게 말하면 그 어리석은 의견이 채택될 위험도 있습니다. 이렇게 되면 의논은 여러 사람이 했지만 결론은 어리석은 사람의 의견을 따르게 되는 것입니다.

여러분 그레셤의 법칙이라는 것을 아십니까? "악화가 양화를 구축한다"는 것입니다. 여기서 악화는 질이 나쁜 재료로 만든 돈이고, 양화는 질이 좋은 재료로 만든 돈입니다. 구축한다는 말은 쫓아낸다는 뜻입니다. 곧 질이 나쁜 돈이 질이 좋은 돈을 쫓아낸다는 것입니다. 예를 들어, 금화와 은화를 만들어놓고 둘 다 만 원짜리라고 하면 사람들이 일상생활에서 어느 것을 주로 사용하겠습니까? 은화를 사용하지요. 만일 사회에 무슨 일이 생기면 금화가 은화보다 더 큰 가치를 가질 것이기 때문에 금화는 금고에 넣어두고 은화를 사용합니다. 그래서 시장에서는 악화가 사용되는 것입니다.

이게 그레셤의 법칙입니다.

그레셤의 법칙은 다른 분야에도 적용됩니다. 예를 들면, '계획의 그레셤 법칙'이라는 게 있습니다. 이것은 어떤 계획을 세울 때 훨씬 더 중요한 혁신적인 계획이 별로 중요하지도 않은 일상의 계획에 밀려나는 것을 의미합니다. 사람들은 일상적인 일에 매달리다가 훨씬 더 중요하고 큰 유익을 주는 혁신적인 일은 미뤄놓고 하지 못하는 경우가 많습니다. 이게 바로 계획의 그레셤 법칙입니다.

그런데 교회의 회의에도 그레셤의 법칙이 있는 것 같습니다. 조급한 사람이 지혜롭지도 못한 의견을 자꾸 먼저 내면, 다른 사람들은 그 사람 체면도 있고 또 논쟁하기도 싫어서 가만히 있는 경우가 많습니다. 그러면 결과적으로 좋은 결론을 내리지 못하고 덜 좋은 결론을 내리게 됩니다. 무지한 의견이 지혜로운 의견을 쫓아내는 것이지요. 말을 천천히 하지 않고 조급하게 하면 교회에 이런 해를 끼치게 됩니다.

• 화를 내지 말아야 합니다

말을 천천히 하고 적게 하기 위해서 꼭 필요한 것이 화를 내지 않는 것입니다. 그래서 본문은 말의 문제를 가르쳐 주면서 성내기를 더디 하라고 합니다. 사람이 화를 내면 영락없이 조급하게 말하게 됩니다. 그래서 말을 더디 하려면 화를 내지 말아야 합니다.

그런데 본문에는 말을 더디 하기 위해서 화를 내지 말라는 뜻도 있지만, 화가 난 상태에서 말하면 안 된다는 뜻도 있습니다. 성난 상태에서 말하다 보면 얼마나 많은 실수를 합니까? 그런 말이 남에게 얼마나 큰 피해를 줍니까?

더욱이 성내는 것은 하나님의 의를 이루지 못합니다. 이 말씀에는 크게 두 가지 의미가 있습니다. 첫째, 성내는 것 자체가 하나님의 뜻에 맞지 않는다는 의미입니다. 둘째, 성내어 일을 하면 하나님의 선한 뜻을 이루어드릴 수 없다는 의미입니다.

성내어 일하면 하나님의 뜻을 이룰 수 없는 이유가 또 두 가지 있습니다. 우선, 성내고 남을 미워하면서 일하면 좋은 일을 해도 좋은 결과를 얻기 어렵습니다. 화를 내고 증오하면서 일하면 일이 나쁘게 진행되기 쉽습니다. 더욱이 서로 미워하는 것 자체가 큰 악이기 때문에 어떤 결과를 얻어도 잘했다고 말하기 어렵습니다. 또 한 가지는 성내어 말하면 정상적인 지혜가 나오지 않아 좋은 의견을 내기 어렵습니다. 더욱이 누군가가 화를 내며 말하면 남들이 반대하기 어렵습니다. 그러면 그 나쁜 의견이 공동체의 결론이 되어버립니다. 특히 이런 일은 어떤 사람을 배척하거나 쫓아낼 때 많이 일어납니다.

• 온유하게 받아야 합니다

우리는 성내지도 말고 성낸 상태에서 말하지도 말아야 합니다. 오히려 온유하게 말해야 합니다. 온유하게 말하는 것은 자기 의견만 옳은 듯이 말하지 않는 것입니다. 우리가 아무리 말을 천천히 하거나 적게 해도, 교만하고 고집스럽고 남을 무시하는 자세로 말하는 것은 올바른 자세가 아닙니다. 말은 천천히, 적게, 그리고 온유하게 해야 합니다. 그러면 내가 죄를 적게 짓고 남에게 피해를 적게 줄 수 있습니다. 오히려 하는 말마다 남에게 덕을 끼치는 지혜로운 말을 하게 됩니다. 그리고 교회가 좋은 결정을 내려 하나님 나라를 위해 큰 열매를 맺게 됩니다.

그런데 말을 더디 하고 성내기를 더디 하는 것은 사람의 결심만으로는 하기 어렵습니다. 그래서 기도하며 성령님의 도우심을 받아야 합니다. 성령님의 열매인 사랑과 온유와 오래 참음을 통해 이루어가야 합니다.

말을 듣는 자세는 말을 하는 자세와 정반대입니다. 들을 때는 속히 들어야 합니다. 이것은 항상 들을 자세로 기꺼이 듣는 것입니다. 내가 말하는 것보다 남의 말 듣는 것을 더 중요하게 생각하는 것입니다. 우리는 말하는 것보다 듣는 것을 더 먼저 하고 더 많이 해야 합니다. 그리고 온유하게 들어야 합니다.

여기에 중요한 표현이 하나 있습니다. 그것은 온유하게 받으라고 하는 말의 내용이 마음에 심긴 도, 즉 하나님의 말씀이라는 것입니다. 그러니까 잘못된 말도 무조건 온유하게 들으라는 것이 아닙니다. 들을 만한 말인지 분별하여 바른 말을 온유하게 많이 들어야 합니다.

그런데 말을 잘 듣는 것은 정말 어렵습니다. 공자가 남의 말을 잘 듣게 된 것이 몇 세 때인지 아십니까? 60세 때입니다. 공자가 60에 이순(耳順), 즉 귀가 순해졌다고 하지 않았습니까? 그래서 이런 말이 있습니다. "말하는 것을 배우는 데는 3년 걸리지만 듣는 것을 배우는 데는 60년 걸린다." 공자 같은 현인이 말을 잘 듣는 데 60

년 걸릴 정도라면 일반인들은 더 오래 걸릴 것입니다. 그래서 말을 잘 듣는 사람이 되기 위해서도 하나님의 도우심이 필요합니다.

말을 잘 들으려면 어떤 자세가 필요할까요? 겸손한 자세가 필요합니다. 여러분도 경험해 보셨겠지만, 사람은 교만할 때 말을 많이 하고 겸손할 때 적게 합니다. 교만할 때 말을 잘 들으려고 하지 않고 겸손할 때 잘 듣습니다. 사실 말에 대한 교훈은 겸손한 마음을 품으라는 교훈과 같습니다. 그러나 우리 마음이 겸손하지 못하기 때문에 억지로라도 말을 적게 하고 많이 듣는 것이 필요합니다. 그러면 실수를 적게 하고 남에게 덕을 많이 끼칠 수 있습니다.

겸손히 말을 많이 듣기 위해 아주 중요한 자세가 있습니다. 바로 물어 보는 것입니다. 들을 준비가 된 사람은 그냥 남들이 하는 말을 듣기만 할 뿐 아니라 듣기 위해서 물어 봅니다.

부산의 어느 교회가 평강 속에 부흥하고 발전하여 많은 교회의 모범이 되었습니다. 그 비결이 무엇이었을까요? 그 비결 중의 하나가 당회의 모습이었습니다. 이 교회의 당회는 이런 식으로 진행되었다고 합니다. 먼저 목사님이 중요한 안건을 내놓고 당회원들에게 의견을 묻습니다. 그러면 잠시 당회원들이 별 말 없이 있습니다. 그러다가 선임 장로님이 "목사님, 의견은 어떠십니까?"라고 묻습니다. 목사님이 자신의 의견을 말하면 선임 장로님이 "목사님 의견대로 하는 게 좋겠습니다"라고 말합니다. 그러면 다른 장로님들도 다 동의해서 그렇게 결정된다는 것입니다. 정말 당회가 이렇게 운영된다면 교회가 평화롭게 발전할 것입니다.

이것은 무조건 담임목사의 의견대로 하는 게 좋다는 뜻이 아닙니다. 목사님은 장로님들의 의견을 묻고 장로님들은 목사님의 의견을 묻고 또 장로님들이 서로 조급하게 말하는 게 아니라 서로 말할 기회를 양보하고 특히 경험 많은 장로님의 의견을 존중하는 자세가 좋다는 뜻입니다.

반대로 교회에서 일할 때 다른 성도들에게 물어보지 않고 자기 마음대로 처리해버리면 여러 가지 어려움이 생깁니다. 우선 한 사람의 머리에서 나오는 생각이기 때문에 지혜가 부족할 경우가 많습니다. 더욱이 남의 형편을 모르고 자기 생각대로 하기 때문에 피해를 입는 사람이 생기기 쉽습니다. 심지어 그 일에 책임과 권한이 있는 사람도 모르게 일을 처리하여 그에게 큰 상처를 주기도 합니다.

이렇게 일을 하면 혹시 좋은 업적을 세웠다고 해도 결코 일을 잘한 게 아닙니다. 그 일을 하는 동안 교회에 상처와 불화를 남겨 놓기 때문입니다. 이런 식으로 일을 하면 아무리 열심히 해도 하지 않은 것만 못합니다. 그러므로 우리는 항상 서로 물어보는 습관을 가져야 합니다. 그러면 저절로 많이 듣게 되어 지혜롭게 살 수 있을 것입니다.

남의 말을 많이 듣기 위해서는 두 가지 자세가 꼭 필요합니다. 이 둘은 서로 상반되는 성격을 가지고 있으므로 조화를 잘 이루어야 합니다. 하나는 온유하게 듣는 것이고, 다른 하나는 지혜롭게 판단하며 듣는 것입니다.

먼저, 온유하게 들어야 합니다. 온유하게 들으려면 두 가지 자세가 필요합니다. 첫째, 그 사람의 말이 옳을 것이라고 생각하며 들어야 합니다. 내 말이 옳으니 남의 말은 가치가 없다고 생각하며 들으면 아무리 많이 들어도 소용이 없습니다. 둘째, 그 말이 나에게 필요한 말이라고 생각하며 들어야 합니다. 그 말이 옳기는 하지만 다른 사람에게 필요한 말이고 나에게는 필요 없는 말이라고 생각하면 아무리 많이 들어도 소용이 없습니다.

특히 본문은 마음에 심긴 도를 온유하게 받으라고 하는데, 이것은 하나님의 말씀을 온유하게 받으라는 뜻입니다. 하나님의 말씀을 온유하게 받는 자세는 하나님의 말씀이 옳다고 인정하며 듣는 것입니다. 대개 이것은 잘합니다. 그러나 하나님의 말씀을 옳다고 인정해도 그 말씀이 나에게 필요한 말씀이 아니라 남에게 필요한 말씀이라고 생각하면 아무 소용이 없습니다. 이것은 하나님의 말씀에서 아무 은혜도 받지 못하고 오히려 남을 정죄하는 모습입니다. 말의 시험에 든 것이지요.

그러므로 설교를 들으면서 '저건 누구보고 하는 말이구나'라고 생각한다면 이미 말의 시험에 든 것입니다. 설교를 들으면서 이런 생각을 한 적이 없습니까? 어떤 분은 설교를 들으면서 사방을 둘러봅니다. '그 사람 왔나 안 왔나? 꼭 이 설교를 들어야 하는데……' 이런 생각으로 말씀을 듣는 것은 말씀을 온유하게 받는 자세가 아닙니다.

설교를 듣거나 성경을 읽을 때 그것으로 남을 가르치려고만 하는 사람도 말씀을 온유하게 받는 것이 아닙니다. 말씀을 들을 때는 무엇보다 먼저 내가 말씀을 듣고, 내가 은혜를 받고, 내 삶을 바로잡아야 합니다. 설교만이 아니라 성도들과 대화할 때도 이런 겸손한 자세로 먼저 듣고 많이 듣고 온유하게 들어야 합니다. 그러면 말이 우리에게 시험 거리가 되지 않고 오히려 큰 유익이 될 것입니다.

이렇게 말을 바르게 하는 것과 바르게 듣는 것은 서로 밀접하게 연결되어 있습니다. 말을 많이 하는 사람은 많이 듣지 못합니다. 성내는 사람도 많이 듣지 못합니다. 말을 듣지 못하는 것은 심각한 죄입니다. 하나님의 말씀을 듣지 못하는 것은 말할 것도 없고, 이웃의 말을 듣지 못하는 것도 심각한 죄입니다. 그 사람을 무시하는 것이기 때문입니다. 그래서 본문은 말을 조급하게 많이 하는 것과 성내기를 잘하는 것을 '넘치는 악'이라고 하는 것입니다. 우리는 이런 악을 버리고 하나님의 말씀을 온유하게 받고 이웃의 말을 많이 들어야 합니다.

반면에 말을 적게 하는 사람은 남의 말을 많이 듣게 됩니다. 더욱이 실수가 줄어들고 이웃에게 기쁨을 주며 공동체를 화목하게 만듭니다. 또한 좋은 의견을 모아 공동체가 더욱 발전합니다. 내 말을 적게 하면 하나님의 말씀을 잘 받아 신앙이 더욱 성장하게 되는 것은 말할 필요도 없습니다. 우리 모두가 말을 더디 하고 성내기도 더디 하며 말을 잘 들을 줄 아는 사람이 되어 우리 자신과 이웃과 교회에 큰 덕을 세울 수 있기 바랍니다.

7. 말씀을 들으면 행해야 합니다

너희는 말씀을 행하는 자가 되고 듣기만 하여 자신을 속이는 자가 되지 말라 누구든지 말씀을 듣고 행하지 아니하면 그는 거울로 자기의 생긴 얼굴을 보는 사람과 같아서 제 자신을 보고 가서 그 모습이 어떠했는지를 곧 잊어버리거니와 자유롭게 하는 온전한 율법을 들여다보고 있는 자는 듣고 잊어버리는 자가 아니요 실천하는 자니 이 사람은 그 행하는 일에 복을 받으리라 누구든지 스스로 경건하다 생각하며 자기 혀를 재갈 물리지 아니하고 자기 마음을 속이면 이 사람의 경건은 헛것이라 하나님 아버지 앞에서 정결하고 더러움이 없는 경건은 곧 고아와 과부를 그 환난중에 돌보고 또 자기를 지켜 세속에 물들지 아니하는 그것이니라(약 1:22-27).

• **기억과 망각**

사람이 나이를 먹으면서 나타나는 슬픈 현상 중의 하나가 기억력이 감퇴하여 무엇인가를 자꾸 잊어버리는 모습입니다. 그런데 어떤 것을 더 잘 잊어버리는지 아십니까? 아마 주위에서 치매에 걸린 분들을 보셨을 것입니다. 그분들이 어떤 것을 더 잘 기억하고 어떤 것을 더 잘 잊어버리던가요? 대체로 젊었을 때의 일들을 더 잘 기억하고 최근의 일들을 더 잘 잊어버리지요? 그래서 치매에 걸린 분들은 자꾸 옛날 일을 말하고 옛날에 다니던 곳에 가려고 합니다.

왜 그런지 아십니까? 저도 궁금해서 전문가에게 물어봤습니다. 그랬더니 사람은 최근에 알게 된 것부터 잊어버리는 것이 아니라 기억이 약하게 남아 있는 것부터 잊어버리기 때문이라고 했습니다. 그렇다면 어떤 것이 기억에 강하게 남을까요? 들을 때 주의 깊게 들은 것이 강하게 남습니다. 그리고 자꾸 되새긴 것이 강하게 남습니다. 물론 사람 중에는 천성적으로 기억력이 뛰어난 사람도 있습니다. 그러나 대개 기억에 강하게 남는 것은 잘 듣고 자꾸 되새긴 것입니다.

치매에 걸린 사람이 옛날 것은 잊어버리지 않고 최근 것을 잊어버리는 이유도 마찬가지입니다. 최근 것은 노쇠해진 상태에서 들었으니 잘 듣지 못했습니다. 별로 되새기지도 않았습니다. 그래서 최근 것은 자꾸 잊어버리는 것입니다. 반면에 젊었을 때 늘 했던 일은 자꾸 되새겼기 때문에 기억에 강하게 남아 있습니다. 그래서 치매에 걸린 분도 젊었을 때 다니던 학교나 교회 이야기는 명확히 기억하고 있는 것입니다.

이런 현상은 치매에 걸린 사람에게만 나타나는 게 아닙니다. 젊은 학생들이 공부할 때도 나타납니다. 생각해 보십시오. 영어 단어를 외울 때 한 단어를 한 시간 동안 외우는 것과 그 단어를 오늘 20초 외우고 내일 20초 외우고 하며 20일 동안 매일 반복해서 외우는 것 중 어느 게 더 잘 외워지겠습니까? 20일 동안 반복해서 외우는 것입니다.

이런 현상이 더 뚜렷하게 나타나는 것은 수학 공부입니다. 수학 선생님이 칠판에 어려운 문제를 풀어 주십니다. 학생이 그것을 보며 설명을 들으면 다 알아듣습니다. 이제 그런 문제는 얼마든지 풀 것 같습니다. 그러나 막상 자기가 풀려고 하면 어렵습니다. 왜 그렇습니까? 아직 되새겨본 적이 없어서 푸는 방법이 기억나지 않기 때문입니다. 그러나 학생이 그 문제를 여러 번 풀어보면 결국 자기 혼자서도 풀 수 있게 됩니다. 되새김을 통해 문제 푸는 방법을 기억하게 되었기 때문입니다.

• 말씀의 기억

신앙생활에서는 어떻겠습니까? 우리는 하나님의 말씀 중 어떤 내용을 잘 기억하고 어떤 내용을 잘 잊어버립니까? 대체로 감동받은 말씀을 잘 기억하지요. 그리고 자꾸 되새긴 말씀을 잘 기억합니다. 감동을 받는 것과 되새기는 것 중에 어느 것이 말씀을 기억하는 데 더 중요할까요? 한 번 깊은 감동을 받는 것보다 자주 되새기는 게 더 중요합니다. 물론 깊이 감동받은 말씀은 대체로 자꾸 생각이 나서 되새기게 됩니다. 하지만 깊은 감동을 받았으나 얼마 지나지 않아서 잊어버리는 경우도 적지 않습니다.

저는 대학생 때 수요기도회를 집에서 가까운 교회에 나간 적이 있습니다. 한 번은 설교 시간에 목사님이 나오셨다가 설교하기 전에 지난 부흥회에서 은혜 받은 사람이 있으면 나와서 간증을 하라고 했습니다. 별로 기다릴 것도 없이 한 사람이 나와서 간증을 했습니다. 끝나기가 무섭게 다음 사람이 나와서 간증을 하고, 또 다른 사람이 나와서 간증을 했습니다. 그러자 목사님은 웃으면서 "오늘 저는 설교 안 하겠습니다. 계속 간증하십시오"라고 했습니다. 정말 여러 사람이 나와서 간증을 했습니다. 자기의 결심도 말했습니다. 저는 그렇게 많은 사람이 은혜 받고 변화된 모습을 처음 봤습니다. 정말 부러웠습니다.

그러나 몇 주 후에 다시 그 교회에 나갔다가 전혀 달라진 게 없다는 것을 느꼈습니다. 매일 아침 교회 앞길을 청소하겠다는 성도부터 시작해서 이것저것 하겠다고 말한 성도들이 많았는데 실제로 그렇게 일하는 사람은 전혀 볼 수 없었습니다.

아마 여러분도 비슷한 경우를 많이 보셨을 것입니다. 한 전도사님은 중고등부 수련회를 평가하면서 이렇게 말했습니다. "많은 돈을 들여 수련회를 해도 두 주밖에 못 간다." 수련회 때 감동을 받아 울고불고 한 학생들이 교회에 돌아오면 그다음 주일에는 정말 분위기가 다르다고 합니다. 그러나 두 주가 지나면 다시 원래의 모습으로 돌아간다는 것입니다. 한 번 깊은 감동을 받으면 분명히 기억에 남습니다. 그러나 그것만으로는 별로 오래 가지 않습니다. 오히려 그것보다 더 중요한 것은 반복해서 되새기는 것입니다. 자꾸 되새겨야 기억이 머리에 각인되고 삶 속에서 항상 생각나는 것입니다.

우리의 신앙생활에서 하나님의 말씀을 기억하고 있는 것보다 더 중요한 것은 별로 없습니다. 우리가 말씀 안에서 살기를 원하지만 말씀을 기억하지 못하면 어떻게 말씀 안에서 살 수 있겠습니까?

말씀을 기억하는 것이 이렇게 중요하기 때문에 말씀을 기억하기 위해 말씀을 자꾸 되새겨야 합니다.

우리가 말씀을 되새기는 데는 두 가지 방법이 있습니다. 첫째, 말씀을 가까이하는 것입니다. 예배에 참여하거나 혼자 성경을 읽으며 말씀을 가까이하는 것입니다. 하나님께서 우리에게 최소한 한 주일에 하루는 하나님께 바치라고 하신 이유 중의 하나도 바로 이것입니다. 매주 예배에 참여하며 반복해서 말씀을 가까이하면 말씀이 우리 마음에 깊이 각인되어 바른 신앙생활에 도움이 되기 때문입니다.

둘째, 말씀을 실행하는 것입니다. 수학을 공부하는 학생에게는 문제풀이 설명을 100번 보는 것보다 실제로 문제를 몇 번 풀어 보는 것이 문제 푸는 방법을 기억하는 데 더 좋습니다. 길을 알기 위해서도 지도만 수없이 보는 것보다 실제로 그 길을 몇 번 가 보는 게 더 좋습니다. 하나님의 말씀을 기억하는 것도 마찬가지입니다. 하나님의 말씀을 듣고 그 말씀대로 살아가는 것보다 더 좋은 방법은 없습니다. 아무리 감동적인 말씀을 들어도 한 번 감동받은 것만으로는 오래 기억할 수 없습니다. 그 말씀을 마음으로 계속 되새긴다고 해도 말씀대로 살지 않고 머리로만 되새기면 말씀이 우리 마음에 오래 남지 않습니다. 특히 삶의 현장에서 말씀이 생각나지 않습니다. 오직 말씀을 실행할 때 말씀이 생생하게 남고 삶의 현장에서 생각나는 것입니다.

• 말씀의 실행

본문을 보십시오. 말씀을 듣고 행하지 않으면 어떻게 됩니까? 두 가지 문제가 생깁니다. 하나는 자기를 속이게 되는 것입니다. 이것은 조금 있다가 살펴보겠습니다. 그리고 다른 하나는 잊어버리게 되는 것입니다. 이것은 조금 전에 살펴본 것과 같습니다.

자기를 속이는 것과 잊어버리는 것 중에 본문이 더 크게 강조하는 것은 잊어버리는 것입니다. 잊어버리면 들으나 마나입니다. 그러니 말씀을 듣고 잊어버리는 게 얼마나 큰 문제입니까?

학생이 시험을 치르다가 제일 답답할 때가 언제인지 아십니까? 분명히 조금 전까지 알고 있었는데 지금 기억이 나지 않을 때입니다. 언젠가 부정행위를 하다가 적발된 학생이 있어서 왜 그랬느냐고 물었더니 이렇게 대답했습니다. "분명히 아는 것인데 생각이 나지 않아 너무 답답해서 저도 모르게 힌트라도 좀 얻으려고 그랬습니다." 처음부터 몰랐던 것은 덜 억울합니다. 알았다가 잊어버린 것이 더 억울합니다. 그러나 처음부터 몰랐든 나중에 잊어버렸든 상관없습니다. 지금 말씀을 잊어버렸다면 그것은 아무것도 아닌 것입니다.

우리가 잘 아는 대로 야고보서는 신앙생활에서 바른 삶의 중요성을 강조하는 책입니다. 바르게 살려면 바른 삶이 어떤 것인지 항상 기억하고 있어야 합니다. 하나님의 말씀을 잊지 말아야 합니다. 그런데 하나님의 말씀을 가장 잘 기억하는 길은 말씀을 실행하는 것입니다. 더욱이 말씀대로 살다 보면 그것이 자연스레 몸에 뱁니다. 그러면 마음에는 하나님의 말씀이 남고 몸에는 바른 삶이 배어 정말 바르게 살아갈 수 있습니다.

여러분, 뛰어난 기술을 가진 사람들을 가끔 보시지요? 저는 광주시향의 타악기 연주자 김용석 집사님의 드럼 연주를 보고 감탄한 적이 있습니다. 그것을 본 사람들은 모두 다 놀라며 감탄했습니다. 어쩌면 손이 그렇게 빨리 움직일 수 있을까? 어떻게 해서 그렇게 되었겠습니까? 수없는 반복 연습을 통해서 그렇게 된 것이지요. 그래서 이런 말이 있습니다. "연습을 많이 하면 손에 귀신이 붙는다." 비신앙적인 표현이어서 죄송하지만 뜻은 공감이 되리라 생각합니다. 반복 연습을 많이 하면 보통 사람이 할 수 없는 경지에 도달한다는 뜻입니다.

반복 연습의 효과는 기술에만 있는 게 아닙니다. 신앙생활에도 있습니다. 바른 삶을 반복하면 그것이 몸에 뱁니다. 그렇게 되면 움직일 때마다 올바른 행동을 하게 됩니다. 그리고 나쁜 짓을 할 수 없게 됩니다. 어색하고 불편하고 불안하고 괴로워서 나쁜 짓을 하려고 해도 할 수가 없습니다. 반면에 바른 말씀을 들어도 행하지 않으면 그것을 다 잊어버립니다. 더욱이 아직도 악한 행동이 몸에 배어 있기 때문에 바른 행동을 하기가 몹시 어렵습니다. 그래서 말씀을 듣고 실행하는 것이 매우 중요한 것입니다. 처음 말씀을 들었을 때 말씀대로 살기가 힘들어도 마음을 굳게 하여 행동을 시작해야 합니다. 그러면 말씀이 마음에 각인되고 선행도 몸에 배게 되어 올바른 성도가 되는 것입니다.

말씀을 듣고도 행하지 않을 때 생기는 또 한 가지 문제점은, 자기를 속이는 것입니다. 어떻게 속이는 겁니까? 되지 않고도 된 줄로 생각하는 것입니다. 말씀을 많이 듣다 보면 마치 자기가 그 말쓴대로 사는 것과 같은 착각을 합니다.

　1980년대 군사 독재 정권이 무섭게 철권을 휘두를 때 공공연하게 독재를 비판하며 민주주의를 외친 사람은 정말 몇 명 되지 않았습니다. 그 몇 명 되지 않는 분 중에 고영근 목사님이 있습니다. 고 목사님은 그중에서도 선봉에 서신 분이라고 볼 수 있습니다. 당시에 고 목사님 같은 분이 강연을 하면 많은 사람이 모였습니다. 그러나 어떨 때는 사람들이 잘 모이지 않았습니다. 이때 이런 강연에 참석한 사람들이 강연에 오지 않는 사람들을 비겁하다고 비판하기도 했습니다. "강연에 참석한다고 잡아가지 않는다. 와서 강연이라도 들어라." 이런 식으로 비판했지요.

　이런 사람들 중에는 자기가 강연을 들은 것만으로 우리나라의 민주화에 공헌을 했다고 생각하는 사람들이 있었습니다. 혹은 이런 강연을 들은 것만으로 자기는 민주적으로 산다고 생각하기도 했습니다. 이것은 옳지 않습니다. 이런 강연을 들었다고 해서 그 사실이 민주화에 얼마나 기여가 되었겠습니까? 더욱이 이런 강연을 들었다고 자기가 민주적으로 산다고 생각하면 큰 오산입니다. 당시에 수많은 사람들이 군부 독재자를 욕했지만 막상 자기 자신도 부하직원들의 인격을 무시하며 비민주적으로 일하는 경우가 얼마나 많았습니까?

　사람은 많이 듣고 많이 말하면 자기가 정말 그런 사람인 줄 압니다. 자기가 정말 그렇게 살고 있는 것처럼 착각합니다. 신앙생활에서도 이런 일이 많이 일어납니다. 사랑하라는 설교를 많이 들으면 자기가 정말 남을 사랑하고 있는 것으로 착각합니다. 교회에서 늘 바르게 살아야 한다는 말씀을 듣다 보면 자기는 세상 사람들보다 더 바르게 살고 있는 줄 압니다. 그러나 이것은 착각이고 자기를 속이는 것입니다.

여러분은 혹시 불신자들이 우리보다 더 친절하고 따뜻하게 사는 것을 보고 충격을 받은 적이 없습니까? 세상에는 하나님의 말씀을 들은 우리보다 더 사랑을 베풀며 사는 사람들이 많습니다. 우리는 하나님의 말씀을 많이 들은 것 때문에 마치 우리가 남들보다 더 하나님의 뜻대로 사는 것처럼 착각하지 말아야 합니다.

하나님의 말씀을 많이 듣는 것은 정말 좋은 일입니다. 그래서 야고보서 1장 19-21절도 하나님의 말씀을 온유하게 많이 들으라고 합니다. 그러나 말씀을 아무리 많이 들어도 말씀대로 행하지 않으면 말씀을 들은 것이 오히려 해가 됩니다. 아니, 하나님의 귀한 말씀을 많이 들은 것이 어떻게 해가 될 수 있습니까? 그런데 해가 됩니다. 해가 되는 모습은 두 가지로 나타납니다.

첫째, 말씀을 많이 들으면 자기가 그렇게 살지 않으면서도 그렇게 사는 것으로 착각하게 됩니다. 그러면 삶을 고칠 수가 없습니다. 회개도 없고 성장도 없는 것입니다.

둘째, 말씀을 많이 들으면 더 큰 벌을 받게 될 위험이 생깁니다. 예수님이 뭐라고 하셨습니까? 많이 받은 자에게서는 많이 요구한다고 하셨지요. 특히 알고도 잘못을 저지른 사람은 모르고 저지른 사람보다 더 큰 벌을 받는다고 하셨습니다.

"주인의 뜻을 알고도 준비하지 아니하고 그 뜻대로 행하지 아니한 종은 많이 맞을 것이요 알지 못하고 맞을 일을 행한 종은 적게 맞으리라 무릇 많이 받은 자에게는 많이 요구할 것이요 많이 맡은 자에게는 많이 달라 할 것이니라"(눅 12:47-48).

그런데 많이 들은 사람은 많이 알게 됩니다. 많이 듣고 많이 안 후에 그것을 실행하지 않으면 오히려 더 큰 벌을 받습니다. 그래서 많이 들은 것이 해가 되는 것입니다.

그렇다고 적게 듣는 게 좋습니까? 많이 들을수록 하나님의 뜻을 더 많이 알고 더 하나님 뜻대로 살며 더 하나님께 영광을 돌리고 하나님의 더 큰 상급을 받을 수 있는데요? 행하지 못할까봐 적게 듣는 사람은 무서워서 달란트를 땅에 묻어버린 종과 같습니다. 우리는 하나님의 말씀을 많이 들어야 합니다. 단, 듣는 것에서 멈추지 말고 그대로 행해야 합니다. 그래서 야고보서는 앞에서 많이 들으라고 가르치고(19-21절), 이어서 들은 것을 행하라고 가르치는 것입니다(22-25절).

- **언행일치**

그러면 들은 말만 실행해야 합니까? 한 말에 대해서는 어떻습니까? 본문은 말만 하고 행하지 않는 것이 얼마나 한심한 일인지 알려줍니다. 26절은 아무리 경건한 사람도 혀를 재갈 먹이지 않으면 그 경건은 헛것이라고 합니다. 이 말씀은 두 가지 뜻이 있습니다. 하나는 경건하게 살던 사람이 추한 말을 하면 그 경건이 헛되다는 뜻입니다. 다른 하나는 말만 많이 하고 행동이 따르지 않으면 자기를 속이는 것이고 그 경건은 헛되다는 뜻입니다.

그리고 27절에서 참 경건은 삶에서 사랑을 베풀고 거룩하게 사는 것이라고 함으로써 말만 하는 것이 아니라 행동까지 해야 바른 신앙생활이라고 가르쳐 줍니다. 이것은 2장에서 더욱 강조됩니다. 2장에서는 말만 하고 행하지 않는 게 얼마나 무의미한 일인지 잘 보여줍니다. 먹을 것도 없고 쉴 곳도 없는 형제에게 잘 먹고 잘 쉬라는 말만 하고 전혀 먹을 것을 주지 않는다면 그 말이 무슨 유익이 있느냐는 것입니다.

듣기 좋은 말만 하고 전혀 행동에 옮기지 않으면 우선 말한 사람이 신실하지 못한 사람이 됩니다. 말한 사람에게 시험 거리가 되는 것이지요. 그리고 들은 사람도 원망이 생겨 시험에 들기 쉽습니다. 이것은 말의 시험 거리에 대해 중요한 교훈을 줍니다.

지난 과에서 살펴본 대로 우리는 말을 하는 것과 듣는 것에서 시험에 들지 말아야 합니다. 그러기 위해서는 듣기는 속히 하고 말하기는 더디 해야 합니다. 그런데 말이 시험 거리가 되지 않으려면 주의해야 할 것이 또 있습니다. 그것은 말을 실행하는 것입니다. 말을 행동으로 옮기지 않으면 말한 사람과 들은 사람에게 시험 거리가 됩니다. 말의 실행도 말의 시험을 이겨내기 위해 꼭 필요한 것입니다.

그렇다면 우리가 실행해야 할 하나님의 뜻은 무엇입니까? 하나님을 사랑하는 것과 이웃을 사랑하는 것입니다. 그런데 이것은 좀 추상적이지요? 또 너무 많은 내용을 담고 있습니다. 그래서 본문은 이 두 가지 계명의 구체적이고도 대표적인 모습을 두 가지 가르쳐 줍니다.

하나는 어려운 사람을 돌보는 것입니다. 27절 "고아와 과부를 그 환난중에 돌보고"라는 말씀이 이것을 보여주는 말씀입니다. 그리고 다른 하나는 하나님과 교제하며 세상을 따르지 않는 것입니다. 27절에서 "자기를 지켜 세속에 물들지 아니하는 그것이니라"라는 말씀이 이것을 보여주는 말씀입니다. 이렇게 가난한 사람을 돌보는 것과 세속에 물들지 않은 모습의 대표적인 예가 바로 2장 앞부분에 나옵니다. 이에 대해서는 2장을 설명하는 부분에서 좀더 자세히 살펴보겠습니다.

그런데 가난한 사람을 돌보고 세속에 물들지 않는 삶을 살려면 각별히 주의해야 할 것이 있습니다. 그게 무엇일까요? 가난한 사람을 돌보려면 무엇을 주의해야 합니까? 재물의 시험에 빠지지 말아야 합니다. 생각해 보십시오. 재물의 욕심을 이겨내야 이웃을 도와줄 수 있지 않습니까? 또 말의 시험에 빠지지 말아야 합니다. 우리는 가난하고 낮은 사람에게 무시하는 말을 하기 쉽습니다. 쉽게 화내고 아무렇게나 말할 수 있습니다. 또한 가난하고 낮은 사람의 말은 잘 듣지 않습니다. 이런 것이 다 말의 시험 거리입니다. 우리가 정말 가난한 사람을 돌보려면 재물의 시험과 말의 시험을 특별히 조심해야 합니다.

세속에 물들지 않는 것도 마찬가지입니다. 세속에 물드는 삶의 가장 대표적인 모습이 사치와 방탕입니다. 그런데 우리가 부의 시련을 이겨내야 방탕한 세속의 시험에 빠지지 않게 됩니다. 곧 세속에 물들지 않으려면 부의 시련을 이겨내야 한다는 것입니다.

또한 세속적인 삶이 우리에게 가장 쉽게 다가오는 통로가 말입니다. 추한 행동은 하지 않아도 추한 말은 쉽게 하는 사람이 얼마나 많습니까? 신자들 중에도 이런 모습이 있습니다. 심지어 교회

지도자들도 낯 뜨거운 말을 하는 경우가 있습니다. 어느 신학대학 교수님이 이런 말을 했습니다. 이 교수님은 교계의 지도적인 목사님들이 신학교에 설교하러 와서는 여직원들에게 농담하는 말을 듣고 존경심이 사라져버렸다고 합니다. 우리는 추한 말 한마디로 우리의 경건을 헛되게 만들지 않도록 주의해야 합니다.

• 자유롭게 하는 율법

본문에는 특별한 표현이 하나 있습니다. '자유롭게 하는 율법'이라는 표현입니다. 왜 그냥 율법이라고 하지 않고 자유롭게 하는 율법이라고 했을까요? 참 복음에서 나온 율법은 사람을 자유롭게 해주기 때문입니다. 율법은 원래 우리가 어떻게 살아야 할지를 가르쳐 주는 하나님의 법입니다. 하나님께서 왜 율법을 주셨습니까? 하나님의 백성답게 살라고 주셨습니다. 하나님께서는 이스라엘 백성을 애굽에서 구원하신 후에 하나님의 백성답게 만들어 주시려고 율법을 주신 것입니다. 그러니 율법을 받은 게 얼마나 감사한 일입니까? 그래서 율법은 구원을 받은 사람이 하나님께 감사하며 하나님을 사랑하는 마음으로 지키는 것입니다.

그런데 이스라엘 사람들은 율법이 주어진 배경을 잊어버렸습니다. 그리고 하나님을 사랑하고 섬기는 마음에서가 아니라, 율법을 지키면 상을 받고 어기면 벌을 받는다는 생각에서 지키게 되었습니다. 그러다 보니까 율법은 상을 받거나 벌을 피하기 위해 지키는 것이 되었습니다. 이런 마음으로 율법을 지키면 율법에 얽매여 지키게 됩니다.

  25절의 자유롭게 하는 율법은 율법을 이런 식으로 지키는 것이 아님을 말합니다. 하나님께서 구원해 주신 사실에 감사하며 하나님을 섬기기 위해 자원하는 마음으로 지키는 것입니다. 참된 믿음을 가지고 하나님 뜻대로 사는 것은 이렇게 자유롭게 율법을 지키는 것입니다. 그리고 율법을 지키며 살면 악에 얽매이지 않고 오히려 삶에 자유와 평화를 누리게 됩니다. 이렇게 율법은 자유롭게 지키고 또한 율법을 지키면 자유롭게 됩니다. 그래서 자유롭게 하는 율법이라고 표현한 것입니다. 야고보서가 강조하는 신앙의 행위는 결코 억지로 하는 행위가 아니라 자유 속에 감사와 섬김으로 하는 행위입니다.

  이렇게 율법을 지켜 하나님 뜻대로 행하는 사람은 복을 받습니다. 그래서 본문도 그 행하는 일에 복을 받으리라고 하는 것입니다. 우리 모두가 말에 조심하여 말하고 듣는 데서 시험에 들지 않기 바랍니다. 뿐만 아니라 말하는 것과 듣는 것을 실행하여 정말 하나님을 기쁘시게 해드리고 하나님의 큰 상급을 받는 복된 신앙생활을 할 수 있기 바랍니다.

8. 참된 교회에는 차별이 없습니다

내 형제들아 영광의 주 곧 우리 주 예수 그리스도에 대한 믿음을 너희가 가졌으니 사람을 차별하여 대하지 말라 만일 너희 회당에 금가락지를 끼고 아름다운 옷을 입은 사람이 들어오고 또 남루한 옷을 입은 가난한 사람이 들어올 때에 너희가 아름다운 옷을 입은 자를 눈여겨 보고 말하되 여기 좋은 자리에 앉으소서 하고 또 가난한 자에게 말하되 너는 거기 서 있든지 내 발등상 아래에 앉으라 하면 너희끼리 서로 차별하며 악한 생각으로 판단하는 자가 되는 것이 아니냐 내 사랑하는 형제들아 들을지어다 하나님이 세상에서 가난한 자를 택하사 믿음에 부요하게 하시고 또 자기를 사랑하는 자들에게 약속하신 나라를 상속으로 받게 하지 아니하셨느냐 너희는 도리어 가난한 자를 업신여겼도다 부자는 너희를 억압하며 법정으로 끌고 가지 아니하느냐 그들은 너희에게 대하여 일컫는 바 그 아름다운 이름을 비방하지 아니하느냐 너희가 만일 성경에 기록된 대로 네 이웃 사랑하기를 네 몸과 같이 하라 하신 최고의 법을 지키면 잘하는 것이거니와 만일 너희가 사람을 차별하여 대하면 죄를 짓는 것이니 율법이 너희를 범법자로 정죄하리라 누구든지 온 율법을 지키다가 그 하나를 범하면 모두 범한 자가 되나니 간음하지 말라 하신 이가 또한 살인하지 말라 하셨은즉 네가 비록 간음하지 아니하여도 살인하면 율법을 범한 자가 되느니라 너희는 자유의 율법대로 심판 받을 자처럼 말도 하고 행하기도 하라 긍휼을 행하지 아니하는 자에게는 긍휼 없는 심판이 있으리라 긍휼은 심판을 이기고 자랑하느니라(약 2:1-13).

• 트루먼과 맥아더

　트루먼과 맥아더는 미국 사람들이지만 우리나라와 깊은 관계를 가지고 있습니다. 트루먼은 제2차 세계대전 막바지에 미국의 부통령이었는데, 대통령 루즈벨트가 죽어서 대통령직을 계승하게 되었습니다. 그는 일본에 원자폭탄을 투하하도록 명령하여 제2차 세계대전을 마무리하고 우리나라의 해방에 공헌한 사람입니다. 그리고 1950년에 6·25전쟁이 일어났을 때는 한국에 파병하도록 결정하여 우리에게 말할 수 없이 큰 도움을 주었습니다.
　맥아더는 우리가 잘 아는 대로 6·25 한국전쟁 때 연합군 총사령관으로 복무했습니다. 그는 인천상륙작전을 비롯한 여러 전투를 통해 우리나라가 공산화되는 것을 막는 데 결정적인 공헌을 한 사람입니다.
　그런데 이 두 사람은 재미있는 관계에 놓여 있었습니다. 트루먼은 1차 세계대전 때 포병 대위로 복무했고 맥아더는 장군으로 복무했습니다. 군대에 있을 때는 트루먼이 맥아더를 함부로 쳐다볼 수도 없을 정도로 낮은 입장이었습니다. 그러나 트루먼은 제대한 후에 정치계로 뛰어들어 상원의원을 거쳐 미국의 대통령이 됩니다. 이제 맥아더의 상관이 된 것입니다. 후에 트루먼 대통령은 6·25 한국전쟁 중에 자기의 정책을 공공연히 반대하던 맥아더를 사령관직에서 해임하고 맙니다.
　어떻게 제1차 세계대전 때는 맥아더보다 훨씬 낮았던 트루먼이 6·25 때는 맥아더의 상관이 되어 그를 해임까지 할 수 있었습니까? 트루먼은 국민의 선택을 받아 대통령이 되었기 때문입니다. 군대에 있을 때는 맥아더의 명령을 들어야 할 사람이었지만 제대한 후 대통령이 되었기 때문에 이제는 맥아더에게 명령하는 사람이 된 것입니다.

만일 맥아더가 트루먼이 군대에서 자기보다 낮았던 사람이라고 해서 대통령이 된 트루먼의 지휘권을 인정하지 않는다면 어떻게 되겠습니까? 그것은 미국 국민을 무시하는 행위가 됩니다. 아니, 국가 자체를 부정하는 일이 됩니다. 무서운 죄가 되는 것입니다. 어떤 사람이든지 일단 대통령이 되고 나면 그가 군대에 있을 때 어떤 계급을 달고 있었든, 최종 학력이 무엇이든, 지금 가지고 있는 재산이 얼마이든 상관없이 대통령의 권위를 얻게 됩니다. 물론 대통령에 대한 개인적인 존경심은 대통령에 따라 달라질 수 있을 것입니다. 하지만 공식적으로는 대통령의 과거 경력이나 지금 소유한 재산이나 지식에 상관없이 대통령의 권위를 인정해야 합니다.

이렇게 사람은 지위가 완전히 달라지는 경우가 많이 있습니다. 이때 지위가 달라진 것을 인정하지 않는 것은, 그의 지위를 변화시켜 준 사람이나 법을 모독하는 것입니다. 심각한 잘못입니다. 예를 들어, 회사의 사장이 과장을 상무로 전격 승진시켰다고 합시다. 이제 사원들은 이 사람을 상무로 대우해야 합니다. 이 사람의 나이나 경력이나 재산을 가지고 상무 대우를 거부한다는 것은 말도 안 되는 일입니다. 만일 이 사람을 상무로 대우하지 않는다면 그것은 사장을 무시하고 회사를 무시하는 행동입니다. 회사에서 일어난 새로운 지위의 변화를 받아들이지 못하는 사람은 그 회사에서 더 이상 일할 수 없습니다. 그 회사를 떠나야 합니다.

• 하나님의 자녀

　사람의 지위는 어떤 때에 가장 급격하게 상승될까요? 하나님의 자녀가 되는 일입니다. 사람은 누구나 죄 속에서 살다가 파멸될 수밖에 없는 비천한 존재입니다. 그런데 이런 사람이 어느 날 갑자기 하나님의 자녀가 됩니다. 그래서 이제 하나님의 극진한 사랑과 돌보심 속에 삽니다. 이렇게 큰 지위의 변화가 어디 있겠습니까?
　이렇게 변화된 사람은 어떤 대우를 받아야 합니까? 철저히 하나님의 자녀다운 대우를 받아야 합니다. 신분이 바뀐 사람은 누구나 변화된 신분에 맞는 대우를 받아야 하기 때문입니다. 더욱이 하나님의 자녀가 된 것은 너무나 존귀하기 때문에 과거의 지위나 세상적인 여건은 전혀 지금 하나님의 자녀로 대우받는 데 영향을 미치지 못합니다. 그래서 하나님의 자녀가 된 사람은 과거에 어떤 경력을 가졌는지 지금 재산이나 권력이 얼마나 있는지에 전혀 상관없이 모두 똑같은 하나님의 자녀로 대우받아야 하는 것입니다.
　생각해 보십시오. 군대에서는 일병에서 상병만 되어도 그것이 매우 중요하여 그 사람의 재산이나 학력에 전혀 상관없이 상병으로 대우를 받습니다. 하물며 하나님나라의 모형인 교회에서 하나님의 자녀를 재산이나 학력 등으로 차별할 수 있겠습니까? 본문에서 무엇이라고 합니까? 1절을 보십시오. '너희는 영광의 주를 믿는 믿음을 가졌으니 사람을 외모로 판단하지 말라'고 권면하고 있습니다. 주님의 영광과 하나님의 자녀가 되어 받은 영광이 너무나 크기 때문에 세상적인 차이는 아무 영향도 미치지 못합니다. 그래서 하나님의 자녀가 된 영광을 아는 사람은 결코 세상적인 여건으로 사람을 차별 대우할 수 없는 것입니다.

만일 하나님의 자녀가 된 사람을 세상적인 여건으로 차별 대우한다면 그것은 그 사람을 자녀로 삼아 주신 하나님의 권위를 무시하는 것입니다. 하나님나라의 법을 무시하는 것입니다. 하나님나라에 들어가지 않겠다는 것과 같습니다. 만일 어떤 사람이 교회에서 하나님의 자녀들을 세상적인 여건으로 차별 대우한다면 그는 하나님의 백성이라고 볼 수 없습니다. 하나님도 모르고 하나님나라도 모르는 사람이기 때문입니다.

교회에서는 절대 교인들을 차별 대우해서는 안 됩니다. 사람을 차별하는 것은 세상에서나 하는 일이지 교회에서 하는 일이 아닙니다. 하나님을 믿지 않고 성령님을 따르지 않는 세상 사람들은 육체의 욕심을 따라 삽니다. 그러니까 세상에서 자기에게 유익한 사람은 후대하고 이권이 없는 사람은 박대합니다. 그래서 세상에서는 부자가 좋은 대우를 받고 가난한 사람은 무시를 당하는 것입니다. 이렇게 사람을 세상적인 여건으로 차별 대우하는 것은 세속적인 모습입니다.

1장 끝에서 참 경건이 무엇이라고 가르쳐 주었습니까? 어려운 사람들을 돌보고 세속에 물들지 않는 것이라고 했습니다. 그런데 부자를 후대하고 가난한 자를 박대하는 것은 어떤 모습입니까? 세속적인 모습입니다. 또 어려운 사람을 돌보지 않는 모습이지요. 교회에서 사람을 차별 대우하는 것은 참 경건에 정반대되는 모습입니다. 교회에서 성도들을 차별 대우하는 사람은 참된 성도가 아니라 하겠습니다.

마찬가지로 차별 대우가 있는 교회도 참된 교회가 아닙니다. 교회는 서로 사랑해야 참된 교회입니다. 그래서 예수님도 요한복음 13장 35절에서 이렇게 가르쳐 주신 것입니다.

"너희가 서로 사랑하면 이로써 모든 사람이 너희가 내 제자인 줄 알리라."

그런데 진정한 사랑에는 차별이 없습니다. 차별 없이 서로 사랑하는 교회가 예수님의 제자다운 참된 교회입니다.

여기서 한 가지 짚고 넘어가야 할 것이 있습니다. 우리가 교인들만 사랑하면 되느냐 하는 것입니다. 안 됩니다. 우리는 불신자도 사랑해야 합니다. 다만 오늘 본문이 교회 안에서 성도들 간의 사랑에 대하여 가르쳐 주기 때문에 오늘은 교인들에 대한 사랑을 살펴보는 것뿐입니다. 교인들만 사랑하고 불신자는 사랑하지 않아도 되는 것이 결코 아닙니다. 그런데 교회 안에서 성도들도 사랑하지 못한다면 어떻게 불신자까지 사랑할 수 있겠습니까? 그러므로 교회 안에서의 사랑을 먼저 배우는 것은 실제로 아주 중요한 일입니다.

• 차별 대우

그러면 사람들이 보통 어떤 사람을 차별 대우합니까? 자기에게 이권이 있는 사람을 후대하고 이권이 없는 사람을 박대합니다. 교회도 이렇게 하기 쉽습니다. 본문이 예를 들어 설명해 주는 사람도 바로 이런 사람입니다. 본문은 금가락지를 끼고 아름다운 옷을 입은 사람을 특별 대우하지 말라고 합니다. 금가락지를 끼었다는 것은 귀족임을 암시합니다. 아름다운 옷도 귀족이나 부자라는 것을 암시합니다. 결국 교회에서도 부와 권력이 있는 사람을 특별히 존중하기 쉽다는 것입니다. 반대로 더러운 옷을 입은 사람은 가난하고 비천한 사람입니다. 교회에서도 이런 사람을 무시하기 쉽습니다.

교회가 이런 함정에 빠지기 쉬운 이유는, 부과 권력이 있는 사람은 성도 개인에게만 도움이 되는 것이 아니라 교회 전체에도 도움이 되기 때문입니다. 당시에는 사회에 후견인-피후견인(Patron-Client) 관계가 매우 발달해 있었습니다. 후견인-피후견인 관계는 이런 것입니다. 부나 권력이 있는 사람이 가난하고 힘없는 사람을 도와주며 가난한 사람들의 후견인 역할을 합니다. 그러면 도움을 받은 사람은 피후견인으로서 도움을 준 후견인을 공공장소에서 높여줍니다. 예를 들어, 그가 길에 나타나면 따라다녀 주기도 하고, 투표할 때 찍어 주기도 하고, 공공장소에서 상석에 앉혀 주기도 합니다.

사회에 이런 문화가 발달해 있었기 때문에 돈과 권력이 있는 사람은 으레 도움이 필요한 사람이나 단체를 도왔습니다. 그리고 도움을 받은 사람이나 단체는 당연히 도움을 준 사람에게 상석을 내주며 높여 주었습니다.

이런 사회관습에 익숙한 사람들은 교회에서도 이런 관습을 따르기 쉽습니다. 부자나 권력자는 이미 사회에서 많은 도움을 주었기 때문에 교회에서도 상석을 기대합니다. 혹은 교회에 많은 헌금을 했기 때문에 상석을 기대합니다. 성도들도 개인적으로나 교회적으로 부자나 권력자의 도움을 받았기 때문에 교회에서 그들에게 상석을 내줍니다. 혹은 앞으로 그들의 도움을 기대하며 상석을 내줍니다.

하지만 야고보서는 결코 그런 모습이 교회에 있어서는 안 된다고 가르쳐 줍니다. 이 말씀은 당대 사람들에게 아주 충격적인 말씀입니다. 아주 깊이 생활화된 것을 금하기 때문입니다. 그러나 교회는 세속적이 되어서는 안 됩니다. 철저히 하나님의 뜻만 따라야 합니다. 그래서 교회는 하나님의 영광만 바라보며 교인들을 하나님의 자녀라는 고귀한 모습에 따라 대우해야 합니다. 절대 세속적인 여건에 따라 차별 대우하면 안 됩니다.

아마 우리가 개인의 탐욕을 위해서는 부자를 특별 대우하지 않을지 모릅니다. 그러나 하나님나라의 사업을 위해서는 부자를 특별 대우할 수도 있습니다. 더 무서운 것은 이런 목적을 두고 부자를 특별 대우하는 것은 잘못이 아니라고 생각하기 쉽다는 것입니다. 그러나 그렇지 않습니다. 어떤 이유로 사람을 차별하는 것은 잘못입니다. 개인의 욕심을 위해서가 아니라 교회나 하나님나라의 일을 잘하기 위해서라도 하나님의 자녀를 차별하는 것은 잘못입니다.

본문에서는 차별하는 것을 '서로 구별하며 악한 생각으로 판단한 것'이라고 합니다. 사람을 외적인 여건으로 구별하고 차별 대우하는 것은 악한 생각에서 나온 악한 일입니다. 만일 성도들이 서로 다른 사명을 더 잘 감당하도록 돕기 위해 구별하는 것이라면 악한 판단이 아닙니다. 그러나 차별 대우하기 위해 구별하는 것이라면 악한 판단입니다. 차별 대우는 절대적으로 악입니다. 그래서 어떤 목적을 위해서라도 하나님의 자녀를 차별하여 어떤 사람은 존중하고 어떤 사람은 무시하면 안 되는 것입니다.

우리는 부와 권력만으로 사람을 차별하는 게 아닙니다. 재능으로도 차별합니다. 반주자가 부족한 교회에서는 피아노를 잘 치는 사람이 오면 남달리 존중하기 쉽습니다. 그를 존중하는 것이 잘못이 아니라 다른 사람과 차별 대우하는 것이 잘못입니다.

심지어 직분에 따라 더 사랑하거나 덜 사랑해도 안 됩니다. 물론 직분에 따라 그 사람의 권위는 다르게 인정해야 합니다. 그러나 사랑에는 차별이 있으면 안 됩니다. 부모님이 대학생 자녀와 초등학생 자녀의 권위는 다르게 인정해도 사랑은 차별 없이 하는 것과 같습니다.

그러나 안타깝게도 교회에서 가장 많이 나타나는 차별은, 부자를 우대하고 가난한 자를 박대하는 것입니다. 그래서 본문도 하나님께서 오히려 가난한 자를 선택하여 믿음에 부요하게 하셨다고 가르쳐 주는 것입니다. 그리고 부자는 교회를 박해했다고 가르쳐 줍니다. 그런데 이상하게도 교회는 부자를 우대하고 가난한 자를 박대한다는 것입니다.

왜 하나님께서는 가난한 자를 믿음에 부요하게 하셨을까요? 먼저, 이 말씀을 오해하면 안 됩니다. 이 말씀은 하나님께서 가난한 사람은 구원하시고 부자는 구원하지 않으신다는 뜻이 아닙니다. 이 말씀은 일반적으로 가난한 사람이 하나님을 더 잘 믿고 부자가 하나님을 더 잘 안 믿는 모습을 보면서, 하나님께서는 가난한 사람을 사랑하며 구원으로 이끄시는데 교회는 거꾸로 가난한 사람을 박대하는 것을 꾸짖는 말씀입니다.

왜 사람은 가난할 때 신앙이 더 잘 자랄까요? 복음이 가난한 사람에게는 많은 것을 제공해 주고 부자에게는 많은 것을 요구하기 때문입니다. 하나님께서는 가난한 사람들을 위로하고 부족한 것을 채워 주십니다. 이에 반해 부자에게는 이미 받은 물질적인 축복을 잘 사용하라고 명령하십니다. 물론 부자에게도 아픔이 있습니다. 그래서 하나님께서는 부자도 위로해 주시고 치유해 주십니다. 그러나 아무래도 부자에게는 사명이 더 많이 강조됩니다. 그래서 복음은 부자보다 가난한 자에게 더 매력적입니다. 이게 하나님의 모습입니다.

그런데 교회가 부자를 우대하고 가난한 자를 박대하면 교회가 누구에게 매력적이 됩니까? 부자에게 매력적이 되지요. 반대로 가난한 자는 교회를 떠나게 됩니다. 얼마나 하나님께서 바라시는 모습과 다릅니까? 본문은 이것을 지적하고 꾸짖는 것입니다.

• 부자와 가난한 자

본문은 다른 현상을 하나 더 가르쳐 줍니다. 부자들은 교회를 핍박한다는 것입니다. 물론 이것은 당대에 있었던 모습입니다. 초대 교회 시절에 세상 권력자들이 교회를 핍박했습니다. 그런데 당시 권력자들은 거의 다 부자입니다. 유대에서 교회를 박해한 공회원들이나 사두개파 사람들도 부자이고, 로마에서 교회를 박해한 권력자들도 부자입니다. 이렇게 부자와 권력자들은 교회를 박해하는데 교회는 마치 그들에게 아부하듯이 그들을 특별 대우하는 것입니다. 이게 얼마나 세속적이고 하나님의 뜻과는 다른 모습입니까?

여기까지 말씀을 듣고 마음에 부담이 생기거나 불쾌감을 느끼는 분이 있을지도 모릅니다. 사실 그런 기분이 들 수도 있습니다. 왜냐하면 이 말씀은 부와 권력을 가진 사람은 나쁜 사람인 것 같은 인상을 주기 때문입니다. 교회에서 부자를 멀리해야 하는가 하는 의구심이 생길지도 모릅니다. 그러나 그렇지 않습니다. 본문의 의도는 사람들이 하도 부자를 차별 대우하니까 차별 대우를 막으려는 것이지 결코 부자를 정죄하거나 역차별 대우하려는 게 아닙니다.

부자도 하나님의 자녀입니다. 가난한 사람과의 차이는 하나님이 재물을 많이 맡겨 주셨다는 것밖에 없습니다. 이것을 잘 관리하고 사용하면 하나님의 큰 상을 받을 것입니다. 다만 앞에서 살펴본 대로 재물은 큰 시험 거리이기 때문에 극히 조심스럽게 잘 관리해야 합니다. 자칫하면 본문에서 꾸중 듣는 악한 부자처럼 살 위험이 있습니다. 우리는 본문에서 부자에 대한 경고를 들어야 합니다. 이것에 대해서는 다음 장에서 더 자세히 살펴볼 것입니다.

오늘 본문의 핵심 교훈은 교회에서 부자를 특별 대우하지 말라는 것입니다. 이 말은 부자를 사랑하지 말라는 게 아닙니다. 부자도 똑같이 하나님의 자녀로 사랑하고 위로하며 격려해 주어야 합니다. 단지 부자 자신을 위해서나 교회를 위해서나 절대 부자를 차별 대우해서는 안 된다는 것입니다.

그래서 야고보서는 이렇게 가르쳐 줍니다. 본문 8절입니다.

"너희가 만일 성경에 기록된 대로 네 이웃 사랑하기를 네 몸과 같이 하라 하신 최고의 법을 지키면 잘하는 것이거니와."

신자는 부자나 가난한 자나 모두 하나님의 자녀입니다. 우리가 지극히 사랑해야 합니다. 그러나 가난한 사람을 사랑해도 부자만큼 사랑하지 않으면 부자를 사랑하는 게 차별 대우이며 악이 됩니다. 문제는 차별 대우이지 누구를 사랑하는가 하는 것이 아닙니다. 부자나 권력자나 피아노 잘 치는 사람을 사랑하는 게 죄가 아닙니다. 그들은 사랑하면서 다른 사람에게는 관심을 가지지 않는 차별 대우가 죄입니다.

여기서 꼭 기억해야 할 것이 있습니다. 차별 대우하지 않고 평등하게 대하기 위해 하향 평준화를 하면 안 된다는 것입니다. 예를 들어 '나는 그동안 부와 권력이 있는 사람에게만 잘해 준 것 같다. 앞으로는 그런 사람에게 잘해 주지 말자. 그러면 평등한 사랑이 될 것이다' 라고 생각하면 하향 평준화입니다. 사랑을 줄여서 평등한 사랑을 만들었기 때문입니다. 이것은 어리석은 짓입니다. 이렇게 사랑을 줄여서 평준화하는 게 교회의 목적입니까? 교회는 오히려 이렇게 생각해야 합니다. '그동안 아무래도 부자를 더 사랑한 것 같으니 이제는 가난한 사람도 많이 사랑해서 모든 성도들을 공평하게 사랑해야겠다.' 이것은 상향 평준화입니다. 우리의 사랑과 교제는 발전적으로 평등해져야 합니다.

우리 교회는 주일예배 때 방문자들을 환영하는 시간이 있습니다. 왜 그런 시간을 마련하게 되었는지 아십니까? 한 번은 토요일에 연락이 왔습니다. "내일 광주서석교회 예배 시간에 고위층이 참여하는데 인사를 좀 하도록 해주십시오." 저는 이 전화를 받고 고민했습니다. '다른 사람은 인사를 하지 않는데 이분만 인사를 하면 불공평하지 않은가?' 그렇다고 인사를 못하게 하자니 교회에서 인

사도 못하게 하는 것은 사랑이 부족한 것 같았습니다. 또 특별한 손님은 우리 교회에서도 가끔 인사시킨 적이 있습니다. 그래서 고민 끝에 생각해낸 것이 방문자를 모두 인사시키는 것이었습니다. 미국 교회에서는 이런 시간을 갖는 교회가 많습니다. 그래서 모든 방문객을 인사시키는 시간을 마련하기로 했습니다. 막상 해 보니까 차별 대우도 아니고 환영도 할 수 있어서 상향평준화가 된 것 같습니다.

초대교회가 극심한 박해와 어려움 속에서도 계속해서 부흥한 이유 중의 하나가 바로 평등한 사랑을 보여준 것이었습니다. 고대 사회는 평등한 사회가 아니었습니다. 그런데 이런 상황에서도 교회 안에는 차별 없는 평등한 사랑이 있었습니다. 심지어 사회에는 노예제도가 있었는데 교회 안에는 노예를 형제로 대하는 사랑이 있었습니다. 이런 놀라운 사랑 때문에 많은 사람이 감동을 받고 교회에 나온 것입니다.

그러나 초대교회에서도 적지 않은 성도들이 자기에게 유익한 사람을 차별 대우했습니다. 이것은 교회가 조직화되면서 더 심해졌습니다. 교회의 외적 발전을 추구하는 사람들은 쉽게 부와 권력과 재능이 있는 사람을 더 사랑했습니다. 이것을 이웃 사랑이라고 하거나 하나님나라를 위해 유익한 일이라고 강변하는 사람들도 있었지만 그것은 잘못된 생각입니다. 차별은 그 자체가 하나님 자녀의 영광스러운 모습을 무시하는 죄악입니다. 그를 자녀로 삼아 주신 하나님을 무시하는 죄이고, 하나님나라를 무시하는 죄입니다. 심각한 죄입니다. 그래서 야고보서는 이런 잘못을 심각하게 꾸짖는 것입니다.

차별은 결코 하나님나라에 유익이 되지 못합니다. 돈이 생길지는 몰라도 교회의 정체성을 잃게 됩니다. 성도들도 교회를 떠나갑니다. 말할 수 없는 손실입니다. 우리는 교회에서 성도들을 대할 때 모든 성도가 하나님의 극진한 사랑을 받는 지극히 존귀한 하나님의 자녀라는 것을 기억해야 합니다. 그리고 모든 성도를 평등하게 사랑해야 합니다.

우리 모두가 평등한 사랑으로 하나님께 영광을 돌리고, 교회도 사랑과 평강과 섬김의 교회로 만들어 많은 사람이 기쁘게 교회에 나와 신앙생활을 할 수 있게 되기 바랍니다.

9. 사랑과 평강의 교회

내 형제들아 영광의 주 곧 우리 주 예수 그리스도에 대한 믿음을 너희가 가졌으니 사람을 차별하여 대하지 말라 만일 너희 회당에 금가락지를 끼고 아름다운 옷을 입은 사람이 들어오고 또 남루한 옷을 입은 가난한 사람이 들어올 때에 너희가 아름다운 옷을 입은 자를 눈여겨 보고 말하되 여기 좋은 자리에 앉으소서 하고 또 가난한 자에게 말하되 너는 거기 서 있든지 내 발등상 아래에 앉으라 하면 너희끼리 서로 차별하며 악한 생각으로 판단하는 자가 되는 것이 아니냐 내 사랑하는 형제들아 들을지어다 하나님이 세상에서 가난한 자를 택하사 믿음에 부요하게 하시고 또 자기를 사랑하는 자들에게 약속하신 나라를 상속으로 받게 하지 아니하셨느냐 너희는 도리어 가난한 자를 업신여겼도다 부자는 너희를 억압하며 법정으로 끌고 가지 아니하느냐 그들은 너희에게 대하여 일컫는 바 그 아름다운 이름을 비방하지 아니하느냐 너희가 만일 성경에 기록된 대로 네 이웃 사랑하기를 네 몸과 같이 하라 하신 최고의 법을 지키면 잘하는 것이거니와 만일 너희가 사람을 차별하여 대하면 죄를 짓는 것이니 율법이 너희를 범법자로 정죄하리라 누구든지 온 율법을 지키다가 그 하나를 범하면 모두 범한 자가 되나니 간음하지 말라 하신 이가 또한 살인하지 말라 하셨은즉 네가 비록 간음하지 아니하여도 살인하면 율법을 범한 자가 되느니라 너희는 자유의 율법대로 심판 받을 자처럼 말도 하고 행하기도 하라 긍휼을 행하지 아니하는 자에게는 긍휼 없는 심판이 있으리라 긍휼은 심판을 이기고 자랑하느니라(약 2:1-13).

• 100-1=0

한 집사님이 우리 교회 홈페이지에 이런 글을 올렸습니다. 먼저 100-1=0이라는 수식을 쓴 후에 이 식이 무슨 뜻이겠느냐고 질문한 것입니다. 여러분은 무슨 뜻인지 아시겠습니까? 집사님은 질문 아래에 답을 썼습니다. 이 식의 뜻은 100번 잘하다가도 한 번 잘못하면 모두 무효가 된다는 뜻입니다. 그러자 몇 분이 그것은 너무하지 않으냐는 댓글을 올렸습니다.

여러분 생각에는 어떻습니까? 100번 잘하다가 한 번 잘못한 것으로 꾸중을 들으면 억울합니까? 물론 억울한 경우도 있을 것입니다. 정상은 참작해 주어야 하는 것 아닙니까? 하지만 법을 집행할 때는 이것을 억울하다고 하지 못합니다. 우리가 100번 교통신호를 잘 지키다가 한 번 신호를 어기면 벌금을 안 냅니까? 그게 억울한 일입니까? 법이라는 것은 수천 번 수만 번 잘 지켜도 한 번 어기면 죄인이 되는 것입니다. 상습적으로 어기는 사람만 죄인이 아닙니다. 한 번만 어긴 사람도 죄인입니다.

우리가 여러 사람을 해쳐야 죄인이 됩니까? 한 사람만 해쳐도 죄인이 되지 않습니까? 수백만 명의 사람에게 사랑을 베풀었다고 해도 한 사람을 미워하여 살해하면 살인자입니다. 큰 죄를 지은 사람만 처벌을 받는 게 아닙니다. 작은 죄를 지은 사람도 처벌을 받습니다. 사람을 죽인 사람만 처벌을 받는 게 아니라 뇌물을 받은 사람도 처벌을 받습니다. 우리는 어쩌다 한 번 죄를 지어도 죄인이고, 한 사람만 해쳐도 죄인이고, 작은 죄를 지어도 죄인입니다.

• 한 번의 차별

　야고보서 2장 1-13절은 차별 대우가 나쁘다는 것을 알려 주는데, 앞부분에서는 부자와 가난한 자를 차별하면 안 된다고 가르쳐 줍니다. 이것은 차별의 원인을 보여주며 차별하지 않도록 가르쳐 주는 것입니다. 그래서 우리가 어떤 이유로 이웃을 차별하게 되는지 생각해 보며 차별의 시험에 빠지지 않도록 도와줍니다.
　앞부분에서 살펴본 차별 대우의 중요한 이유가 무엇입니까? 우리 교회에 도움이 되는 사람을 우대하고 도움이 되지 않는다고 생각되는 사람을 홀대하기 쉽다는 것입니다.
　그러나 뒷부분에서는 한 사람이라도 차별하면 안 된다고 가르쳐 줍니다. 이것은 차별하면 안 되는 사람의 숫자를 보여주며 차별하지 않도록 가르쳐 줍니다. 그 숫자가 '한 사람'입니다. 이것은 아무도 차별하면 안 된다는 뜻입니다. 그래서 이 말씀은 우리가 차별한 사람이 하나라도 있는지, 누구를 차별했는지 생각해 보며 어떤 사람도 차별하지 않도록 도와주는 것입니다.
　성경에 많이 나오는 샬롬(평강)이라는 말이 무슨 뜻입니까? 샬롬은 조금도 찌그러지지 않고 완전한 모습을 갖춘 것을 가리킵니다. 마치 일그러지지 않은 완전한 원 같은 것입니다. 사람의 몸이라면 지체 한 부분이라도 상하지 않은 상태가 샬롬입니다. 공동체라면 한 사람도 소외되지 않은 모습이 샬롬입니다. 사실 소외만 되지 않은 게 아니라 서로 따뜻한 사랑으로 결속되어 모두가 하나 된 모습이 샬롬입니다. 소외된 사람이 없는 것은 물론이고 서로 모르는 사람도 없고 어색한 사람도 없이 다 친밀하고, 따뜻하게 사랑하며, 전체가 하나 된 것이 평강의 공동체입니다.

바울 서신 같은 성경을 보면, 인사말을 할 때 가장 많이 사용된 단어가 은혜와 평강입니다. 주님의 은혜를 받으면 우리 가정에 평강이 임하고 우리 교회에 평강이 임합니다. 그래서 주님의 은혜 속에 있는 교회는 한 사람도 소외되지 않은 평강의 교회가 됩니다. 우리가 진짜 주님께서 기뻐하시는 교회를 이루려면 주님의 은혜가 충만하여 한 사람도 차별당하지 않는 평강의 교회가 되어야 합니다.

야고보서는 이것을 가르쳐 주기 위해 율법을 지키는 것을 예로 듭니다. 율법을 다 지켜도 하나만 어기면 그 사람은 율법을 어긴 사람입니다. 심지어 본문은 율법을 하나만 어겨도 모든 율법을 어긴 사람이라고 합니다. 왜 그렇습니까? 한 가지 법만 어겨도 범법자가 되기 때문입니다. 그래서 한 가지 법을 어긴 사람이 다른 법은 잘 지켰다고 아무리 말해도 소용이 없습니다. 한 가지 법을 어긴 것만으로도 그 사람은 법을 어긴 죄인이기 때문입니다.

사람의 몸도 마찬가지입니다. 온 몸에 병이 생겨야 병자가 되는 게 아닙니다. 뇌, 심장, 간, 폐, 위, 신장, 관절 모두에 병이 생겨야 병자입니까? 아닙니다. 심장과 간을 비롯해서 온 몸이 다 일반인보다 훨씬 더 건강해도, 폐만 나빠지면 병자가 됩니다. 아니 손가락 하나만 부러져도 병원에 가야 합니다. 한 지체가 상한 것은 몸이 평강을 잃은 것입니다. 교회에서 한 사람만 소외되어도 교회는 평강을 잃은 것입니다. 내가 한 사람만 차별하고 무시해도 나는 하나님의 법을 어기고 교회의 평강을 깨뜨린 죄인이 됩니다.

• 모든 계명과 한 계명

여기서 우리는 신앙생활의 아주 중요한 자세를 하나 배우게 됩니다. 그것은 내가 잘하는 것만 보면 안 된다는 것입니다. 사람은 다 잘하는 게 있습니다. 그것만 보면서 자기 도취에 빠지면 큰 낭패를 당하게 됩니다. 기술에 있어서는 한 가지만 잘해도 됩니다. 한 가지 기술만 뛰어나도 명인이 될 수 있습니다. 그러나 하나님의 계명에 있어서는 결코 그렇지 않습니다. 한 가지 계명만 잘 지킨다고 되는 게 아닙니다. 모든 계명을 잘 지켜도 한 계명을 어기면 죄인이 되는 것입니다.

어떤 사람이 도둑질을 해서 부모님을 편안하게 모신다고 합시다. 이 사람이 자기는 제5계명을 잘 지키니까 훌륭한 신자라고 할 수 있습니까? 이 사람은 제6계명을 어긴 죄인입니다. 결코 좋은 신자가 아닙니다. 하나님의 계명을 다 지켜야 바른 신자라 하겠습니다. 그러므로 하나님의 계명 중에서 자기가 잘 지키는 것만 바라보며 스스로 훌륭한 신자라고 생각하는 것은 참으로 어리석은 일입니다.

사람을 사랑할 때도 마찬가지입니다. 사람은 누구나 자기가 사랑하는 사람이 있습니다. 자기의 부모나 자식은 다 사랑합니다. 혹은 친구도 사랑합니다. 그러나 가족이나 친구가 아닌 사람은 미워하기도 하고 심지어 착취하기도 합니다. 이런 사람이 자기가 사랑하는 사람들만 바라보며 자기가 사랑이 많은 사람이라고 한다면 얼마나 우스운 일입니까? 그래서 우리는 차별 대우하지 말라는 교훈을 받을 때 내가 잘해 주는 사람만 바라보며 스스로 만족하면 절대 안 됩니다. 혹시, 내가 차별 대우하는 사람이 한 사람이라도 있는지 스스로 돌아봐야 하겠습니다.

• 간음과 살인

본문은 이것을 아주 강렬하고 인상적으로 가르쳐 주기 위해 간음 금지 계명과 살인 금지 계명에 비유합니다. 이 두 계명에 비유하는 것이 얼마나 강렬한 가르침인지 보십시오. 11절은 이렇게 말하고 있습니다.

"간음하지 말라 하신 이가 또한 살인하지 말라 하셨은즉 네가 비록 간음하지 아니하여도 살인하면 율법을 범한 자가 되느니라."

이 말씀이 자연스럽습니까? 다음 말씀과 비교해 보십시오.
"살인하지 말라 하신 이가 또한 간음하지 말라 하셨은즉 네가 비록 살인하지 아니하여도 간음하면 율법을 범한 자가 되느니라."
둘 중 어느 것이 더 자연스럽습니까?
살인과 간음 중 어느 것이 더 무거운 죄입니까? 살인이지요. 그런데 작은 죄를 안 지어도 큰 죄를 지으면 죄인이라고 하는 게 자연스러운 표현입니까? 이것은 마치 이렇게 말하는 것과 같습니다. "네가 100원을 훔치지는 않았어도 100,000원을 훔쳤다면 너는 도둑이다." 어떻습니까? 부자연스럽지요. 오히려 "네가 100,000원을 훔치지는 않았어도 100원을 훔쳤다면 너는 도둑이다"라고 말해야 자연스럽습니다.

그런데 본문은 간음하지 않아도 살인하면 죄인이라고 합니다. 이 표현이 부자연스럽기 때문에 우리는 이 말씀의 의미를 더 깊이 생각해 봐야 합니다. 아무래도 여기서 말하는 살인죄는 간음죄보다 가벼운 죄여야 합니다. 그러면 그게 무슨 죄이겠습니까?

여러분 산상설교에서 예수님이 하신 말씀이 생각나십니까? 마태복음 5장 21-22절에서 예수님은 이렇게 말씀하셨습니다.

"옛 사람에게 말한 바 살인하지 말라 누구든지 살인하면 심판을 받게 되리라 하였다는 것을 너희가 들었으나 나는 너희에게 이르노니 형제에게 노하는 자마다 심판을 받게 되고 형제를 대하여 라가라 하는 자는 공회에 잡혀가게 되고 미련한 놈이라 하는 자는 지옥 불에 들어가게 되리라."

그렇다면 무엇이 살인과 같습니까? 형제에게 노하는 것, 욕하는 것, 무시하는 것이 살인과 같습니다. 또한 요한일서 3장 15절은 이렇게 가르쳐 줍니다.

"그 형제를 미워하는 자마다 살인하는 자니 살인하는 자마다 영생이 그 속에 거하지 아니하는 것을 너희가 아는 바라."

이렇게 형제에게 분노하고 증오하고 비난하고 무시하는 것이 살인과 같습니다. 그런데 우리는 세상에서 이웃을 미워하거나 무시하는 것을 얼마나 가볍게 여깁니까? 특히 많은 사람을 사랑하는 사람은 한두 사람을 미워하거나 무시하는 것쯤은 정말 대수롭지 않게 여기기 쉽습니다.

본문은 간음 금지와 살인 금지 계명의 비유를 통해 두 가지를 알려줍니다. 첫째, 사람을 미워하거나 무시하는 것처럼 가볍게 보이는 행동도 우리를 죄인으로 만든다는 것입니다. 둘째, 이렇게 가볍게 보이는 것도 살인과 같은 죄라는 것입니다. 본문은 이렇게 해서 사람을 무시하거나 차별하는 것을 무섭게 경고합니다.

우리 중에는 세상에서 경건하게 살려고 노력하는 분이 많을 것입니다. 귀한 일입니다. 우리 모두가 이렇게 살도록 노력해야 합니다. 그런데 이렇게 경건하게 살려고 애쓰며 성적 부도덕을 피하고 성결하게 살아도 교인 한 사람을 차별하면 죄인이 됩니다. 그 모든 경건이 헛것이 됩니다. 1장 끝부분에서도 사람이 말 한마디 잘못하면 그의 경건은 헛것이라고 했습니다. 오늘 본문은 우리가 이웃 하나를 무시하거나 차별해도 우리의 경건은 헛것이 된다고 가르쳐 줍니다.

더욱이 본문은 살인하면 죄인이라고 함으로써 차별과 무시에 대한 교훈만 주는 것이 아니라 분노에 대한 교훈도 줍니다. 왜냐하면 차별과 무시만 살인이 아니라 분노와 증오도 살인이기 때문입니다. 마태복음 5장 21-22절을 보면 이웃을 미련하다고 무시하는 것도 살인과 같고 이웃에게 화를 내는 것도 살인과 같다고 하지 않습니까? 이렇게 메시지를 확대하면 본문은 이웃을 무시하거나 차별하지도 말고, 이웃을 미워하거나 화를 내지도 말라는 교훈이 됩니다.

그런데 본문의 주제는 가난하고 어려운 사람을 차별하지 말라는 것입니다. 그래서 분노와 증오를 금하는 교훈이 본문의 문맥에서는 가난하고 어려운 사람에게 함부로 화내거나 미워하지 말라는 교훈이 됩니다. 생각해 보십시오. 우리가 어떤 사람에게는 좀 쉽게 화를 내곤 합니다. 어떤 사람입니까? 손쉬운 사람이지요. 우리는 가난하고 어려운 사람을 함부로 대하고 화를 내기 쉽습니다. 이것은 감정적인 차별입니다. 우리가 차별 대우를 피하려면 이런 감정적인 차별도 하지 말아야 합니다.

본문의 문맥에서 이 교훈은 또 다른 의미가 있습니다. 본문의 교훈을 잘 지키지 못하는 사람도 미워하지 말라는 것입니다. 교회에는 차별 대우가 없어야 합니다. 그러나 사람은 부족해서 차별 대우를 하는 경우가 많습니다. 그러면 차별 대우하는 사람을 금방 정죄하고 미워하기 쉽습니다. 이것도 해서는 안 되는 일입니다. 차별 대우도 죄 중의 하나일 뿐입니다. 우리가 죄인을 보면 정죄하고 비난해야 합니까? 아닙니다. 사랑으로 용서하고 바로잡아 주어야 합니다. 마찬가지로 차별 대우하는 사람이 있어도 그를 정죄하지 말고 바로잡아 주기 위해 노력해야 합니다.

앞에서 부정적으로 표현한 부자에 대해서도 마찬가지입니다. 야고보서는 부자에 대해 부정적인 표현을 많이 씁니다. 1장에서는 부자가 풀의 꽃같이 사라질 것이라고 합니다. 2장에서는 부자가 교회를 핍박하고 그리스도의 이름을 모욕한다고 합니다. 4장에서는 장사를 하면서 자기 마음대로 될 것이라고 생각하는 교만한 사람이라고 비판합니다. 5장에서는 가난한 자를 착취한다고 꾸짖습니다.

이렇게 부자에 대해 부정적으로 말하면서 본문은 남을 미워하거나 화를 내지 말라고 합니다. 이것은 부자에 대해서도 분노하지 말고 사랑으로 대하라는 뜻입니다. 본문은 한 사람이라도 소외시키지 말고 한 사람에게도 화내지 말라고 가르쳐 줍니다. 그런데 부자를 소외시키거나 미워하면 이 말씀을 어기는 죄를 짓는 것이 아닙니까?

• **자유의 율법**

본문은 이 교훈을 더욱 과격하게 만들면서 마무리합니다. 차별 없이 공평한 사랑을 할 때 자유의 율법에 따라 사는 사람처럼 말하고 행동하라는 것입니다. 여기서 말하는 자유의 율법은 1장에서 살펴본 '자유롭게 하는 율법'과 같은 뜻입니다. 1장에서 살펴본 자유롭게 하는 율법은, 율법을 억지로 지키는 것이 아니라 하나님의 은혜에 감사하며 자원하는 마음으로 지키는 것입니다. 그리고 율법을 지킴으로써 삶에 진정한 자유를 누리는 것입니다.

본문에서 우리가 지켜야 할 것은 사람을 차별 대우하지 않고 한 사람도 소외시키지 않고 사랑으로 잘 대하는 것입니다. 그런데 우리가 교회에서 서로 이렇게 대한다고 해도 그것이 단순히 규칙과 법을 지키기 위해서 그러는 것이라면 올바른 신앙생활이 아닙니다. 진심에서 우러나오는 따뜻한 사랑으로 그렇게 해야 합니다.

법을 지키기 위해서 하는 것과 사랑의 마음으로 하는 것이 어떻게 다를까요? 한 집사님이 구역장이 되어 자기 구역원들을 잘 섬겼습니다. 정말 성도들의 외형적인 여건에는 아무 차별도 두지 않고 잘 섬겼습니다. 몇 년을 그러다가 다른 분이 구역장을 맡게 되었습니다. 그러자 이 집사님은 구역원들을 이전처럼 대하지 않습니다. 어떤 구역원은 잘 대해 주고 어떤 구역원은 건성으로 대합니다. 그렇다면 이 집사님이 전에 구역원들을 평등하게 잘 대할 때 사랑하는 마음으로 그렇게 대한 것입니까, 직분자로서 법을 지키기 위해 그렇게 대한 것입니까? 후자지요. 이런 모습은 자유의 율법에 따라 자원하는 마음으로 행한 것이 아닙니다. 구역장은 그렇게 해야 한다는 법에 따라 의무감으로 한 것입니다. 물론 이정도만 해도 아주 훌륭합니다. 그러나 이것은 진정한 사랑의 섬김이 아닙니다. 진정한 사랑의 섬김은 마음에서 우러나와 섬기는 것입니다. 책임 때문에 섬기는 게 아니라 사랑 때문에 섬깁니다.

이런 모습을 보면 주인 목자와 삯꾼 목자가 생각나지 않습니까? 내가 돌봐야 할 의무가 있으면 공평한 사랑으로 돌보지만 그런 의무가 없으면 자기가 좋아하는 사람만 섬기는 목자는 삯꾼 목자입니다. 이런 목자는 자유의 율법에 따라 이웃을 공평하게 사랑하며 섬기는 게 아닙니다. 의무감에서 그렇게 하는 것입니다. 이렇게 해서는 모든 사람을 항상 공평하게 사랑할 수 없습니다. 직분을 맡았을 때는 규정상 모든 사람을 공평하게 섬깁니다. 하지만 직분을 떠나면 태도가 달라집니다.

정말 자유의 율법에 따라 자원하여 섬기는 사람은 진정한 사랑으로 섬깁니다. 교우들 모두를 하나님의 자녀로 존귀하게 대하기 때문에 아무도 차별할 수 없습니다. 그래서 항상 참사랑으로 차별 없이 교우들을 섬깁니다. 이런 목자는 주인 목자입니다. 모든 양을 사랑하기 때문에 차별을 하지 못합니다.

본문에서 자유의 율법대로 심판 받을 자처럼 행하라는 말씀은, 내가 직분을 받든 받지 않든, 사례를 받든 받지 않든 변함없이 공평한 사랑을 하라는 뜻입니다. 우리는 교우들을 전혀 차별 없이 사랑으로 대해야 합니다. 교우들의 입장이 바뀌어도 차별하지 말고 내 입장이 바뀌어도 차별하지 말아야 합니다.

• 긍휼과 심판

갑자기 본문은 긍휼을 베풀지 않으면 무자비한 심판을 받고 긍휼을 베풀면 심판을 받지 않는다고 가르쳐 줍니다. 이 말씀은 이웃에게 긍휼을 베풀어야 한다는 뜻입니다. 또한 긍휼을 베푸는 것이 자유의 율법에 따라 살아가는 자세라는 뜻입니다.

긍휼은 원래 다른 사람이 과하게 고통당하는 것을 볼 때 마음에서 우러나는 감정입니다. 말하자면 큰 고통을 겪는 이웃을 보고 불쌍히 여기는 마음입니다. 그러나 좀더 넓은 의미로는 친절하게 사랑을 베푸는 것까지 포함합니다. 긍휼은 차별 대우하지 말라는 본문의 교훈을 따르는 데 결정적으로 중요한 자세입니다. 본문 앞부분에서는 내 교우들이 영광스러운 하나님의 자녀로서 존귀한 존재이기 때문에 차별 대우하지 말라고 합니다. 그리고 본문 끝 부분에서는 내 마음에 긍휼을 품고 교우들을 차별 대우하지 말라고 합니다.

본문은 성도들을 차별하지 말라고 가르치는 말씀입니다. 몇 가지 구체적인 교훈을 통해 아주 강렬한 메시지를 줍니다. 먼저, 빈

부의 차이나 세상에서의 지위 차이로 교우들을 차별하지 말라고 합니다. 이런 차이로 성도들을 차별하지 말아야 하는 것은, 모든 성도가 다 하나님의 자녀로 존귀하기 때문입니다. 그런데도 차별하는 것은 하나님께서 주신 영광이 세상이 주는 영광보다 못하다고 보는 것입니다. 이것은 하나님을 무시하는 것이고 하나님나라를 무시하는 것입니다.

또 사람을 무시하는 것은 살인과 같은 무서운 죄입니다. 그래서 차별하면 안 됩니다. 그리고 한 사람이라도 차별하면 안 됩니다. 한 사람만 차별해도 사람을 차별한 것이고, 하나님을 무시하는 죄와 살인죄를 지은 것입니다.

아무리 차별 없이 살아도 진정으로 사랑해서 그런 것이 아니라면 소용이 없습니다. 책임이 있을 때는 모든 사람을 공평하게 대해 주고 책임이 없을 때는 좋아하는 사람만 잘 대해 준다면 그것은 진정한 하나님 자녀의 삶이 아닙니다. 이런 삶은 사랑과 친절과 긍휼의 삶이 아닙니다. 이렇게 살면 하나님의 무서운 심판을 받게 됩니다.

반대로 우리는 이웃의 모습에서 하나님 자녀의 영광을 봐야 합니다. 또한 하나님께서 우리에게 베풀어 주신 긍휼을 생각해야 합니다. 그리고 이웃을 존중하며 긍휼과 친절과 사랑으로 모든 이웃에게 공평하게 잘 대해 줘야 합니다. 그러면 우리는 하나님의 영광을 높이고 아울러 평화가 넘치는 행복한 교회 생활을 하게 될 것입니다.

우리 모두가 참 사랑에서 우러나오는 공평한 삶을 통해 올바른 교회를 이루고 하나님께 영광을 돌리며 세상을 구원하고 우리 자신도 하나님의 큰 상을 받을 수 있기 바랍니다.

10. 죽은 믿음, 죽이는 믿음

내 형제들아 만일 사람이 믿음이 있노라 하고 행함이 없으면 무슨 유익이 있으리요 그 믿음이 능히 자기를 구원하겠느냐 만일 형제나 자매가 헐벗고 일용할 양식이 없는데 너희 중에 누구든지 그에게 이르되 평안히 가라, 덥게 하라, 배부르게 하라 하며 그 몸에 쓸 것을 주지 아니하면 무슨 유익이 있으리요 이와 같이 행함이 없는 믿음은 그 자체가 죽은 것이라 어떤 사람은 말하기를 너는 믿음이 있고 나는 행함이 있으니 행함이 없는 네 믿음을 내게 보이라 나는 행함으로 내 믿음을 네게 보이리라 하리라 네가 하나님은 한 분이신 줄을 믿느냐 잘하는도다 귀신들도 믿고 떠느니라 아아 허탄한 사람아 행함이 없는 믿음이 헛것인 줄을 알고자 하느냐 우리 조상 아브라함이 그 아들 이삭을 제단에 바칠 때에 행함으로 의롭다 하심을 받은 것이 아니냐 네가 보거니와 믿음이 그의 행함과 함께 일하고 행함으로 믿음이 온전하게 되었느니라 이에 성경에 이른 바 아브라함이 하나님을 믿으니 이것을 의로 여기셨다는 말씀이 이루어졌고 그는 하나님의 벗이라 칭함을 받았나니 이로 보건대 사람이 행함으로 의롭다 하심을 받고 믿음으로만은 아니니라 또 이와 같이 기생 라합이 사자들을 접대하여 다른 길로 나가게 할 때에 행함으로 의롭다 하심을 받은 것이 아니냐 영혼 없는 몸이 죽은 것같이 행함이 없는 믿음은 죽은 것이니라(약 2:14-26).

• 반복 교육

저는 영어 공부를 늦게 시작했습니다. 물론 중학교 때부터 영어 공부를 했지만 영어 공부를 열심히 한 것은 뒤늦게 신학교에 다니면서부터인 것 같습니다. 그런데 나이가 들어 공부를 하다보니까 단어가 잘 외워지지 않았습니다. 그래서 누가 단어 잘 외울 수 있는 책을 만들어 주었으면 좋겠다고 생각했습니다. 나중에는 나도 한 번 그런 책을 만들어 볼까 하는 생각까지 했습니다. 물론 못 만들었습니다.

그런데 정말 단어가 잘 외워지는 책이 있을까요? 한 번 생각해 보십시오. 사람이 어떤 단어를 잘 외웁니까? 쉬운 단어요? 아닙니다. 많이 사용하는 단어입니다. 미국에서 어린아이들을 만나 보니까 유치원에 다니는 어린이들이 굉장히 어려운 단어를 사용하더라구요. 타조, 황새, 얼룩말, 이런 것들이었습니다. 저는 어린아이가 그런 어려운 단어를 써서 깜짝 놀랐습니다. 그런데 나중에 가만히 생각해 보니까 그게 사실은 어린이들에게 어려운 말이 아니었습니다. 어린아이들이 동화책에서 수시로 접하는 말이었습니다. 한국에서 영어책이라고는 성경과 전문서적만 본 저에게는 그게 상당히 어려운 단어였던 것입니다.

반면에 저는 영어를 못하지만 미국 성인들도 잘 모르는 단어를 제법 많이 압니다. 어떤 단어겠습니까? 신학용어들이지요. 이런 단어를 어떻게 알게 되었을까요? 제가 읽는 책들에 이런 단어가 자꾸 나오기 때문입니다. 단어는 책에서 자꾸 접하다보면 저절로 외워집니다. 그래서 단어를 잘 외우도록 책을 만들려면 외워야 할 단어가 처음 몇 페이지에는 한 페이지에 서너 번씩 나오다가 나중에는 3-4페이지에 한 번씩 나오도록 만들면 될 것입니다. 그러면 그 책을 읽는 동안 그 단어들은 저절로 외워질 것입니다.

그러다가 성경을 생각해봤습니다. 성경의 내용도 사실은 많이 외워야 합니다. 우리는 종종 성구를 암송합니다. 이것은 결코 시시한 일이 아닙니다. 어떤 분은 뜻도 모르고 성구만 많이 외우는 게 무슨 소용이 있느냐고 비판하지만 그렇지 않습니다. 물론 뜻을 모르거나 오해하고 있는 동안에는 외운 게 별로 도움이 안 될 것입니다. 하지만 언젠가 그 뜻을 알게 되면 외우고 있는 게 굉장히 큰 유익을 줍니다.

여러분, 사람 이름을 외우고 있는 게 아무 소용이 없습니까? 사람 이름을 외우고 있으면 유익할 때가 얼마나 많습니까? 또 전화번호를 외우고 있어도 얼마나 편리합니까? 하물며 성경 구절을 외우고 있는 게 유익하지 않겠습니까? 말할 수 없이 유익합니다. 꼭 성구를 문자 그대로 외우지 못해도 괜찮습니다. 성경에 이런 내용이 있다는 것만 머릿속에 간직하고 있어도 신앙생활에 큰 도움이 됩니다. 하나님의 뜻을 많이 기억하고 있으면 여러 상황에서 하나님의 뜻을 잘 분별할 수 있습니다. 그러면 바르게 사는 데 큰 도움이 되는 것입니다.

어떻게 하면 성경의 내용을 잘 외울 수 있을까요? 성경에 같은 내용이나 주제가 적절하게 반복되면 됩니다. 그러면 성경을 읽는 동안 중요한 주제와 내용은 저절로 외워질 것입니다. 이것을 염두에 두고 성경을 보십시오. 정말 성경에는 주요 주제가 적절한 간격을 두고 반복되는 경우가 많습니다. 이것은 같은 주제를 잘 외울 수 있게 해줍니다.

그것만이 아닙니다. 어떤 주제는 바로 다음에 다른 주제가 나와서 두 주제가 서로 보완해 주는 경우도 많이 있습니다. 이것은 우리의 믿음을 균형 있게 만들어 줍니다. 예를 들어, 은혜를 강조한 말씀 다음에 율법을 강조하는 말씀이 나오면 은혜와 율법이 균형을 이루게 되는 것입니다. 그리고 다음에 또 다시 은혜를 강조하는 말씀이 나오면 은혜라는 주제가 반복되며 잘 기억하게 됩니다.

그래서 저는 성경을 통독하는 것이 아주 좋다고 생각합니다. 하나님의 말씀인 성경이 얼마나 잘 쓰였겠습니까? 성경에는 중요한 주제들이 적절히 반복됩니다. 그리고 서로 다른 주제들이 조화를 이루고 있습니다. 그래서 성경을 통독하면 중요한 가르침을 잘 외울 수 있고, 균형 잡힌 올바른 신앙을 가질 수 있습니다.

• 주요 주제의 반복

야고보서에도 이런 주제의 반복이 멋있게 나타납니다. 야고보서에는 주요 주제가 적절히 반복되어 우리가 하나님의 뜻을 깨닫고 기억하는 데 큰 도움이 됩니다. 그 대표적인 것이 재물의 시험, 말의 시험, 행함의 문제 같은 것들입니다.

야고보서는 이미 1장에서 하나님의 말씀을 듣고 행하지 않으면 곧 잊어버린다고 했습니다. 또한 듣고 행하지 않으면 아무것도 되지 못하는데도 불구하고 단지 많이 들었다는 사실 때문에 자기가 훌륭한 신앙인인 줄 알고 교만해져서 큰 해를 당한다고 했습니다.

그리고 추한 말을 해도 경건이 헛것이 된다고 했습니다. 말만 하고 행하지 않아도 경건이 헛것이 된다고 가르쳐 주었습니다. 이렇게 야고보서는 1장에서 듣기만 하거나 말만 하고 행하지 않으면 아무 유익이 없을 뿐 아니라 오히려 해가 된다고 가르쳐 주었습니다.

이렇게 중요한 주제를 1장에서 한 번 언급하는 것으로 그칠 수 있겠습니까? 그럴 수 없지요. 정말 야고보서는 2장에서 이것을 다시 강하게 가르칩니다. 그것으로도 부족해서 3장에서는 선행으로 지혜를 보이라고 하면서 행함을 강조합니다. 그리고 4장에서는 선을 행할 줄 알고도 행하지 않으면 죄라고 함으로써 행함을 강조합니다. 따라서 야고보서를 읽으면 자연히 행함의 중요성을 마음에 깊이 새기게 됩니다. 오늘 본문은 그중에서도 행함을 가장 자세하고도 강력하게 가르쳐 주고 있습니다.

왜 하필이면 오늘 본문에서 행함을 강조하겠습니까? 생각해 보십시오. 바로 앞에서는 무엇을 강조했습니까? 긍휼을 행하지 않는 사람은 심판을 받게 된다는 말씀이었습니다. 여기서 행한다는 단어를 유의해서 보십시오. 긍휼은 행함이 있어야 합니다. 긍휼의 마음만 있어서는 안 됩니다. 반드시 긍휼의 행동까지 있어야 합니다. 이 말씀은 우리가 긍휼을 행하는 행위가 없으면 구원을 받지 못한다는 뜻입니다.

이것은 어떻게 보면 복음과 좀 다른 것 같습니다. 그래서 이런 질문이 제기될 수 있습니다. "아니, 예수님을 믿기만 하면 구원을 받는 것이지 꼭 그런 행위가 있어야 하는가?" "긍휼의 행위가 없으면 예수님을 믿어도 구원을 받지 못한다는 말인가?"

야고보서는 이런 질문에 정확히 답변해 줄 필요가 있었습니다.

그 답변이 무엇입니까? "도대체 예수님을 믿으면서 긍휼의 행위가 없다는 게 가능한가? 아니다. 불가능하다"는 것입니다. 그래서 우리는 믿으면 구원을 받기 때문에 행위가 없어도 구원을 받는다고 말해서는 절대 안 됩니다. 왜냐하면 그런 믿음은 존재하지 않기 때문입니다.

• 행함이 있는 믿음

여기서 유의해야 할 것이 두 가지 있습니다. 첫째, 행위가 있다는 것은 행할 시간이 있다는 것을 전제한다는 것입니다. 만일 죽기 직전에 믿고 바로 죽었으면 행위가 없어도 됩니다. 왜냐하면 행할 시간이 없어서 행위가 없는 것이기 때문입니다. 예수님이 십자가에 달리셨을 때 신앙을 고백하고 죽은 강도가 이런 사람입니다. 이 사람은 진정으로 믿었지만 행할 시간이 없어서 행위를 못한 것뿐입니다. 만일 시간이 있었다면 행함이 있었을 것입니다. 이런 믿음은 행위를 포함한 믿음입니다. 그래서 아무 문제도 없습니다. 하지만 믿고 행할 시간이 있는데도 행위가 없다면 그것은 참된 믿음이 아닙니다. 이런 믿음은 죽은 믿음이고 구원의 능력도 없는 믿음입니다.

둘째, 얼마나 많이 행해야 하는지의 기준이 없다는 것입니다. 만일 우리가 어느 정도 이상의 행위를 해야 구원을 받는다고 하면, 그것은 그리스도의 은혜로 구원받는 게 아니라 우리 행위로 구원받는 것입니다. 이것은 복음이 아닙니다. 율법주의이고 불신앙입니다. 그래서 하나님께서는 행위의 양으로 믿음의 기준을 정하시지 않습니다. 우리는 오직 믿음에 따라 최선을 다해 행할 뿐입니다.

그러면 행함이 있는 믿음이 어떤 믿음입니까? 행함이 있는 믿음은 행위가 어느 정도 이상 있는 게 아니라, 믿음은 반드시 행함이 있어야 한다고 믿는 믿음입니다. 예수님을 믿는 사람은 반드시 하나님 뜻대로 바르게 살아야 한다고 믿는 믿음입니다. 이렇게 믿으면 행함이 있는 믿음입니다. 이런 믿음은 반드시 행함이 있습니다.

다만 믿음의 정도에 따라 행함의 양에는 차이가 있습니다. 그러나 양의 차이는 중요하지 않습니다. 하나님께서는 우리의 마음을 보십니다. 행함이 있는 믿음도 마음의 믿음입니다. 단 행함이 없으면 구원을 받지 못하며 반드시 바르게 살아야 한다고 믿는 믿음이어야 합니다. 이런 믿음은 저절로 행함을 동반합니다. 그래서 반드시 행함이 있게 됩니다.

야고보서가 이것을 강조하는 이유는, 많은 사람이 믿음과 행위를 별개인 것으로 오해하여 믿음이 있으면 행위가 없어도 된다고 생각하기 때문입니다. 이것은 완전히 잘못된 생각입니다. 믿음과 행위의 관계는 나무와 열매의 관계와 같습니다. 그래서 예수님도 열매를 보고 나무를 안다고 하신 것입니다. 사과나무는 시간이 흐르면 사과를 맺습니다. 시간이 없어 사과를 못 맺어도 사과를 만드는 과정에 있습니다. 때가 되면 사과를 맺습니다. 큰 사과든 작은 사과든 반드시 사과를 맺습니다. 이렇게 믿음은 행함을 동반합니다.

행위가 없는 믿음은 전혀 믿음이 아닙니다. 무지한 사람이 오해하여 그것을 믿음이라고 말하는 것뿐입니다. 본문 14절을 잘 보십시오.

"내 형제들아 만일 사람이 믿음이 있노라 하고 행함이 없으면 무슨 유익이 있으리요 그 믿음이 능히 자기를 구원하겠느냐."

이 말씀은 '믿음이 있는데 행함이 없으면' 이라는 뜻이 아닙니다. '믿음이 있다고 말하는데 행함이 없으면' 이라는 뜻입니다. 이 사람은 믿음이 없으면서 믿음이 있다고 말하는 사람일 뿐입니다. 믿음이 없는데도 믿음이 있다고 말하는 사람은 당연히 행함이 없습니다. 그러나 믿음이 진짜로 있는 사람은 반드시 행함이 있습니다.

• 믿음의 행위

믿음의 행위는 어떤 행위입니까? 하나님의 뜻을 따르는 행위지요. 하나님의 뜻은 사랑입니다. 그래서 믿음의 행위는 사랑의 행위입니다. 사랑의 행위가 없는 것은 믿음의 행위가 없다는 것입니다. 그러면 그 믿음도 죽은 믿음입니다.

오늘 본문은 먹을 것이 없어 배고픈 사람에게 좋은 음식을 먹으라고 말만 해주는 것은 아무 의미가 없다고 합니다. 실제로 좋은 음식을 주어야 의미가 있습니다. 이 말씀은 행함이 없는 사랑은 무의미하다는 것을 알려줍니다.

이것은 우리에게 두 가지를 가르쳐 줍니다. 첫째, 말만 하고 행함이 없는 사랑이 무의미한 것처럼 말만 하고 행함이 없는 믿음도 무의미하다는 것입니다. 둘째, 믿음의 행위는 사랑의 행위이므로 사랑의 행위가 없는 믿음은 행함이 없는 죽은 믿음이라는 것입니다.

본문에서 한 가지 주의해야 할 것이 있습니다. 본문이 말하는 '평안히 가라, 덥게 하라, 배부르게 하라'는 말씀은 그냥 하는 말이 아니라 기원의 인사말이라는 것입니다. 초대교회에서는 예배가 끝나면 성도들이 서로 인사했습니다. "평안히 가십시오." 이것은 우리를 섬뜩하게 만듭니다. 우리도 교회에서 서로 이런 인사를 많이 하지 않습니까? "평안하십시오." "건강하십시오." "행복하십시오." "잘 지내십시오." 만일 상대방이 의료비가 없어서 치료를 받지 못하고 있는데 이런 인사말만 한다면 얼마나 한심한 일입니까?

더 무서운 것은 "평안히 가십시오"라는 말이 "하나님께서 당신에게 평안을 주시기 바랍니다"라는 기도문도 된다는 것입니다. 그렇다면 우리가 이웃을 위해 기도만 하고 전혀 돕지 않는다면 그 기도는 믿음의 기도가 아닌 것입니다. 물론 기도는 그 자체로 힘이 있기 때문에 우리는 기도만으로도 이웃을 도울 수 있습니다. 그러나 이웃을 사랑하여 그를 위해 기도한다고 하면서 자기가 도울 수 있는 일도 돕지 않는다면 그것이 어떻게 사랑의 기도가 되겠습니까? 이것은 사랑의 행위가 없는 기도이며 죽은 믿음의 기도입니다. 기도도 아닌 것입니다.

제가 교육전도사로 섬기던 중고등부에서 여름 신앙수련회 때 성극대회를 했습니다. 한 팀이 선한 사마리아인의 비유로 성극을 했는데 내용을 이렇게 각색했습니다. 제사장이 강도를 만나 쓰러진 사람 옆으로 오더니 이렇게 말합니다. "여보시오. 내가 지금 도와주면 좋겠지만 제사 드리는 일이 바빠 도와줄 수가 없소. 기도만 해주고 가겠소." 그러고는 기도했습니다. 이 사람이 건강을 회복하고 행복하게 살 수 있게 해 달라는 기도였습니다. 그리고 제사장이 '아멘' 했는데 강도 만난 사람은 아멘을 못했습니다. 그랬더니 제사장이 말했습니다. "여보시오. 왜 '아멘' 안 해요? '아멘' 하시오." 제사장은 계속 다그치다가 그래도 못하니까 "영 믿음이 없는 사람이구만" 하면서 지나갔습니다. 우리는 배를 잡고 웃었습니다. 그러나 동시에 마음이 많이 찔렸습니다.

우리가 기도를 하는 것은 좋은 일이지만 우리의 기도가 우리의 선행을 면제해 주는 것은 아닙니다. 오히려 기도는 선행을 더 많이 하도록 돕습니다. 우리의 어떤 마음이나 말이나 종교의식도 사랑 베푸는 행위를 대신하지 못합니다. 심지어 목사도 말씀을 전하고 기도를 하는 것만으로 목사의 의무가 끝나는 것이 아닙니다.

사도행전 6장을 보면 사도들이 일곱 사역자를 선출할 때 이렇게 말합니다.

> "열두 사도가 모든 제자를 불러 이르되 우리가 하나님의 말씀을 제쳐 놓고 접대를 일삼는 것이 마땅하지 아니하니 형제들아 너희 가운데서 성령과 지혜가 충만하여 칭찬 받는 사람 일곱을 택하라 우리가 이 일을 그들에게 맡기고 우리는 오로지 기도하는 일과 말씀 사역에 힘쓰리라 하니"(행 6:2-4).

이 말씀이 사도들은 먹을 것이 있어도 남과 나누지 않겠다는 뜻입니까? 아닙니다. 이 말씀은 교회의 행정 사역 때문에 기도하고 말씀 전할 시간이 부족하니, 그 일은 교회의 다른 직분자에게 맡기고 사도들은 말씀 전하는 것과 기도하는 일에 전념하겠다는 뜻입니다. 이 말씀은 사역 분야를 정하는 것이지 삶에서 구제를 하지 않겠다는 뜻이 결코 아닙니다. 사도들도 자기 삶에서는 철저히 선행을 해야 합니다.

이것은 마치 찬양대원이 교사직까지 맡았다가 교사직 때문에 찬양을 하기 어렵게 되자 교사직은 다른 사람에게 맡기고 자기는 찬양만 하겠다고 하는 것과 같습니다. 교사직을 맡지 않았다고 잘못된 길로 가는 성도를 보고도 가르쳐 주지 않겠습니까? 사도들도 마찬가지입니다. 도울 수 있는 힘이 있으면 최선을 다해 이웃을 도와야 합니다. 사도행전 3장에서 베드로와 요한이 지체장애인을 일으킬 때 뭐라고 합니까? "은과 금은 내게 없거니와"라고 하지요. 은과 금이 없어서 물질로 돕지 않는 것이지 물질로 돕는 것은 내 일이 아니어서 돕지 않는 것이 아닙니다.

물론 목사가 물질로만 돕는다면 그것은 더 우스운 일일 것입니다. 목사의 우선적인 사역은 영적으로 지도하고 기도하는 것입니다. 그래서 목사는 말씀과 기도로 도와야 합니다. 그러나 물질의 도움이 필요한 사람을 보고 자기가 도울 힘이 있는데도 목사는 영적으로만 도우면 된다고 하고 기도만 해준다면 그것은 죽은 기도입니다. 사랑의 행함이 없는 기도이며 죽은 믿음의 기도이기 때문입니다.

• 종교의식과 바른 삶

여기서 우리는 종교의식과 선행의 관계를 다시 배우게 됩니다. 여러분, 종교의식과 바른 삶 중에 어느 것이 더 중요합니까? 다르게 여쭤 볼까요? 제사와 순종 중에는 어느 것이 더 중요합니까? 순종이지요. 순종이 무엇입니까? 하나님의 계명을 따르는 것입니다. 하나님의 계명은 사랑입니다. 그래서 사랑의 삶이 제사보다 더 중요한 것입니다.

본문도 바로 이것을 가르쳐 줍니다. 교회에서 하나님께 경건하게 예배드리고 또 성도 간에 서로 축복해 주고 기도해 줘도 행동으로 이웃을 도와주지 않으면 그 사랑의 인사와 신앙고백은 헛것입니다. 그 예배도 헛것입니다. 실제로 행동하는 것이 신앙생활에서 이렇게 중요합니다.

본문을 잘 이해하기 위해서 특별히 유의해야 할 것이 두 가지 있습니다. 첫째, 본문이 말하는 행위는 종교 행위가 아니라 바른 삶의 행위입니다. 본문은 '믿음이 있노라' 하면서 행위가 없으면 엉터리 믿음이라고 합니다. 여기서 '믿음이 있노라' 라는 말은 신앙을 고백하는 표현입니다. 많은 사람 앞에서 신앙을 고백하는 대표적인 모습이 무엇입니까? 세례를 받는 것입니다. 그래서 이 말씀은 우리의 신앙생활에서 가장 중요한 종교의식인 세례를 받아도 하나님의 자녀다운 사랑의 삶이 없으면 그 믿음은 죽은 믿음이라는 뜻입니다.

당시에는 교회가 박해를 받는 경우가 많았습니다. 박해 속에서 신앙을 고백하고 교회에 출석한다는 것은 정말 대단한 일입니다.

분명히 상급을 받을 것입니다. 그러나 이런 사람도 사랑의 삶이 없으면 그 신앙고백과 교회 출석이 죽은 믿음이라는 것입니다. 본문이 가르쳐 주는 것은, 종교의식이나 교회 생활이 아니라 평소에 사랑의 삶을 살아야 한다는 것입니다. 이것은 고린도전서 13장 1-2절 말씀과 거의 같은 뜻입니다.

"내가 사람의 방언과 천사의 말을 할지라도 사랑이 없으면 소리 나는 구리와 울리는 꽹과리가 되고 내가 예언하는 능력이 있어 모든 비밀과 모든 지식을 알고 또 산을 옮길 만한 모든 믿음이 있을지라도 사랑이 없으면 내가 아무 것도 아니요."

우리에게 어마어마한 종교 행위와 업적이 있어도 사랑의 삶이 없으면 아무 유익이 없습니다. 그냥 죽은 믿음일 뿐입니다.

둘째, 본문이 말하는 행위는 사랑의 동기를 가진 행위라는 것입니다. 어떤 행위가 아무리 사랑의 행위처럼 보여도 그 동기에 사랑이 없으면 그 행위는 사랑의 행위가 아닙니다. 어려운 이웃을 도와줘도 사랑해서 돕는 게 아니라 내 체면 때문에 돕는 것이라면 사랑이 없는 행위입니다. 사랑하는 마음이 중요한 것입니다. 이것은 자유롭게 하는 율법을 따라 행동하려면 사랑하는 마음으로 행동해야 한다는 말씀과 같습니다.

이렇게 볼 때, 야고보서가 행위를 강조하는 성경이긴 하지만 결코 종교의식의 행위나 외형적인 행위를 강조하는 것은 아닙니다. 야고보서는 사랑의 삶을 강조하고, 사랑의 마음으로 행하는 행위를 강조합니다. 참 믿음의 행위는 바로 이런 사랑의 행위입니다. 그래서 행위가 없어도 죽은 믿음이지만 혹시 행위가 있어도 이런 사랑의 마음이 없는 행위라면 그것은 죽은 믿음입니다.

• **믿음으로 구원받고 행위로 상을 받는가?**

기독교의 가장 중요한 교리는 믿음으로 구원받는다는 것입니다. 이 교리를 지키고 동시에 바른 삶을 가르치기 위해 그동안 교회에는 다음과 같이 가르친 분들이 많았습니다. "우리는 믿음으로 구원을 받고, 행위로 상을 받는다." 이 말은, 믿음만 있으면 구원을 받는데 행위가 부족하면 상급이 작고 행위가 훌륭하면 상급이 크다는 뜻입니다. 이 말도 일리가 있습니다. 성도들이 예수님을 믿고 바르게 살려고 애를 써도 실제로 바르게 사는 정도는 다 다릅니다. 이런 경우 삶의 모습에 따라 상급이 다를 것입니다.

그러나 이 표현은 오해의 소지가 있습니다. 만일 이런 말 때문에 사람들이 믿음만 있으면 행위가 없어도 구원을 받을 수 있다고 생각하게 된다면 큰일입니다. 이렇게 생각하는 사람이 바르게 살려고 하겠습니까? 믿음만 있으면 구원을 받으니까 삶은 아무래도 된다고 생각하지 않겠습니까? 이렇게 생각하는 것이 바로 갈라디아서에 나오는 방탕주의입니다. 삶은 아무래도 구원을 받을 수 있다고 믿으니까 방탕하게 살기 때문입니다.

이렇게 행위가 없는 믿음은 죽은 믿음입니다. 죽은 믿음은 그 믿음을 가진 사람을 죽입니다. 그뿐 아니라 다른 사람도 죽음으로 인도합니다. 먼저 믿은 자들이 죽은 믿음의 신앙생활을 하면 나중에 믿는 자들도 그것을 배워서 그런 잘못된 신앙생활을 하게 되기 때문입니다. 또 죽은 믿음을 가진 교회를 보면 교회 주위의 사람들이 교회에 나오지 않습니다. 그래서 죽은 믿음은 주위의 초신자나 불신자들까지 다 죽게 만듭니다. 얼마나 무서운 일인지 모릅니다.

반대로 사랑의 행위가 있는 산 믿음을 보면 사람들이 바른 믿음을 배웁니다. 그리고 사람들은 선행이 있는 교회를 보면 교회를 사랑하게 됩니다. 그래서 교회에 나와 구원을 받게 됩니다. 우리가 행함이 있는 산 믿음을 가지면 우리도 구원을 받고 주위의 많은 사람도 구원하게 되는 것입니다.

우리 모두 사랑의 행위가 있는 산 믿음을 가질 수 있기 바랍니다. 그래서 하나님께 기쁨과 영광을 돌리고 우리도 구원을 받고 우리 이웃도 구원할 수 있게 되기를 바랍니다.

11. 하나님의 종과 사탄의 종이 어떻게 다릅니까?

내 형제들아 만일 사람이 믿음이 있노라 하고 행함이 없으면 무슨 유익이 있으리요 그 믿음이 능히 자기를 구원하겠느냐 만일 형제나 자매가 헐벗고 일용할 양식이 없는데 너희 중에 누구든지 그에게 이르되 평안히 가라, 덥게 하라, 배부르게 하라 하며 그 몸에 쓸 것을 주지 아니하면 무슨 유익이 있으리요 이와 같이 행함이 없는 믿음은 그 자체가 죽은 것이라 어떤 사람은 말하기를 너는 믿음이 있고 나는 행함이 있으니 행함이 없는 네 믿음을 내게 보이라 나는 행함으로 내 믿음을 네게 보이리라 하리라 네가 하나님은 한 분이신 줄을 믿느냐 잘하는도다 귀신들도 믿고 떠느니라 아아 허탄한 사람아 행함이 없는 믿음이 헛것인 줄을 알고자 하느냐 우리 조상 아브라함이 그 아들 이삭을 제단에 바칠 때에 행함으로 의롭다 하심을 받은 것이 아니냐 네가 보거니와 믿음이 그의 행함과 함께 일하고 행함으로 믿음이 온전하게 되었느니라 이에 성경에 이른 바 아브라함이 하나님을 믿으니 이것을 의로 여기셨다는 말씀이 이루어졌고 그는 하나님의 벗이라 칭함을 받았나니 이로 보건대 사람이 행함으로 의롭다 하심을 받고 믿음으로만은 아니니라 또 이와 같이 기생 라합이 사자들을 접대하여 다른 길로 나가게 할 때에 행함으로 의롭다 하심을 받은 것이 아니냐 영혼 없는 몸이 죽은 것같이 행함이 없는 믿음은 죽은 것이니라(약 2:14-26).

• 부담스러운 설교

여러분 이 책 첫 장의 제목이 뭐였는지 기억나십니까? '이제 굳은 음식을 먹어도 될까요?' 였습니다. 예배 시간에 받는 생명의 양식이 먹기 어려운 굳은 음식이라면 곤란하지요. 그런데 야고보서의 말씀은 굳은 음식입니다. 그렇다고 우리가 먹고 탈이 날 음식은 결코 아닙니다. 하나님을 믿고 먹으면 다 유익이 되는 음식입니다. 그래서 야고보서를 읽을 때 주의해야 할 것은, 야고보서의 내용이 부담스럽더라도 읽기를 포기하지 말아야 한다는 것입니다.

사실 야고보서도 처음에는 부드러웠지요? 그래서 첫 부분을 읽을 때는 야고보서가 굳은 음식이라는 말이 별로 실감나지 않았을 것입니다. 그러나 이제는 좀 실감이 날 것입니다. 분명히 야고보서의 말씀은 부담스럽습니다. 그러나 염려하지 마십시오. 야고보서 1장이 가르쳐 준 대로 하나님께서는 항상 우리에게 좋은 것만 주십니다. 어렵고 부담스러운 말씀을 주셔도 반드시 그 말씀이 우리에게 유익이 되게 해주십니다. 그러므로 지금 읽는 부담스러운 말씀도 유익한 양식이 되게 해주실 것으로 믿어야 합니다. 그리고 꾸준히 말씀을 읽어야 합니다.

• 믿음과 행함

신앙생활에서 행함이 얼마나 중요한지를 강하게 가르쳐 주는 2장 14-26절을 살펴보겠습니다. 야고보서는 행함이 없는 신앙이 얼마나 무의미한지를 보여주기 위해 행함이 없는 사랑이 얼마나 무의미한지를 보여주었습니다. 행함이 없는 사랑이 무의미한 것처럼 행함이 없는 믿음도 무의미합니다. 아울러 믿음의 행위는 사랑의 행위이기 때문에 사랑의 행위가 없으면 믿음의 행위도 없는 것입니다. 그리고 믿음의 행위가 없으면 믿음도 없습니다.

그리고 야고보서는 믿음과 행함이 얼마나 밀접하게 연결되어 있는지 알려 주기 위해 믿음이 있다는 증거가 바로 행함에서 나타난다고 합니다. 만일 행함이 없으면 믿음이 있는지 어떻게 아느냐는 것입니다. 오히려 행함이 있으면 저절로 믿음이 나타나는 것이 아니냐는 것입니다. 이렇게 믿음과 행함은 결합되어 있습니다. 예수님도 이것을 아주 강력하게 가르쳐 주셨습니다. 예수님의 말씀 중에 행함으로 구원받는 것처럼 보이는 말씀이 얼마나 많습니까?

대표적인 예로 양과 염소 비유(마 25:31-46)를 보십시오. 마지막 심판 때에 인자가 사람들을 양과 염소 나누듯이 오른편과 왼편으로 나눈 후에 오른편 사람들은 천국으로 보내고 왼편 사람들은 지옥으로 보냅니다. 오른편에 있는 사람들은 왜 천국에 갑니까? 어려운 이웃을 도와줬기 때문입니다. 이 말씀은 어려운 사람을 도와주면 천국에 간다고 가르쳐 주는 것 같습니다.

부자와 나사로 비유(눅 16:19-31)는 어떻습니까? 가난한 사람을 도와주지 않으면 지옥에 가는 것 같습니다. 달란트 비유(마 25:14-30)는 어떻습니까? 맡은 일을 열심히 하지 않으면 지옥에 가는 것 같습니다. 심지어 예수님은 집 짓는 자의 비유(마 7:24-27)에서, 주님의 말씀대로 행하면 반석 위에 집을 지은 것과 같고 말씀대로 행하지 않으면 모래 위에 집을 지은 것과 같다고 하십니다. 그래서 순종한 사람만 구원을 받습니다. 이런 말씀들을 보면 마치 행함으로 구원을 받는 것처럼 보입니다.

그러나 예수님은 우리가 믿음으로 구원받는다고 가르쳐 주십니다.

> "내 아버지의 뜻은 아들을 보고 믿는 자마다 영생을 얻는 이것이니 마지막 날에 이를 다시 살리리라 하시니라"(요 6:40).

우리는 예수님을 믿으면 구원을 받습니다. 그런데도 불구하고 행함이 없으면 구원을 받지 못한다고 가르쳐 주는 것은, 믿음이 행함으로 나타나기 때문입니다. 이것을 예수님께서는 열매를 보고 나무를 아는 것과 같다고 하십니다. 믿음이 있는지는 믿음의 열매인 행위를 보고 알 수 있다는 것입니다. 예수님은 행위로 구원받는다는 뜻으로 이런 말씀을 하신 것이 아닙니다. 행위를 보니 진짜 믿음이 있는 게 분명하다는 뜻입니다. 그래서 그 믿음으로 구원받는다고 가르쳐 주신 것입니다. 믿음의 가장 중요한 증거는 바로 신앙인다운 삶입니다.

여기까지는 우리가 잘 아는 것이고 별로 충격적인 내용이 아닙니다. 그런데 바로 다음에 야고보서는 아주 충격적인 말씀을 던집니다. 19절입니다.

> "네가 하나님은 한 분이신 줄을 믿느냐 잘하는도다 귀신들도 믿고 떠느니라."

얼마나 기가 막힌 말씀입니까? 우리는 하나님이 한 분이라는 것을 믿으면 대단한 신앙이라고 생각합니다. 더욱이 예수님이 메시아이고 온 세상의 구주라는 것을 믿으면 정말 좋은 신앙이라고 생각합니다. 그런데 야고보서는 뭐라고 합니까? 그런 믿음은 귀신들도 가지고 있다는 것입니다. 그래서 귀신들도 하나님을 두려워하며 떤다고 합니다.

예수님의 사역 중에 있었던 일들이 생각나십니까? 군대 귀신 들린 사람이 예수님을 만났을 때 뭐라고 합니까?

"큰 소리로 부르짖어 이르되 지극히 높으신 하나님의 아들 예수여 나와 당신이 무슨 상관이 있나이까 원하건대 하나님 앞에 맹세하고 나를 괴롭히지 마옵소서 하니"(막 5:7).

이 말은 그 사람 속에 있는 귀신들이 시켜서 한 말입니다. 귀신들은 예수님이 하나님의 아들이라는 것을 알고 무서워합니다. 그 지방에서 쫓아내지 말아 달라고 부탁합니다. 누가복음을 보면 귀신들이 자기들을 무저갱에 보내지 말아 달라고 간구합니다. 무저갱은 귀신을 가두는 옥을 의미할 때도 있고 지옥을 의미할 때도 있습니다. 이런 모습을 보면 귀신들이 얼마나 하나님과 예수님을 잘 알고 믿고 있습니까? 그런데 귀신들이 누구입니까? 사탄의 종들입니다.

본문 말씀처럼 귀신들도 하나님이 한 분이신 것을 알고 믿고 하나님을 두려워합니다. 예수님이 하나님의 아들이라는 것도 압니다. 그런데 하나님의 천사들도 하나님이 한 분이신 것을 알고 믿고 하나님을 두려워합니다. 예수님이 하나님의 아들이라는 것도 압니다.

그렇다면 천사들과 귀신들의 차이는 무엇입니까? 하나님의 종과 사탄의 종은 어떤 차이가 있습니까? 하나님을 섬기느냐 반대하느냐입니다. 천사는 하나님이 한 분이신 것을 알고 두려워하며 하나님을 섬깁니다. 그래서 하나님께 순종합니다. 그러나 귀신들은 하나님을 두려워하면서도 섬기지는 않습니다. 그래서 하나님의 뜻에 순종하지 않고 오히려 거역합니다. 이것이 차이입니다. 천사들과 귀신들의 차이는 하나님에 대해 얼마나 많이 알고 얼마나 많이 믿느냐로 나타나는 게 아닙니다. 하나님의 뜻에 순종하느냐 순종하지 않느냐로 나타납니다.

왜 귀신들은 하나님의 능력을 알면서도 불순종할까요? 하나님과 자기의 관계를 바로 알지 못하기 때문입니다. 귀신들은 하나님을 알고 두려워하지만 사랑하지 않고 자기들의 적으로 생각합니다. 자기들이 섬겨야 할 주님으로 모시지 않습니다. 그래서 하나님께 순종할 수 없습니다. 급할 때는 살려 달라고 간청하지만 틈만 나면 하나님께 반항합니다. 마치 전투에서 패하여 항복한 군인이 상대방이 나보다 강하다는 것을 알고 믿지만 틈만 나면 탈출해서 다시 공격하려는 것과 같습니다.

신자는 어떻습니까? 신자는 하나님의 권능을 압니다. 뿐만 아니라 하나님을 주님이며 아버지로 모십니다. 그래서 하나님을 사랑하며 순종합니다. 할 수만 있으면 하나님을 높이고 하나님의 뜻을 이루어드리려고 합니다. 신자와 사탄의 종 모두 하나님의 능력을 알고 믿습니다. 하지만 신자는 하나님과 바른 관계를 가지고 하나님께 순종하는데, 사탄의 종은 하나님과 잘못된 관계를 가지고 하나님께 불순종하는 것입니다.

일반 불신자는 어떻습니까? 불신자가 하나님을 압니까? 예수님이 하나님의 아들이라는 것을 믿습니까? 아닙니다. 불신자는 하나님과 예수님을 알지 못합니다. 그래서 하나님과 예수님을 믿지도 않고 섬기거나 순종하지도 않습니다.

여기서 우리는, 하나님을 알고도 순종하지 않는 사람이 하나님을 모르는 사람보다 사탄의 종과 더 닮았다는 것을 알 수 있습니다. 누가 하나님을 압니까? 불신자입니까? 아닙니다. 신자입니다. 그래서 신자가 하나님 말씀에 순종하지 않으면 불신자보다 사탄을 더 많이 닮은 사람이 되는 것입니다. 우리가 하나님에 대해 많이 알고 많이 순종할수록 하나님의 충성스러운 종이 됩니다. 그러나 하나님께 순종하지 않으면 하나님에 대해 많이 알수록 사탄을 더 많이 닮아갑니다. 신앙생활에서 행함이 이렇게 중요한 것입니다.

심지어 하나님께 도움을 구한다고 해도 그것만으로는 바른 신앙이라고 할 수 없습니다. 군대귀신들이 예수님께 무엇을 간구합니까? 자기들 쫓아내지 말고 옥에 가두지 말아 달라고 간구합니다. 그러나 이들은 예수님께 죄를 용서해 달라고 하지는 않습니다. 앞으로는 죄를 짓지 않고 바르게 살겠다고 결단하지도 않습니다. 다만 자기들에게 고난을 주지 말고 자기들 편한 대로 살게 해 달라고 간구합니다. 자기들의 욕심만 채우려고 합니다. 귀신들도 자기 욕심을 채우기 위한 간구는 하는 것입니다.

그렇다면 우리가 하나님이 한 분이라는 것을 알고, 예수님이 하나님의 아들이라는 것을 알고, 하나님께 우리의 소원을 이루어 달라고 기도해도 하나님 뜻대로 사는 삶이 없다면, 우리는 하나님의 종이 아니라 사탄의 종에 더 가까운 것입니다. 그러면 하나님에 대해 알고 기도하는 것이 무익합니까? 아닙니다. 유익합니다. 우리가 하나님에 대해 많이 알고 하나님께 많이 기도할수록 우리는 하나님과 가까워지고 하나님의 훌륭한 종이 될 수 있습니다. 그래서 우리는 말씀을 배우고 기도해야 합니다. 그런데 한 가지 조건이 있습니다. 하나님께 순종하려는 결단과 노력 속에 말씀을 배우고 기도해야 한다는 것입니다. 이런 결단과 노력이 없으면 많이 배우고 많이 기도할수록 오히려 사탄을 더 닮아갑니다. 이것은 알고도 행하지 않으면 더 큰 벌을 받는다는 주님의 말씀과 같은 뜻입니다.

- **하나님과의 관계**

여기서 하나님과 바른 관계를 가지는 것이 얼마나 중요한지 살펴보는 것이 좋겠습니다.

앞에서 살펴본 대로 신자는 하나님의 권능을 믿고 하나님을 주님으로 모시며 바른 관계를 가집니다. 하지만 사탄은 하나님의 권능을 믿으면서도 하나님을 주님으로 모시는 바른 관계를 거부합니다. 그렇다면 우리가 하나님에 대해 많이 알면서도 하나님과의 바른 관계를 거부하면 우리는 하나님을 모르는 사람보다 더 사탄에 가까워지는 것입니다.

그렇다면 어떤 사람이 사탄에 가까워지겠습니까? 하나님에 대해 많이 아는 사람이지요. 어떤 사람입니까? 신학자입니다. 하나님에 대해 많이 아는 신학자가 하나님을 자기의 주님으로 모시지 않으면 하나님을 닮는 게 아니라 사탄을 닮게 되는 것입니다.

여러분, 신학자의 말이라고 무조건 믿지 마십시오. 신학자들이 얼마나 많은 책을 써내고 얼마나 그럴듯한 말을 많이 합니까? 그러나 신학자가 하나님과 바른 관계를 가지고 있지 않으면 우리를 파멸로 이끌게 됩니다. 그러므로 신학박사의 말이라고 해서 무조건 믿지 말고, 그 사람이 정말 하나님을 자기의 주님으로 믿고 있는지 또한 예수님의 십자가 은혜를 믿고 있는지 확인하십시오. 이런 고백은 하지 않고 하나님에 대해서나 성경에 대해서 많이 아는 사람은 위험한 사람입니다.

심지어 이런 사람은 사랑과 정의의 삶을 산다고 해도, 예수님을 주님으로 모시기 때문에 그렇게 사는 것이 아니라 예수님의 가르침이 자기 철학에 맞기 때문에 그렇게 사는 것입니다. 이것은 산 믿음이 아닙니다. 믿음 자체가 바르지 않기 때문입니다. 그래서 성경에 대해 많이 알고 행위까지 선하다고 해도 하나님과의 관계가 바르지 않으면 사탄의 종입니다. 결코 따라서는 안 됩니다.

결국 우리는 하나님의 자녀와 사탄의 종을 이렇게 구별할 수 있습니다. 하나님에 대해 알고 자기의 아버지로 섬기며 순종하는 사람만 하나님의 자녀입니다. 하나님에 대해 많이 알고 하나님께 자기 소원을 많이 간구해도 하나님의 말씀에 순종하지 않는 사람은 사탄의 종입니다. 하나님에 대해 많이 알고 하나님의 말씀에 순종해도 하나님을 자기의 아버지로, 예수님을 자기의 구주로 믿지 않는 사람은 사탄의 종입니다.

물론 우리가 하나님과의 관계나 우리의 행위에 있어서 완전해야 하는 것은 아닙니다. 우리는 부족하기 때문에 우리의 믿음과 삶도 부족합니다. 하지만 최소한 이런 자세와 결단은 있어야 합니다. 우리가 야고보서를 읽으며 말씀대로 살지 못하는 것이 마음 아파 "하나님, 저를 용서해 주시고 도와주소서"라고 기도한다면 우리는 바른 믿음이 있는 것입니다. 이런 믿음으로 살아가면 저절로 삶이 성화되어 가고 하나님의 풍족한 은혜를 누리게 될 것입니다.

• 아브라함과 라합

본문은 이렇게 충격적인 말씀을 전해 준 후에 행함이 없는 믿음이 헛것이라는 것을 다시 확신시켜 주기 위해 두 가지 예를 들며 이 문단을 맺습니다. 첫 번째 예는 아브라함입니다. 아브라함이 의롭게 인정된 것도 이삭을 제단에 바칠 때라는 것입니다. 이 말씀은 아브라함이 이삭을 바친 행동으로 의롭게 되었다는 뜻이 아닙니다. 이 행동으로 말미암아 아브라함의 믿음이 참 믿음이라는 것이 밝혀졌다는 뜻입니다. 만일 아브라함이 이런 행동을 하지 않았다면 그의 믿음은 참 믿음이 아닙니다. 그러면 의롭다고 인정받을 수 없는 것입니다. 야고보서는 행함이 없어도 된다는 잘못된 생각을 바로잡아 주기 위해 아브라함의 예를 들어 설명합니다.

여기서 아브라함을 예로 든 것은 아주 중요한 의미가 있습니다. 생각해 보십시오. 믿음으로 의롭다 함을 얻는다는 것을 가르쳐 주는 가장 중요한 본문 중의 하나가 창세기 15장 6절입니다.

"아브람이 여호와를 믿으니 여호와께서 이를 그의 의로 여기시고."

또 이스라엘 사람들이 가장 중요하게 생각하는 믿음의 조상이 아브라함입니다. 그래서 만일 다른 사람의 예로 행함의 중요성을 증명하면 반대자들이 아브라함의 예를 들며 "그래도 아브라함은 믿음만으로 의롭게 되지 않았는가?"라고 반론을 제기할 것입니다. 야고보서는 믿음으로 의로워진 대표적인 인물 아브라함마저도 행함이 있었기에 의인으로 인정되었다는 것을 보여줌으로써 모든 논쟁을 잠재우고, 행함이 있어야 참 믿음이라는 것을 증명한 것입니다.

두 번째 예는 라합입니다. 라합은 정말 하나님을 믿었기 때문에 이스라엘의 정탐꾼을 도와줬습니다. 이런 행동이 그의 믿음을 증명한 것입니다.

아브라함과 라합의 예는 믿음의 행동이 어떤 것인지 잘 보여줍니다. 둘 다 무서운 희생을 각오한 행동입니다. 아브라함의 행함은 100세에 낳은 독자를 바치는 행동입니다. 도저히 견딜 수 없는 희생입니다. 아브라함은 차라리 자기가 대신 제물이 되고 싶었을 것입니다. 이삭은 단순히 사랑하는 아들이기만 한 것이 아닙니다. 아브라함의 미래이며 희망입니다. 그런데 바치라는 것입니다. 라합은 자기의 목숨과 가족들의 목숨을 걸고 하나님을 위해 행동한 것입니다. 이 두 가지 예는 우리의 믿음이 행함으로 나타나려면 엄청난 고통과 희생을 각오해야 한다는 것을 가르쳐 줍니다.

여기서 우리가 유의해야 할 것이 있습니다. 우리가 전도하다가 상대방이 "나는 죄가 많아서 안 돼요"라고 하거나 "악한 삶을 좀 고친 후에 나가겠습니다"라고 하면 뭐라고 합니까? 삶을 고치지 못해도 우선 나오라고 하지요. 이것은 옳습니다. 사람은 삶이 완전해진 후에 교회에 나와 예수님을 믿는 것이 아닙니다. 삶이 고쳐지기 전에라도 교회에 나와 예수님을 믿어야 합니다.

그러나 언제까지 삶이 고쳐지지 않은 채 예수님을 믿겠습니까? 처음에는 다 그렇게 시작합니다. 하지만 언제까지 그러겠습니까? 언제까지 괜찮겠습니까? 물론 시간적인 기준은 없습니다. 그러나 예수님을 믿는 사람에게 삶을 고치지 않아도 교회만 나오면 된다고 가르칠 수는 없습니다. 그렇게 가르치면 그 사람은 죽은 믿음으로 살다가 지옥에 갈지도 모릅니다. 우리는 예수님을 믿기 시작하면 반드시 바른 삶을 배워야 합니다.

우리의 믿음과 삶은 항상 부족합니다. 그래서 우리는 평생 바른 삶에 대해 배워야 합니다. 그래서 지금도 야고보서의 강한 메시지를 배우고 있는 것입니다. 그런데 강한 말씀을 배우는 것만으로는 말씀대로 살 수 없습니다. 그렇게 살 수 있는 힘을 받아야 합니다. 그 힘은 하나님의 은혜를 깨닫는 데서 옵니다. 그래서 우리는 이런 강한 말씀을 배우면서 동시에 하나님의 은혜를 묵상하고 찬양해야 합니다.

아무쪼록 우리 모두가 하나님의 권능을 알고 하나님의 사랑을 깊이 깨닫게 되기 바랍니다. 그래서 하나님을 사랑하며 하나님을 아버지와 주님으로 모시고 그 뜻대로 살 수 있기 바랍니다. 이렇게 해서 행함이 있는 산 믿음의 신자가 되어 하나님께 영광을 돌리고, 우리 자신도 구원과 상급을 받는 복된 신앙생활을 할 수 있기 바랍니다.

III.
지혜로운 믿음

12. 지도자는 더 큰 심판을 받습니다(약 3:1-2)
13. 내 입에 파수꾼을 세워 주소서(약 3:3-12)
14. 참된 지혜는 온유한 행동으로 나타납니다(약 3:13-18)

12. 지도자는 더 큰 심판을 받습니다

내 형제들아 너희는 선생된 우리가 더 큰 심판을 받을 줄 알고 선생이 많이 되지 말라 우리가 다 실수가 많으니 만일 말에 실수가 없는 자라면 곧 온전한 사람이라 능히 온 몸도 굴레 씌우리라(약 3:1-2).

• 버스 안에서

오래 전에 교회 청년들과 함께 등산을 다녀온 적이 있습니다. 등산을 마치고 버스를 타는데 청년들이 기를 쓰고 먼저 올라타더니 자리를 잡는 겁니다. 그리고는 다른 사람이 앉으려고 하니까 "여기 자리 있어요" 하면서 앉지 못하게 했습니다. 한 사람만 그런 게 아니라 서너 명이 그랬어요. 그리고는 제가 늦게 타니까 저를 향해 말했습니다. "목사님 여기 앉으세요." 저보다 먼저 타신 분이 앉으려고 하다가 자리마다 청년들이 자리를 맡아 놓았기 때문에 못 앉았습니다. 그런데 나중에 청년들이 모두 목사에게 자기가 맡아 놓은 자리에 앉으라고 하니까 그분이 이렇게 중얼거렸습니다. "사람들도 참, 자리를 하나만 맡아 놓으면 될 것을 아무도 못 앉게 하면 어떡해?" 제가 얼마나 민망했겠습니까? 그래서 제가 앉지 않고 그분에게 앉으시라고 했습니다. 그랬더니 그분이 충격적인 말을 했습니다. "아니, 괜찮습니다. 저보다 손위이신 것 같은데 그냥 앉으십시오." 저는 그분이 저보다 네다섯 살 더 먹은 줄 알았거든요. 어쨌든 그런 모습을 보고 앉았던 청년 하나가 일어나서 결국 그분도 앉고 저도 앉았습니다.

저는 나중에 청년들에게 주의를 줬습니다. 뭐라고 주의를 줬을까요? 버스에서 자리를 독차지하지 말라거나 질서를 지키라거나 남에게 양보하라거나 하는 말을 해야겠지요. 그러나 저는 그런 말을 하지 않았습니다. 다 알 테니까요. 대신 이렇게 말했습니다. "제발 교회 밖에서는 나를 목사라고 부르지 마라." 많은 성도들이 교회에서 아무리 좋은 말씀을 많이 들어도 밖에 나가면 금방 세상에서 살던 모습이 나옵니다. 그날 청년들도 그랬지요. 그래서 저는 밖에서 망신이라도 당하지 않기 위해 목사라고 부르지 말라고 한 것입니다. "목사님, 목사님" 하면서 남에게 실례되는 행동을 하면 목사도 망신이고 교회도 망신 아닙니까?

목사님을 부를 때만 그런 게 아닙니다. 집사님, 권사님, 장로님을 불러도 마찬가지입니다. 저는 가끔 성도들이 서로 교회 직분으로 부르면서 남의 눈살을 찌푸리게 하는 행동을 하는 것을 보면 얼마나 낯이 뜨거운지 모릅니다. 어쨌든 그날 청년들은 제 말에 공감했습니다. 그러다가 한 청년이 농담으로 이렇게 말해서 다 웃고 넘어갔습니다. "앞으로 밖에서는 목사님이라고 부르지 말고 랍비라고 부르자."

• 선생과 명예

그러나 성경을 문자적으로 지키려면 랍비라는 칭호는 더더욱 들으면 안 됩니다. 예수님은 마태복음 23장 8절에서 이렇게 말씀하셨습니다.

"그러나 너희는 랍비라 칭함을 받지 말라 너희 선생은 하나요 너희는 다 형제니라."

또 오늘 본문도 선생이 되려고 하지 말라고 합니다. 선생이 되지 말라는 말씀도 랍비가 되려고 하지 말고, 그런 칭호도 들으려고 하지 말라는 뜻입니다. 왜 성경은 우리에게 랍비라는 칭호를 듣지 말라고 합니까?

'랍비'라는 말은 문자적으로 '나의 크신 분'이라는 뜻입니다. 그래서 '나의 선생님, 나의 주인님'이라는 뜻입니다. 제자가 스승을 랍비라고 부르는 것은 단순히 지식을 전해 주는 분이라는 뜻이 아닙니다. 훨씬 더 깊은 존경심이 배어 있는 표현입니다. 종이 주인에게 랍비라고 하기도 합니다. 랍비라는 말이 원래는 이렇게 강한 뜻을 가지고 있었습니다.

하지만 관용적으로 흔하게 쓰이면서 나중에는 그냥 일상적인 존칭어로 쓰이기도 했습니다. 그래서 랍비라는 말은 지극히 높이는 존칭어로 쓰이기도 하고 무의미한 존칭어로 쓰이기도 했습니다. 이것은 우리가 '선생'이라는 말을 어떤 때는 무의미한 존칭어로 쓰고 어떤 때는 특별한 존경심을 가지고 쓰는 것과 비슷합니다.

우리가 어떤 때는 아무나 선생이라고 부르지만 어떤 때는 민족의 지도자를 선생이라고 부르지 않습니까? 김구 선생이 대표적인 경우입니다.

본문에서 너희는 많이 선생이 되지 말라고 할 때, 선생은 무슨 뜻이겠습니까? 이것은 존경심을 가지고 부르는 호칭을 의미합니다. 가르치는 선생을 의미할 수도 있고 지도자를 의미할 수도 있습니다. 본문은 사람들이 존경해 주는 호칭을 받으려고 하지 말라는 뜻입니다. 이 말씀은 사람들로부터 존경을 받지 말라는 뜻이 아닙니다. 우리는 사람들로부터 존경을 받아야 합니다. 그래야 우리가 하나님의 영광을 드러낼 수 있습니다. 단, 진심에서 저절로 우러나오는 존경을 받아야 합니다. 사람들로부터 억지로 존경을 받으려고 하거나 존경받는 자리를 차지하려고 해서는 안 됩니다. 명예욕에 사로잡혀서는 안 된다는 것입니다.

존경을 받아야 한다는 말과 억지로 존경을 받으려고 해서는 안 된다는 말이 잘 구별되시지요? 우리는 경건하고 착하게 살아서 사람들로부터 신실한 신앙인이라는 칭찬을 받아야 합니다. 그래서 사람들이 우리를 보고 '예수 믿는 사람은 다르다'고 하며 하나님께 영광을 돌리게 해야 합니다. 그러나 높은 자리를 탐내지는 말아야 합니다.

예를 들어, 교회에서 훌륭한 성도가 항존직분을 받습니다. 그래서 항존직분자는 존경을 받습니다. 이것을 보고 내가 참된 신앙생활로 존경을 받으려고 하지 않고 그런 직분으로 존경을 받으려고 해서는 안 됩니다. 교회에서 존경을 받기 위해 목사가 되어서는 더더욱 안 됩니다. 실제로 서울의 한 큰 교회에서는 집사 한 사람이 장로가 되고 싶은데 아무리 장로 선거를 해도 장로가 되지 않으니까 아예 신학교에 가서 목사가 된 경우가 있었습니다. 이것은 옳지 않습니다.

• 선생과 심판

그러면 선생이 되지 말아야 할 이유는 무엇일까요? 선생은 더 큰 심판을 받기 때문입니다. 왜 선생이 더 큰 심판을 받습니까? 여러 가지 이유가 있겠지만 쉽게 세 가지 이유를 생각해 볼 수 있습니다.
첫째, 선생은 남보다 많이 알기 때문입니다. 예수님이 심판에 대해 이렇게 말씀하셨지요. 누가복음 12장 47-48절입니다.

"주인의 뜻을 알고도 준비하지 아니하고 그 뜻대로 행하지 아니한 종은 많이 맞을 것이요 알지 못하고 맞을 일을 행한 종은 적게 맞으리라 무릇 많이 받은 자에게는 많이 요구할 것이요 많이 맡은 자에게는 많이 달라 할 것이니라."

선생은 더 많이 알고 더 책임 있는 존재이기 때문에 더 큰 심판을 받는 것입니다.
둘째, 선생이 되면 교만해지기 때문입니다. 선생이 되어 사람들로부터 존경을 받으면 교만해지기 쉽습니다. 그런데 하나님께서는 교만한 사람을 싫어하십니다. 왜 교만한 사람을 싫어하실까요? 교만한 사람은 자기가 제일인 줄 알기 때문에 자기를 높이고 자기를 믿습니다. 자기를 높이면 그만큼 하나님을 높이지 않습니다. 자기를 믿으면 그만큼 하나님을 믿지 않습니다. 교만한 사람은 자기 생각이 옳다고 믿기 때문에 하나님의 뜻에 잘 순종하지 않습니다. 하나님께서 우리에게 가장 크게 원하시는 것은 하나님을 믿고 하나님을 높이며 순종하는 것입니다. 그런데 교만한 사람은 이것을 하지 못합니다. 그래서 하나님께서 싫어하십니다.

셋째, 선생이 되면 말을 많이 하기 때문입니다. 선생은 가르치는 사람을 의미할 수도 있고 지도자를 의미할 수도 있습니다. 가르치는 선생이 되어도 말을 많이 하고, 지도자가 되어도 말을 많이 합니다. 그래서 위험한 것입니다. 야고보서 1장 19절이 뭐라고 가르쳐 주었습니까? 듣기는 속히 하고 말하기는 더디 하라고 했지요. 말을 더디 하라는 말씀은 말을 천천히 하라는 뜻도 있지만 적게 하라는 뜻도 있습니다. 그런데 선생은 항상 말을 많이 하게 되니 얼마나 위험합니까? 본문도 선생이 되지 말라고 권면한 후에 사람은 말에 실수가 많기 때문에 위험하다고 가르쳐 줍니다. 지도자는 자연히 말을 많이 해야 하는데 그러다 보면 실수도 많이 하여 더 큰 심판을 받게 되는 것입니다.

이렇게 선생이 되려고 하지 않는 것이 바른 신앙생활에 얼마나 중요하겠습니까? 야고보서는 2장에서 하나님을 믿는 사람은 하나님 뜻대로 바르게 살아야 한다고 가르쳐 주었습니다. 바르게 살기 위해서는 두 가지가 중요합니다.

하나는 바르게 사는 것이 얼마나 중요한지 아는 것입니다. 우리는 어떤 것이 얼마나 중요한지만 알면 그것을 하게 됩니다. 그래서 예수님도 바르게 살라고 가르치실 때 바르게 사는 것이 얼마나 중요한지 강하게 알려 주셨습니다. 예수님의 명령에 따라 바르게 사는 것은 집을 반석 위에 짓는 것과 같습니다. 반대로 바르게 살지 않는 것은 모래 위에 짓는 것과 같습니다. 이런 말씀은 예수님의 말씀대로 사는 것이 얼마나 중요한지 알려줌으로써 바르게 살도록 돕는 것입니다.

다른 하나는 바르게 사는 것이 어떤 것인지 아는 것입니다. 아무리 바르게 살고 싶어도 어떻게 사는 게 바른 삶인지 모르면 바르게 살 수 없습니다. 그래서 우리는 바르게 사는 게 어떤 것인지도 알아야 합니다. 이렇게 바른 삶을 위해서는 바른 삶의 중요성과 바르게 사는 방법을 알아야 합니다.

그런데 선생이 되지 말라는 말씀은 이 두 가지를 다 가르쳐 줍니다. 그래서 선생이 되지 말라는 교훈이 그렇게 중요한 것입니다.

먼저, 선생이 되지 말라는 말씀은 바르게 사는 것이 얼마나 중요한지 가르쳐 줍니다. 선생이 되는 것은 당대인들에게 최고의 명예입니다. 그런데 선생이 되면 그만큼 바르게 살 의무가 주어집니다. 그래서 선생은 심판도 더 엄격하게 받습니다. 선생은 귀한 명예를 얻는 대신 더 바르게 살 사명을 가지고 더 무서운 심판을 받는 것입니다.

그런데 본문은 엄한 심판을 피하기 위해 선생의 명예를 버리라고 합니다. 이 말씀은 바른 삶에 대한 평가가 지도자로 얻은 명예보다 더 중요하다는 뜻입니다. 바른 삶이 명예보다 더 중요합니다. 이 말씀은 이렇게 바른 삶의 중요성을 가르쳐 주는 것입니다.

그리고 이 말씀은 바르게 사는 것이 무엇인지 가르쳐 줍니다. 선생이 되지 말라는 말씀은 명예를 추구하지 말라는 뜻인데, 이것은 두 가지 의미를 가지고 있습니다. 하나는 욕심을 버리라는 뜻입니다. 원래는 명예욕을 버리라는 뜻이지만 그 뜻을 확장해 보면 욕심을 버리라는 뜻입니다. 욕심을 버리는 것이 바른 삶에 있어서 얼마나 중요한지는 잘 아시지요? 욕심이 잉태하면 무엇을 낳습니까? 죄를 낳지요. 야고보서는 이미 1장 15절에서 이것을 가르쳐 주었습니다. 그래서 선생이 되지 말라는 말씀은 욕심을 버리고 바르게 살라는 말씀입니다.

다른 하나는 겸손하라는 뜻입니다. 명예욕을 버리려면 겸손해져야 합니다. 그런데 겸손은 우리가 바르게 살기 위해 가장 중요한 자세 중의 하나입니다. 우리는 하나님 앞에서 겸손해야 하나님 뜻에 순종할 수 있습니다. 바르게 살 수 있다는 것이지요. 그리고 사람 앞에서 겸손해야 이웃을 존중하며 사랑할 수 있습니다. 겸손하게 이웃을 존중하며 사랑하는 것은 올바른 삶의 기본적인 자세입니다. 사랑이 율법의 완성이기 때문입니다.

결국 선생이 되지 말라는 말씀은 겸손하고 바르게 사는 길을 가르쳐 주는 말씀입니다.

- 선생과 말

더욱이 선생이 되지 않으면 말의 실수를 줄일 수 있습니다. 오늘 본문도 말의 실수가 없으면 온전한 사람이라고 하며, 말의 실수를 줄이는 것이 얼마나 중요한지 가르쳐 줍니다. 말의 실수를 줄이면 훨씬 올바른 삶을 살 수 있습니다.

선생이 되지 않으면 어떻게 말의 실수를 줄일 수 있을까요? 여기에는 크게 두 가지 모습이 있습니다. 첫째, 교만하지 않기 때문에 말의 실수를 줄일 수 있습니다. 선생이 되면 가장 무서운 것이 교만해지는 것입니다. 사람이 교만해지면 말의 실수를 하게 됩니다. 사람들이 나를 높여 주면 쉽게 말하게 되고 심지어 상대방을 무시하는 말도 하게 됩니다. 그래서 교만해지면 말의 실수가 많아집니다.

저는 신학대학에서 박사원장으로 사역한 적이 있습니다. 박사원장은 목회학박사 과정의 책임자입니다. 목회학박사 과정을 공부하러 온 목사님들이 저를 원장님이라고 하며 제 의견을 잘 들어 주고 저를 높여주었습니다. 그러던 중 목사님들이 학교의 계획과 좀 다른 행동을 했습니다. 그래서 제가 목사님 몇 분에게 화를 내며 뭐라고 했지요. 그랬더니 뜻밖에도 목사님들이 거세게 항의했습니다. 그래서 큰 어려움을 겪었습니다. 그때 제가 깨달은 것이 바로 이것입니다. "아, 목사님들이 나를 자꾸 높여주니까 내가 교만해져서 함부로 말했다가 이런 곤욕을 치르는구나."

저는 성도들이 저 같은 사람을 "목사님, 목사님" 하며 높여주는 게 얼마나 감사한지 모릅니다. 그러나 가끔 그것이 얼마나 큰 시험거리인지를 깨닫고 모골이 송연해지기도 합니다. 교회의 직분자들이 담임목사의 의견을 존중하고 높여주면 목사는 자기도 모르게 실수하기 쉽습니다. 저도 몇 번 그런 실수를 저지른 후에야 스스로 돌이켜보며 반성한 적이 있습니다. 사람은 지도자 대접을 받으면 교만해져서 실수하기 쉽습니다. 그래서 우리는 지도자 대접을 받지 않으려고 각별히 유의해야 합니다.

둘째, 선생이 되지 않으면 말을 적게 할 수 있습니다. 말을 적게 하면 말의 실수를 줄일 수 있습니다. 말을 적게 하면 말의 실수가 줄어드는 이유는 크게 두 가지입니다. 먼저, 말이 적어지는 비율만큼 말의 실수도 줄어듭니다. 말을 100마디 할 동안 열 번 실수하는 사람이 말을 열 마디만 하면 실수는 저절로 한 번으로 줄어드는 것입니다. 다음으로, 말을 줄이면 그만큼 생각하며 말하기 때문에 실수할 비율이 떨어집니다. 말을 많이 할 때 실언의 비율이 10퍼센트라면 말을 적게 할 때는 실언의 비율이 5퍼센트로 떨어질 수도 있는 것입니다. 그러니까 말을 적게 하면 말의 실수가 매우 적어집니다.

이런 말씀을 들으면 염려가 생기는 분이 있을 것입니다. 교회학교 선생님들, 걱정되지 않습니까? 구역장이나 구역 인도자들은 어떻습니까? 장로님들이나 교역자들은 더하지요. 제 친구 목사 한 분은 아주 신실한 분입니다. 항상 바른 목회를 하려고 애쓰는 분인데 이분은 늘 야고보서 3장 1절을 입에 달고 다녔습니다. 툭하면 이런 말을 했습니다. "'많이 선생이 되지 말라'고 하셨는데 내가 괜히 목사가 되어 죄를 짓는구나." 심지어 야고보서 3장 1절 말씀을 진작 알았으면 목사가 되지 않았을 것이라고까지 했습니다.

그러나 본문 말씀은 실제로 선생이 되지 말라는 뜻이 아닙니다. 디모데전서 3장 1절은 이렇게 말하고 있습니다.

"미쁘다 이 말이여, 사람이 감독의 직분을 얻으려 하면 선한 일을 사모하는 것이라 함이로다."

감독은 교회의 지도자입니다. 지금의 교회로 치면 장로나 목사를 의미합니다. 이런 직분을 맡고 싶어하는 것이 선하다는 것입니다. 왜 그렇습니까? 그런 직분을 사모하는 것은 더욱 열심히 주님의 몸 된 교회를 섬기고 싶어하는 것이기 때문입니다. 이런 말씀에 비춰볼 때 본문은 결코 교회에서 지도자가 되려고 하지 말라는 뜻이 아닙니다.

- **지도자와 명예욕**

야고보서 3장 1-2절은 지도자가 되려고 할 때 명예욕으로 그래서는 안 된다는 뜻입니다. 그리고 지도자가 된 후 교만의 죄에 빠지면 안 된다는 뜻입니다. 또한 말을 많이 하여 실언하는 잘못을 저질러서는 안 된다는 뜻입니다. 오직 겸손하고 말의 실수 없이 바른 신앙생활을 하라는 의미입니다. 특히 바르게 사는 것이 세상에서나 교회에서 명예를 얻는 것보다 더 중요하다는 것을 깊이 깨닫고 항상 바르게 사는 데 최선을 다하라는 권면입니다. 이 말씀은 결코 교사가 되지 말라는 뜻이 아닙니다. 교사의 역할을 해야 할 사람이 그 직분을 피하면 오히려 더 잘못된 신앙생활이 됩니다.

청년 신앙수련회에서 청년들에게 인생 그래프를 그려보게 한 적이 있습니다. 인생 그래프는 10대, 20대, 30대, 40대, 50대, 60대의 나이에 자기가 어떤 상태가 되기를 바라는지 그래프로 그리는 것입니다. 이런 그래프를 그리면 그래프가 올라가겠습니까, 내려가겠습니까? 다 올라갑니다. 누구나 나이가 들면서 사회적으로나 교회적으로 지위가 상승되어 중요한 직분자가 되겠다고 계획을 세웁니다. 이것은 잘못이 아닙니다. 그러나 적어도 왜 이렇게 높아지려고 하는지 그 이유는 분명해야 합니다. 자기 이름을 내고, 대접을 받고, 자기 마음대로 권력을 휘두르며 살기 위해 높아지려고 한다면 지극히 위험합니다. 이런 마음으로 지도자가 되면 영락없이 교만해지고 말이 많아집니다. 그러면 하나님의 꾸중을 듣는 사람이 되고 맙니다.

우리가 교회에서 가장 존경받을 만한 직분을 받는다고 해도 그것 때문에 교만해져서 말이 많아지면 중직을 받는 것은 축복이 아니라 저주가 됩니다. 우리가 이런 잘못에 빠지지 않도록 오늘 본문은 우리에게 선생이 되지 말라고 가르쳐 줍니다. 지도자가 되면 더 무서운 심판을 받게 됩니다. 더 많은 책임을 지게 되고, 더 큰 실수를 할 위험이 있기 때문입니다.

우리는 바른 삶을 사는 참된 신자가 되기 위해 교회의 명예나 직분보다 바른 삶이 더 중요하다는 사실을 깊이 깨달아야 합니다. 직분이 나를 교만하게 만들어 바르게 사는 데 방해가 된다면 오히려 그 직분을 피해야 합니다. 우리는 그만큼 바르게 사는 데 우선적인 관심을 가져야 합니다.

우리가 이런 마음으로 산다면 올바른 목적으로 직분을 사모하는 신실한 신자가 될 수 있을 것입니다. 그러면 어떤 지도자의 직분을 받아도 겸손히 말을 적게 할 수 있을 것입니다. 항상 주님을 섬기고 교회와 이웃을 섬기며 행함의 열매가 풍성한 신앙생활을 할 수 있을 것입니다. 우리 모두 교회에서 자기의 명예를 추구하는 신자가 아니라 주님과 교회를 섬기는 겸손한 신자가 될 수 있기 바랍니다. 그래서 하나님을 영화롭게 하며 우리 자신도 은혜를 풍성히 받고 교회에도 큰 덕을 끼치는 복된 신앙생활을 할 수 있기 바랍니다.

13. 내 입에 파수꾼을 세워 주소서

우리가 말들의 입에 재갈 물리는 것은 우리에게 순종하게 하려고 그 온 몸을 제어하는 것이라 또 배를 보라 그렇게 크고 광풍에 밀려가는 것들을 지극히 작은 키로써 사공의 뜻대로 운행하나니 이와 같이 혀도 작은 지체로되 큰 것을 자랑하도다 보라 얼마나 작은 불이 얼마나 많은 나무를 태우는가 혀는 곧 불이요 불의의 세계라 혀는 우리 지체 중에서 온 몸을 더럽히고 삶의 수레바퀴를 불사르나니 그 사르는 것이 지옥 불에서 나느니라 여러 종류의 짐승과 새와 벌레와 바다의 생물은 다 사람이 길들일 수 있고 길들여 왔거니와 혀는 능히 길들일 사람이 없나니 쉬지 아니하는 악이요 죽이는 독이 가득한 것이라 이것으로 우리가 주 아버지를 찬송하고 또 이것으로 하나님의 형상대로 지음을 받은 사람을 저주하나니 한 입에서 찬송과 저주가 나오는도다 내 형제들아 이것이 마땅하지 아니하니라 샘이 한 구멍으로 어찌 단 물과 쓴 물을 내겠느냐 내 형제들아 어찌 무화과나무가 감람 열매를, 포도나무가 무화과를 맺겠느냐 이와 같이 짠 물이 단 물을 내지 못하느니라 (약 3:3-12).

• **적벽대전**

　삼국지에서 가장 유명한 전투는 적벽대전일 것입니다. 적벽대전은 조조가 80만의 대군을 거느리고 손권과 유비의 연합군을 치러 왔다가 거의 전멸을 당하는 전투입니다. 그런데 손권의 오나라에는 강이 많아 수군이 아주 중요했습니다. 오나라는 수군이 강했지만 상대적으로 조조의 군대는 수군이 아주 약했습니다. 그나마 조조의 군대에서 수군을 제대로 다룰 수 있는 장군은 채모였습니다. 오나라 입장에서는 채모만 죽이면 크게 유리해집니다.

　그래서 오나라 장군 주유는 교묘한 방법으로 채모를 제거합니다. 주유는 채모가 조조를 배반하고 주유에게 편지를 보낸 것처럼 꾸밉니다. 그리고 조조의 첩자가 그 편지를 발견하게 해놓습니다. 조조의 첩자는 주유가 만든 가짜 정보를 가지고 가서 조조에게 고발합니다. 조조는 대노하여 자기 손으로 채모를 죽여버립니다. 채모를 잃은 조조의 군대는 수전(水戰)을 제대로 치를 수 없게 됩니다. 그래서 결국 적벽대전에서 거의 전멸을 당하게 됩니다.

　조조가 채모를 죽이고 참패를 당하게 된 원인이 무엇입니까? 첩자의 잘못된 정보 한마디였습니다. 이것은 말 한마디가 전쟁의 승패를 좌우하고 심지어 나라의 운명까지도 좌우한다는 것을 보여줍니다. 말의 영향력이 이렇게 큽니다.

• **말의 영향력**

그런데 말은 그 말을 들은 사람에게만 영향을 미치는 게 아닙니다. 말을 한 사람에게도 엄청난 영향을 미칩니다. 성경에 말 한마디 때문에 대대로 무서운 저주를 받은 사람이 나옵니다. 그 사람은 바로 함입니다. 함은 자기 아버지 노아가 술에 취해 벌거벗고 자는 것을 보고 자기 형제들에게 말했다가 그것 때문에 대대로 무서운 저주를 받습니다. 함의 사건이 우리에게 충격적인 것은 말 한마디로 그렇게 무서운 벌을 받았기 때문만이 아닙니다. 함이 거짓말을 한 것도 아니고 모든 사람에게 떠들고 돌아다닌 것도 아닌데 그렇게 무서운 벌을 받았기 때문이기도 합니다.

그뿐입니까? 예수님은 우리가 말로 이웃에게 '라가' 라고 하거나 '미련한 놈' 이라고 하면 지옥에 갈 것이라고 가르쳐 주셨습니다. '라가' 는 히브리인의 욕설인데 아마 '골빈 놈' 이라는 뜻이라고 생각됩니다. '미련한 놈' 이라는 말은 하나님을 모르는 무신론자라는 비난이 됩니다. 시편 14편 1a절에 이렇게 기록되어 있습니다.

"어리석은 자는 그의 마음에 이르기를 하나님이 없다 하는도다."

그래서 이런 말은 사람을 정신적으로나 영적으로 죽이는 것입니다. 이런 말은 사람을 사람으로 취급하지 않는 것입니다. 그래서 살인과 같은 것입니다.

더욱이 이런 말은 사람을 좌절하게 만듭니다. 그래서 일생을 망치게 만드는 경우도 적지 않습니다. 어려서부터 무능하다는 말을 많이 듣고 자란 사람은 새롭게 무엇을 시도하지 못합니다. 그래서 하나님께서 주신 큰 능력을 전혀 발휘하지 못하고 인생을 마감하게 됩니다. 여러분 이런 말을 들어보셨지요. "송충이는 솔잎을 먹어야 해." 이런 말은 자기 분수를 알게 해주는 금언이 될 수도 있습니다. 하지만 잘못하면 새로운 일에 도전하지 못하게 만들어 한 사람의 일생을 망치는 저주가 될 수도 있습니다.

심지어 잘못된 말은 사람을 자살로 이끌기도 합니다. 감수성이 예민한 청소년은 말 한마디에 자살을 하기도 합니다. 비단 우리나라 청소년들만 그런 것이 아닙니다. 1983년에 영국의 열세 살짜리 소년이 자살을 했습니다. 이 소년은 모범생이었고 자살할 만한 이유가 전혀 없었습니다. 그런데 그의 일기에 다음과 같은 글이 적혀 있었습니다.

'우리 가정은 악마의 저주를 받아 가족들이 일찍 죽는다는 소문을 들었다. 죽음이 두렵다. 어차피 죽을 운명이라면 어머니 곁에서 죽는 편이 낫겠다.'

그리고 자살한 것입니다. 나중에 알아보니, 소년이 들은 소문은 이 가정을 미워한 어느 노인이 퍼뜨린 유언비어였습니다.

그렇다고 말이 사람에게 해만 끼칩니까? 말이 주는 유익은 또 얼마나 큽니까? 생각해 보십시오. 사람이 가져야 할 가장 중요한 게 무엇니까? 믿음입니다. 하나님을 믿는 것만큼 사람에게 있어서 중요한 게 어디 있습니까? 그런데 믿음이 어디에서 납니까? 들음에서 납니다. 무엇을 들으면 믿음이 생깁니까? 사람의 말을 통해 주어지는 복음을 들으면 생기지요. 그러니까 말은 사람을 구원하는 가장 중요한 도구인 것입니다.

그뿐이 아닙니다. 잠언 12장 25절은 이렇게 가르쳐 줍니다.

"근심이 사람의 마음에 있으면 그것으로 번뇌케 하나 선한 말은 그것을 즐겁게 하느니라."

선한 말은 마음에 즐거움과 힘을 준다는 것입니다. 이렇게 말은 긍정적으로나 부정적으로 말할 수 없이 큰 영향을 미칩니다.

그래서 이런 일화가 있습니다. 한 임금이 두 신하에게 각각 세상에서 가장 선한 것과 가장 악한 것을 찾아오라고 명령했습니다. 여러 날 후에 두 신하가 각각 가장 선한 것과 가장 악한 것을 상자에 담아왔는데 열어 보니 둘 다 사람의 혀였습니다. 임금이 처음에는 이상하게 생각했으나 두 신하의 말을 들어 보니 다 맞았습니다. 과연 혀는 가장 선한 것이 되기도 하고 가장 악한 것이 되기도 합니다.

왜 말이 이렇게 큰 영향을 미칠까요? 아마 세 가지 이유 때문일 것입니다. 첫째, 정보 때문입니다. 말을 통해 우리는 정보를 얻습니다. 물론 여기서 말은 여러 가지 의사표현 방법을 모두 포함합니다. 정보의 영향력은 상상을 초월합니다. 좋은 정보는 수많은 사람을 살리지만 악한 정보는 큰 해를 끼칩니다. 특히 지도자가 전해 주는 정보의 영향력은 정말 막강합니다. 6·25 한국전쟁 때 이승만 대통령이 전쟁의 상황을 올바르게 전해 주지 않아 수많은 국민이 제때 피난을 가지 못하고 해를 당하지 않았습니까?

둘째, 감동력 때문입니다. 말은 들으면 정보만 생기는 게 아니라 감정의 변화도 생깁니다. 사람은 감정에 의해서 많이 움직입니다.

손수 운전을 자주 하던 중년의 사장이 갑자기 운전을 하지 않겠다고 했습니다. 부하직원이 이유를 물었더니 사장은 이렇게 대답했습니다. "어째서 사람들이 운전할 때는 그렇게 무례해지는지 모르겠어. 아들 같은 젊은이들이 조금만 자기 마음에 들지 않으면 차창을 열고 쌍소리를 해대는데 그럴 때마나 마음이 너무 상해서 아예 운전을 하지 않기로 했어." 말 한마디가 감정을 상하게 하고 행동까지 변화시킨 것입니다.

반대로 격려의 말 한마디는 엄청난 힘이 되기도 합니다. 미국 테네시 주에서 벤 후퍼라는 아이가 태어났습니다. 이 아이는 체구도 몹시 작고 아버지도 누구인지 모르는 사생아였습니다. 마을 사람들은 자기 자녀가 사생아인 벤 후퍼와 함께 노는 것을 싫어했습니다. 아이들도 그를 놀리며 멸시했습니다.

그런데 후퍼가 열두 살이 되었을 때 그 마을 교회에 젊은 목사님이 부임해 왔습니다. 후퍼는 그때까지 교회에 가 본 적이 없었습니다. 그러나 이 젊은 목사님이 사람들에게 늘 힘을 준다는 소문을 듣고 교회에 가 보고 싶었습니다. 하지만 사람들의 이목이 싫어서 늘 예배 시간에 좀 늦게 들어가 뒷자리에 앉아 있다가 축도 시간이 되면 일찍 빠져나오곤 했습니다. 그러던 어느 날 예배의 감동에 젖어 미처 일찍 나가지 못하고 사람들 틈에 섞여 나가게 되었습니다. 목사님은 후퍼를 보더니 "네가 누구 아들이더라?" 하고 말했습니다. 갑자기 주위가 조용해졌습니다. 그때 목사님은 환한 얼굴로 후퍼에게 말했습니다. "그래, 네가 누구 아들인지 알겠다. 너는 네 아버지를 닮았기 때문에 금방 알 수 있어!" 그러고는 "너는 하나님의 아들이야. 네 모습을 보면 알 수 있지"라고 말했습니다. 당황해서 빠져나가는 후퍼의 등을 향해 목사님은 말했습니다. "하나님의 아들답게 훌륭한 사람이 되어야 한다!"

세월이 흘러 벤 후퍼는 주지사가 되었습니다. 그리고 이렇게 말했습니다. "그때 목사님으로부터 내가 하나님의 아들이라는 말을 들은 그날이 바로 테네시 주의 주지사가 태어난 날입니다."

말이 미치는 영향은 아주 오래 갑니다. "입술의 30초가 마음에는 30년"이라는 말이 있습니다. 30초 동안 한 말이 30년 동안 마음에 힘이 될 수도 있고, 30년 동안 마음에 상처로 남아 괴로움을 줄 수도 있는 것입니다. 이렇게 말은 감정을 불러일으켜 큰 영향을 미칩니다.

셋째, 말은 누가 듣지 않아도 어떤 사건을 일으키는 능력을 가지고 있습니다. 앞의 두 가지는 사람들이 들어서 나타나는 영향력입니다. 그런데 말에는 듣는 사람이 없어도 나타나는 영향력이 있습니다. 왜 말에 이런 능력이 있을까요? 하나님께서 항상 우리의 말을 듣고 계시며 그에 대해 응답해 주시기 때문입니다. 그래서 잠언 18장 20절은 이렇게 가르쳐 줍니다.

"사람은 입에서 나오는 열매로 말미암아 배부르게 되나니 곧 그의 입술에서 나는 것으로 말미암아 만족하게 되느니라."

이 말씀은 우리의 말이 열매를 맺는다는 뜻입니다. 하나님께서 들으시고 역사해 주시기 때문입니다. 멸시와 저주의 말을 하면 벌을 받아 해를 당하고, 축복의 말을 하면 복을 받습니다.

• 말 조심

이렇게 말은 엄청난 영향력을 가지고 있기 때문에 우리는 말을 조심해야 합니다. 선생, 즉 지도자는 특별히 말을 조심해야 합니다. 지도자가 더 큰 심판을 받게 되는 이유도 지도자는 말을 많이 하게 되고 또한 그 말의 영향력이 크기 때문입니다. 말을 조심하지 못할 바에는 차라리 지도자가 되지 말아야 할 정도로 말을 조심해야 합니다.

오늘 본문 말씀도 바로 말의 힘과 영향력을 가르쳐 줍니다. 특히 파괴적인 힘을 가르쳐 줍니다. 그래서 말을 조심하도록 경고해 줍니다. 본문은 여러 가지 예를 들어 말의 영향력을 보여줍니다. 본문은 말의 영향력이 얼마나 큰지 알려 주기 위해 말(馬)과 재갈, 배와 키, 숲과 불의 모습을 예로 보여줍니다. 그리고 말의 파괴적인 영향력을 알려 주기 위해 숲을 태우는 불의 모습, 길들일 수 있는 동물과 길들여지지 않는 혀의 대조, 쓴물이나 단물을 내는 샘, 열매를 맺는 나무의 모습 등을 예로 보여줍니다.

먼저 말이라는 큰 동물이 작은 재갈에 의해 움직여지는 것과 큰 배가 작은 키 하나에 의해 방향이 잡히는 것을 보여줍니다. 말은 재갈을 물려 놓고 당기면 가게 할 수도 있고 멈추게 할 수도 있습니다. 방향을 잡을 수도 있습니다. 배도 마찬가지입니다. 키가 배를 가고 오게 할 수는 없습니다. 배를 움직이는 것은 바람입니다. 그런데 아무리 센 바람이 배를 움직여도 배의 방향은 작은 키 하나로 해결되는 것입니다. 우리의 입에서 나오는 말이 바로 이런 재갈이나 키와 같다는 것입니다.

그렇다면 우리는 말로 사람을 움직일 수 있습니다. 사람이 움직이는 방향을 조절할 수도 있습니다. 한 사람만 움직이는 것이 아닙니다. 공동체도 움직일 수 있고 온 사회도 움직일 수 있습니다.

• 말과 교회

초대교회에서 배는 교회를 의미할 때가 많이 있었습니다. 이렇게 보면 본문 말씀은 말 한마디가 교회의 방향을 정할 수 있다는 뜻입니다. 광풍과 같은 바람이 교회에 불어제쳐도 방향을 잃지 않게 해주는 것은 교회에서 선포되는 말입니다. 특히 교회 지도자의 말이 얼마나 큰 영향을 미치는지 모릅니다. 중세에 온 교회가 타락의 길을 갈 때 몇 명의 종교개혁자들의 말이 얼마나 교회에 큰 영향을 미쳤습니까? 파멸의 길을 가던 교회가 종교개혁자들의 말로 방향을 바로잡기 시작했습니다. 개신교가 생긴 것만이 아닙니다. 가톨릭도 이일로 크게 반성하고 바른 방향을 잡게 되었습니다.

교회 지도자의 중요성을 보여주는 사건을 하나 소개해 드리겠습니다. 루터가 성공적으로 종교개혁을 하다가 종교재판을 받고 체포될 위기에 처했습니다. 이것을 안 프리드리히 선제후가 루터를 납치하여 숨겨 주었습니다. 루터가 없는 동안 종교개혁파 사람들 중에 큰 혼란이 생겼습니다. 일부 개혁자들이 너무 과격하게 종교개혁을 주장하면서 교회의 모습을 잃어갈 정도가 되었습니다. 이런 혼란 중에 루터가 돌아왔습니다. 루터는 단지 8일간의 설교를 통해 교회를 바로잡았습니다. 종교개혁이라는 거대한 바람 속에서 특정한 사람들의 과격한 광풍이 불 때 지도자의 말이 거대한 교회 조직체를 바르게 인도한 키 역할을 한 것입니다.

지도자의 말만 영향을 미치는 것은 아닙니다. 성도 한 사람의 말도 큰 영향을 미칩니다. 여러분은 사람들이 모였을 때, 어떤 사람이 오면 분위기가 어두워지고 다른 어떤 사람이 오면 분위기가 밝아지는 것을 경험한 적이 없습니까? 그 사람들이 무엇으로 그렇게 합니까? 말 몇 마디로 그렇게 하는 것입니다.

그런데 말은 긍정적인 영향보다 부정적인 영향을 더 많이 끼칩니다. 어느 교회에서는 제직회 때 한 집사님이 사실도 확인하지 않고 담임목사님이 교회 돈을 유용했다고 비난했습니다. 잘못된 발언이었지만 이 말 때문에 당회에서는 그것을 설명하고 성도들이 목사님을 다시 신뢰하도록 만들기 위해 많은 힘을 들여야 했습니다. 그동안 교회는 그 일에 매달리느라고 해야 할 일을 제대로 못했습니다. 큰 비극이지요.

더 무서운 것은, 단순한 유언비어를 들어도 그것이 남긴 상처는 무척 오래 간다는 사실입니다. 그래서 본문은 말의 영향력을 거대한 수풀을 태워버리는 불에 비유합니다. 심지어 그 불을 다시 지옥불에 비유합니다. 말은 단순히 영향력이 크기만 한 것이 아니라 인생을 파멸시키는 지옥불과 같으며 교회를 무너뜨리는 사탄의 권세와 같다는 것입니다. 이렇게 말은 악한 영향을 많이 끼칩니다.

말이 악한 영향을 많이 끼치는 이유는 영향력이 크기 때문이기도 하지만 통제할 수 없기 때문이기도 합니다. 말을 통제할 수만 있다면 좋은 방향으로 사용하겠는데 말은 통제가 안 됩니다. 본문은 이것을 다른 짐승은 다 길들일 수 있는데 혀는 길들일 수 없다는 표현으로 가르쳐 줍니다.

여러분, 호랑이와 여우 중 어느 게 더 무섭습니까? 호랑이가 더 무섭지요. 그러나 호랑이보다 여우가 더 무서울 수도 있습니다. 어떤 때입니까? 호랑이는 길들여졌고 여우는 길들여지지 않았을 때입니다. 힘이 세다고 위험한 것이 아닙니다. 길들여지지 않을 때 위험한 것입니다. 그런데 말이라는 것은 그 힘이 말할 수 없이 큰 데다가 길들여지지도 않습니다. 그러니 얼마나 위험합니까?

• 말과 성령님

말을 통제할 수 없다면 어떻게 해야 합니까? 어차피 길들여지지 않으니 손놓고 되는 대로 살아야 합니까? 그럴 거라면 무엇 때문에 성경이 말에 대한 교훈을 주겠습니까? 우리가 할 수 있는 일이 있습니다. 그것이 무엇이겠습니까? 생각해 보십시오. 우리가 할 수 없는 일을 하려면 어떻게 해야 합니까? 하나님을 의지해야 합니다. 성령님의 도우심을 받아야 합니다.

그래서 말에 대해서는 하나님께 기도해야 합니다. 말을 위해서는 특별히 많은 기도를 해야 합니다. 그리고 성령님의 충만하심을 입어 성령님의 열매를 맺어야 합니다. 성령님의 열매 중에 특히 어떤 열매가 필요할까요? 앞에서 말에 대해 무엇이라고 가르쳐 주었습니까? 크게 두 가지입니다. 첫째, 말이 좋은 영향을 끼치도록 해야 한다는 것입니다. 둘째, 악한 영향을 끼치는 말은 하지 말아야 한다는 것입니다. 말은 악한 영향을 끼치는 경우가 많으므로 특별히 말의 절제가 필요합니다.

그렇다면 성령님의 어떤 열매가 필요할까요? 물론 우리는 성령님의 열매를 모두 다 맺어야 합니다. 그러나 특별히 사람에게 유익을 주는 말을 하려면 사랑이 있어야 합니다. 그리고 기쁨과 화평도 큰 도움이 됩니다. 내가 기쁘면 좋은 말을 많이 합니다. 이웃과 화목해도 좋은 말을 많이 합니다. 그래서 이웃에게 유익을 끼치는 말을 하려면 사랑과 희락과 화평의 열매가 특별히 필요합니다.

반면에 악한 영향을 주는 말을 하지 않으려면 많이 참아야 합니다. 그래서 인내와 절제가 필요합니다. 또 교만하면 해를 끼치는 말을 많이 하므로 온유한 자세가 필요합니다. 그래서 악한 영향을 끼치는 말을 하지 않으려면 성령님의 열매 중에 오래 참음과 온유와 절제의 열매가 특별히 필요합니다.

성령님의 열매를 맺기 위해서는 성령님의 충만하심을 받아야 합니다. 성령님의 충만하심을 받기 위해서는 특별히 필요한 모습이 네 가지 있습니다. 이 네 가지는 성경에서 성도들이 성령님의 충만하심을 받을 때 보여준 모습들입니다. 그것은 기도, 말씀, 찬양, 안수입니다. 그래서 우리도 성령님의 충만하심을 위해 기도, 말씀, 찬양, 안수를 해야 합니다.

먼저, 성령님의 충만하심을 위해 간절히 기도해야 합니다. 초대 교회 성도들은 오순절에 기도하다가 성령님의 충만하심을 받았습니다.

그리고 하나님의 말씀을 가까이해야 합니다. 고넬료는 말씀을 듣다가 성령님의 충만하심을 받았습니다. 우리도 말씀을 가까이하면 성령님의 충만하심을 받게 될 것입니다. 하나님의 말씀은 정말 큰 영향력을 가지고 있습니다. 세상을 창조하신 능력의 말씀 아닙니까? 그러므로 말씀을 가까이하면 우리의 못된 성품도 고쳐지고 말도 선하게 할 수 있을 것입니다.

그리고 찬양도 필요합니다. 초대교회 성도들이 예수님의 승천 후 예루살렘 성전에 가서 한 일이 찬양이었습니다. 그러니까 오순절 때 성령님이 오신 것은 성도들의 찬양과 기도 중에 오신 것입니다.

끝으로 사도들이 안수할 때 성령님이 임하시기도 했습니다. 우리도 성령님의 충만하심을 받고 좋은 말을 하려면 기도, 말씀, 찬양, 안수의 시간을 가지는 게 좋습니다.

우리 모두가 말의 중요성과 위험성을 깊이 깨닫고 바른 말을 하기 위해 기도하며 하나님의 말씀을 가까이 할 수 있기 바랍니다. 특히 성령님의 충만하심을 간절히 사모하기 바랍니다. 그래서 우리의 말은 하나님께 욕이 되거나 이웃에게 해가 되지 않고, 오히려 하나님께 기쁨이 되고 이웃에게 큰 유익이 되는 복된 말이 될 수 있기 바랍니다.

14. 참된 지혜는 온유한 행동으로 나타납니다

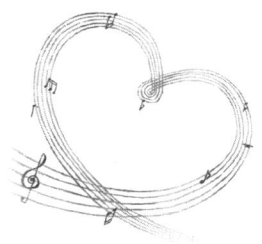

너희 중에 지혜와 총명이 있는 자가 누구냐 그는 선행으로 말미암아 지혜의 온유함으로 그 행함을 보일지니라 그러나 너희 마음 속에 독한 시기와 다툼이 있으면 자랑하지 말라 진리를 거슬러 거짓말하지 말라 이러한 지혜는 위로부터 내려온 것이 아니요 땅 위의 것이요 정욕의 것이요 귀신의 것이니 시기와 다툼이 있는 곳에는 혼란과 모든 악한 일이 있음이라 오직 위로부터 난 지혜는 첫째 성결하고 다음에 화평하고 관용하고 양순하며 긍휼과 선한 열매가 가득하고 편견과 거짓이 없나니 화평하게 하는 자들은 화평으로 심어 의의 열매를 거두느니라(약 3:13-18).

• 말과 행함

야고보서는 믿음의 행위를 강조하는 책입니다. 그래서 2장에서는 행함이 없는 믿음은 죽은 믿음이라고 했습니다. 3장에 들어와서도 계속해서 행위를 강조합니다. 선생이라는 칭호는 무척 명예로운 것이지만 그 대신 선생이 되면 더 올바르게 살아야 할 의무가 주어지기 때문에, 선생답게 살 수 없다면 아예 선생이라는 칭호를 포기하라고 합니다. 이 말씀은 명예를 얻는 것보다 바르게 사는 것이 더 중요하다는 뜻입니다.

선생이 바르게 살기 위해 특별히 주의해야 할 것은 말입니다. 선생의 말은 영향력이 크고 또한 선생은 말을 많이 하기 때문입니다. 선생은 지극히 말을 조심해야 합니다. 물론 말을 조심하는 것은 선생만이 아니라 모든 사람에게 필요합니다. 그래서 야고보서는 말을 조심하는 일이 얼마나 중요한지 알려줍니다. 말은 워낙 영향력이 커서 개인과 공동체를 흥하게 할 수도 있고 망하게 할 수도 있습니다. 야고보서는 이것을 여러 가지 예로 가르쳐 줍니다.

그런데 말은 선한 영향력보다 악한 영향력이 더 큽니다. 그래서 야고보서는 심지어 혀가 지옥불과 같다고까지 표현하고 있습니다. 그러면서 우리는 말을 할 때 항상 선한 영향을 끼치는 말을 해야 한다고 가르쳐 줍니다.

그렇다면 선한 말을 하는 것으로 충분합니까? 그렇지 않습니다. 물론 말이 큰 영향력을 가지고 있으니까 선한 말을 잘하면 분명히 큰 선을 이룰 수 있습니다. 그러나 말만 잘한다고 좋은 지도자가 되는 것은 아닙니다. 여기서 말을 잘한다는 것은 유창하게 말하는 것도 아니고 설득력 있게 말하는 것도 아닙니다. 할 말과 하지 않을 말을 구별하여 할 말만 하는 것이고, 선한 영향을 끼치는 말을 설득력 있게 하는 것입니다. 정말 좋은 의미에서 말을 잘하는 것입니다. 얼마나 좋은 일입니까?

그러나 선한 말을 아무리 잘해도 그것만으로는 좋은 지도자가 될 수 없습니다. 아니, 그것만으로는 올바른 신앙인도 될 수 없습니다. 무엇이 더 필요합니까? 행함이 필요합니다.

• 지혜와 총명

본문은 지혜와 총명이 있는 자가 누구냐고 묻습니다. 여기서 지혜와 총명이 있는 자는 두 가지 사람을 의미합니다. 첫째, 올바른 신앙인을 의미합니다. 왜냐하면 지혜란 하나님을 경외하는 것이므로 지혜 있는 사람은 올바른 신자이기 때문입니다. 둘째, 선생과 지도자를 의미합니다. 선생이나 지도자에게 가장 필요한 것이 바로 지혜와 총명이기 때문입니다. 그래서 지혜와 총명이 있는 자는 좋은 신자나 지도자를 의미합니다.

야고보서 3장 1-12절에서는 지도자나 좋은 신자가 되려면 말을 잘해야 한다고 가르쳐 주었습니다. 말을 잘하기 위해서는 해야 할 말과 하지 말아야 할 말을 구별할 줄 알아야 합니다. 말을 할 때는 선한 영향을 끼치는 말을 해야 합니다. 이것은 좋은 신자나 선생이 되기 위해 절대적으로 필요한 조건입니다.

그러나 그것만으로 좋은 신자나 선생이 될 수는 없습니다. 아무리 말을 이상적으로 절제하고 또한 적절하게 잘해도 그것만으로는 참된 지혜를 갖춘 사람이라고 할 수 없습니다. 무엇이 더 필요합니까? 행동이 필요합니다. 행동이 말을 따라야 합니다. 여기서 한 가지 유의해야 할 게 있습니다. 말을 잘하는 것과 행동을 잘하는 것은 둘 중의 하나만 있으면 되는 것이 아니라는 사실입니다. 이 둘이 다 있어야 합니다. 말을 잘하는 것도 꼭 필요합니다. 그러나 그것만으로는 안 됩니다. 반드시 행동도 따라야 합니다.

우리의 언행이 일치하지 않으면 우리가 아무리 말을 잘해도 참된 신자나 지도자가 될 수 없습니다. 행동이 없는 믿음은 죽은 믿음이기 때문에 행동이 없는 신자는 참 신자가 아닙니다. 그리고 행동이 따르지 않는 말만 가지고는 사람들을 지도할 수 없습니다. 왜냐하면 사람들은 말을 듣고 따르는 것보다 행동을 보고 따르는 면이 훨씬 더 강하기 때문입니다.

이스라엘 군대의 지휘자는 공격을 명령할 때 "돌격!"이라는 말을 사용하지 않는다고 합니다. 대신 "나를 따르라"라는 말을 사용합니다. 이렇게 행동으로 본을 보일 때 부하들이 훨씬 더 적극적으로 따라서 강한 군대가 되는 것입니다.

간디에게 이런 일화가 있습니다. 하루는 한 어머니가 어린 아들을 데리고 간디를 찾아와서 말했습니다. "선생님, 이 아이가 사탕을 너무 많이 먹어서 이가 다 상했어요. 그런데 아무리 말해도 듣지 않아요. 선생님이 좀 아이에게 사탕을 먹지 말라고 말씀해 주세요. 선생님 말씀이라면 들을 거예요." 그러자 간디는 보름 후에 다시 오라고 했습니다. 어머니는 선생님이 아이를 타이르려면 시간이 걸릴 텐데 지금은 너무 바빠서 그런가 보다 하고는 아이를 데리고 돌아갔습니다.

그리고 보름 후에 다시 왔습니다. 간디는 아이의 머리를 쓰다듬으며 사탕을 먹지 말라고 했습니다. 별다른 말도 없이 그냥 그 말만 했습니다. 어머니가 이상해서 물었습니다. "선생님, 그렇게 간단히 말씀하실 거라면 왜 지난번에 말씀하지 않으셨어요?" 그러자 간디는 이렇게 말했습니다. "그때는 저도 사탕을 먹었거든요. 제가 사탕을 먹으면서 어떻게 아이에게 먹지 말라고 합니까? 그래서 보름 동안 사탕 먹는 것을 끊은 후에 아이에게 말하려고 한 것입니다." 자기가 말한 대로 행동을 해야 진정한 권위를 가지고 선생 노롯을 할 수 있는 것입니다.

특히, 참된 지혜는 하나님을 경외하는 신앙생활입니다. 생각해 보십시오. 말로는 하나님을 경외한다고 하면서 행동으로는 하나님을 경외하지 않는 사람이 신앙생활의 선생 노릇을 할 수 있겠습니까? 절대로 할 수 없습니다. 신앙생활의 지도자 노릇은 결코 말만으로 되지 않습니다. 이것은 말의 내용이 잘못되어서 지도자가 될 수 없다는 뜻이 아닙니다. 아무리 옳고 훌륭한 말을 해도 행동이 따르지 않으면 지도자가 될 수 없다는 뜻입니다. 그래서 아무리 많은 지식과 지혜를 갖추었다고 해도 행동이 따르지 않으면 그 지혜는 참 지혜가 아닌 것입니다.

행동이 악하면 아무리 옳은 지식을 가지고 좋은 말을 많이 해도 모두 헛것이 됩니다. 그리고 그 사람은 그 악한 행동 때문에 악한 사람이 됩니다. 만일 그 사람이 선생 노릇을 하지 않았다면 단순히 악인으로 처벌받을 것입니다. 하지만 선생 노릇을 했다면 그는 사람들을 악한 길로 인도한 거짓 선생이 되어 훨씬 더 무서운 벌을 받게 됩니다. 왜 그렇습니까? 사람은 말을 듣고 배우는 것보다 행동을 보고 배우는 게 더 많기 때문입니다. 그래서 우리가 아무리 옳은 지식과 좋은 말로 선생 노릇을 해도 행동이 악하면 사람들을 선으로 인도하는 것이 아니라 악으로 인도하는 무서운 죄를 짓는 것입니다.

야고보서 2장의 내용을 생각해 보십시오. 하나님에 대해 많이 알면서 행위가 악한 사람은 누구를 닮았다고 합니까? 사탄을 닮았다고 했습니다. 사탄이 바로 하나님에 대해 알기는 많이 알지만 행동은 악을 행하는 존재이기 때문입니다. 그래서 알고도 행하지 않는 사람은 사탄을 닮은 사람입니다. 사람이 아는 대로 행하지 않으면 많이 알수록 사탄을 더 많이 닮은 것입니다. 이런 사람은 더 큰 벌을 받습니다. 그래서 선생 된 자리에 있는 사람은 더 큰 심판을 받게 되는 것입니다.

알기만 하는 것으로는 선생의 자격이 부족합니다. 심지어 바로 알고 바로 가르쳐도 그것만으로는 참된 선생이 될 수 없습니다. 바른 행동까지 따라야 비로소 지혜와 총명을 갖춘 참된 선생이 되는 것입니다.

그러면 바른 지식으로 바른 말을 하고 또 행동을 바르게 하면 다 된 것입니까? 그것도 아닙니다. 하나님께서 우리를 보실 때 무엇을 보십니까? 마음을 보십니다. 만일 선한 행동을 해도 그 행동의 동기가 악하면 역시 아무것도 아닙니다. 아니, 아무것도 아닌 게 아니라 무서운 악이 됩니다. 본문 15절을 보십시오. 악한 마음에서 나온 지혜는 위로부터 내려온 것이 아니라 땅 위의 것이요, 정욕의 것이요, 귀신의 것이라고 하지 않습니까? 참된 지도자가 되기 위해 필요한 모습을 정리해 보면 다음과 같습니다.

첫째, 지도자라는 명예로운 직분을 받는 것보다 그 직분에 걸맞은 삶을 사는 것을 더 중요하게 생각해야 합니다. 이 말은 지도자의 직분을 거부하라는 뜻이 아닙니다. 그만큼 바른 삶을 중요하게 생각하고 지도자답게 살기 위해 노력하라는 뜻입니다.

둘째, 지도자는 말을 조심해야 합니다. 말 자체도 엄청난 영향력이 있지만 지도자의 말은 더 큰 영향력이 있습니다. 더욱이 지도자는 말을 많이 할 수밖에 없습니다. 그래서 지도자는 말을 더욱 조심해야 합니다.

셋째, 말을 조심하기 위해서는 말을 적게 해야 합니다. 그리고 선한 영향을 끼치는 말을 하고 악한 영향을 끼치는 말은 하지 말아야 합니다.

넷째, 말에 부합하는 행동을 해야 합니다. 아무리 말을 조심스럽게 하고 좋은 말을 많이 해도 행동이 따르지 않으면 그 지혜는 엉터리입니다. 지도자의 자격이 없습니다.

다섯째, 마음의 동기가 선해야 합니다. 말을 바르게 잘하고 행동까지 잘한다고 해도 그 마음의 동기가 바르지 못하면 올바른 지혜가 아닙니다. 오히려 마귀적인 지혜이며 악한 지도력입니다. 참고로, 개역개정판에서 '귀신의 것'이라고 번역한 것을 여기서는 개역판의 번역에 따라 '마귀적'이라고 표현하겠습니다.

• 마귀적인 지혜

어떤 마음이 있으면 마귀적인 지혜가 되고 어떤 마음이 있으면 참된 지혜가 됩니까? 마음에 독한 시기와 다툼이 있으면 마귀적이 됩니다. 아무리 좋은 말과 좋은 행동도 마귀적이 됩니다. 반면에 온유한 마음이 있으면 참된 지혜입니다. 본문은 13절에서 참된 지혜를 온유함이라는 말로 설명합니다. 그리고 나중에는 여러 가지 단어로 설명합니다. 참된 지혜의 모습은 조금 있다가 살펴보기로 하고 우선 마귀적인 지혜의 모습을 살펴보겠습니다.

마귀적인 지혜의 모습은 마음에 독한 시기와 다툼이 있는 것입니다. 여기서 시기는 남에게 지는 것을 싫어하며 남이 잘되는 것을 싫어하는 모습입니다. 다툼은 이기적인 욕망으로 행동하거나 혹은 이기심으로 남과 경쟁하는 모습입니다. 결국 마귀적인 지혜는 남과 비교하며 남에게 이기려고만 하거나 남이 잘 되는 것을 싫어하는 마음으로 하는 언행입니다.

그런데 무서운 것은, 이런 마음으로 해도 그 말이나 행동은 남에게 유익을 줄 만큼 좋은 것이 될 수 있다는 점입니다. 그래서 많은 사람들이 속아서 이런 사람을 좋은 지도자라고 생각합니다. 하나님은 중심을 보시지만 사람들은 겉모습만 봅니다. 그러니까 사람들은 지도자의 말만 그럴듯해도 속고 행동까지 그럴듯하면 영락없이 속습니다. 그러나 하나님께서는 마음을 보십니다. 말과 행동만 그럴듯하다고 속지 않으십니다. 어떤 행동이든지 이런 경쟁심과 이기심으로 하면 오히려 꾸짖으십니다.

왜 아무리 좋은 행동도 경쟁심을 가지고 서로 이기려는 마음으로 하면 마귀적이 될까요? 공동체의 평강을 깨뜨리기 때문입니다. 예를 들어, 우리 교회의 한 부서 지도자가 자기 부서에서 말씀을 잘 전하고 사랑으로 성도들을 잘 섬긴다고 합시다. 그러나 그 모든 섬김이 다른 부서와 겨루어 이기려는 마음으로 그러는 것이라면 다른 부서와는 불화하게 됩니다. 이런 지도자는 자기 부서에서 성과를 올린다고 해도 교회 전체로 보면 평강을 깨뜨립니다. 교회의 평강을 깨뜨리면 교회를 교회답지 못하게 만들고 결국 교회를 해치게 됩니다. 본문이 뭐라고 합니까? 이런 시기와 다툼이 있는 곳에는 요란과 온갖 악이 있다고 하지 않습니까? 시기와 다툼이 있으면 교회가 불화하게 되고 결국 파괴되는 것입니다. 그래서 이런 지혜는 마귀적인 것입니다.

평화가 깨어지더라도 경쟁을 통해 업적을 올리려고 하는 것은 세상의 방법입니다. 기업체를 보십시오. 업적을 최우선으로 봅니다. 심지어 직원들 간의 화목을 추구하는 것도 업적을 높이기 위해서입니다. 만일 업적을 높이는 데 도움이 된다면 얼마든지 직원들을 경쟁시킵니다. 그래서 본문은 이런 모습을 세상적(땅 위의 것)이라고 하는 것입니다.

본문은 이런 모습을 정욕적(정욕의 것)이라고도 합니다. 왜냐하면 이것은 자기 욕심을 위한 것이기 때문입니다. 여러분, 도둑질이나 남을 욕하는 것이나 거짓말하는 것만 세상적이고 정욕적이고 마귀적인 것이 아닙니다. 옳은 말과 바른 행동을 해도 그것이 시기와 이기심으로 하는 것이라면 세상적이요 정욕적이요 마귀적인 것입니다.

교회에서 열심히 사역해 본 경험이 있는 사람이라면 대부분 이런 경쟁적이고 이기적인 마음을 품어 본 적이 있을 것입니다. 열심히 일하는 사람이 이런 마음을 피하기는 정말 어렵습니다. 만일 우리가 이런 마음이 얼마나 큰 문제인지 알고 주의한다면 그나마 다행입니다. 그러나 만일 그렇지 않고 이런 자세로 교회를 섬긴다면 보통 심각한 문제가 아닙니다.

저는 교회를 섬기면서 가장 피하고 싶은 모습이 세 가지 있습니다. 이 세 가지보다 더 악한 것도 있겠지만 제가 가장 피하고 싶은 것은 이 세 가지입니다. 저도 이 세 가지를 피하고 싶고 우리 교회의 교역자들과 모든 직분자들도 이 세 가지는 꼭 피했으면 좋겠습니다.

첫째, 거짓말하는 모습입니다. 사실대로 말하지 않고 말을 돌려서 진실을 호도하는 모습은 정말 우리 주위에서 사라졌으면 좋겠습니다.

둘째, 경쟁심으로 이기려고 하는 모습입니다. 기어이 자기를 드러내고 잘난 체하는 모습은 정말 우리 교회에 없었으면 좋겠습니다.

셋째, 희생적으로 일하지 않는 모습입니다. 자기 이권은 꼭 챙기려고 하면서 어려운 일은 피하려는 모습을 보면 기운이 쭉 빠집니다. 우리 교회에는 이런 직분자가 없기를 바랍니다. 그런데 이 중에서 두 번째 모습이 바로 본문이 가르쳐 주는 세상적이요 정욕적이요 마귀적인 지혜의 모습입니다.

- **참된 지혜**

그러면 무엇이 참된 지혜입니까? 한마디로 온유하게 선을 행하는 것입니다. 참된 지혜는 선을 행합니다. 그러나 선만 행한다고 참된 지혜가 되는 것은 아닙니다. 온유한 마음으로 행해야 합니다. 온유는 사납거나 거칠게 대하지 않고 자비롭고 부드럽게 대하는 자세입니다. 이웃을 위해 주고 겸손하게 대하는 자세입니다. 이것은 자기 이권만 찾으며 남들과 경쟁하여 이기려고 하는 자세와는 정반대되는 모습입니다.

본문은 참된 지혜를 처음에는 온유하게 행하는 것이라고 합니다. 그리고 나중에는 좀더 자세히 설명해 줍니다. 그것은 먼저 성결한 마음입니다. 성결한 마음은 불순물이 없는 마음입니다. 선을 행할 때 선을 이루고자 하는 마음만 있지 그것을 통해 자기 욕심을 채우려는 마음이 없습니다. 남을 이기려고 하거나 자기 명예를 높이려는 마음도 없습니다. 하나님과 이웃을 사랑하는 마음으로 말하고 행동합니다.

베드로전서 5장 2절을 보면, 교회의 지도자는 성도들을 섬길 때 더러운 이익을 위해서 하지 말고 오직 즐거운 뜻으로 하라고 합니다. 이런 마음이 바로 성결한 마음입니다. 돈이나 명예나 무엇이든지 자기의 이권을 추구하는 이기심이 없습니다. 하나님과 이웃을 사랑하는 순수하고 즐거운 마음으로 섬깁니다. 이런 지도자가 바로 참된 지혜의 지도자입니다.

그리고 화평하고 관용하고 양순하며 긍휼과 선한 열매가 가득한 마음과 행동이 참된 지혜입니다. 이것은 모두 이웃에게 잘해 주는 모습입니다. 이웃과 겨루어 이기려는 것이 아닙니다. 이웃을 받아주고 불쌍히 여기고 화목하게 지내려는 자세입니다. 또한 편견과 거짓이 없습니다. 참된 지혜는 편파적인 자세와 위선적인 자세를 버리는 것입니다. 모든 이웃을 공평하고 진실하게 대하는 것입니다. 특정인에게만 잘해 주는 게 아닙니다. 모두에게 사랑으로 잘해 주는 것입니다.

이에 반해 남을 이기려고만 하는 사람은 자기편과 상대편을 나눕니다. 그리고 자기편 사람에게만 잘해 줍니다. 편파적인 자세를 취하는 것입니다. 그리고 자기가 칭찬을 받기 위해 위선적인 행동을 합니다. 이런 행동은 겉으로 보기에는 선해 보여도 그 마음이 위선적이기 때문에 마귀적인 행동이 됩니다.

참된 지도자는 모든 사람에게 잘해 주어야 합니다. 지도자는 자기가 섬기는 공동체를 아군과 적군으로 나누면 안 됩니다. 지도자는 공동체를 편당으로 가르지 말고 참된 평강으로 이끌어야 합니다. 이것은 모든 신자들이 갖춰야 할 자세지만 특별히 지도자에게 더욱 필요한 자세입니다. 지도자는 성도들과 경쟁하거나 이기려고 하면 안 됩니다. 이기적인 욕심을 가지고 성도들을 대하면 안 됩니다.

여러분은 악한 정치인들을 볼 때 기분이 어떻습니까? 몹시 화가 납니다. 그런데 어떤 정치인이 악한 사람입니까? 지역감정을 불러일으키는 정치인은 어떻습니까? 이들은 민족을 분열시키고 특정 지역 사람들을 적으로 몰아갑니다. 정말 악한 사람입니다. 이들이 왜 그렇게 합니까? 자기가 이기기 위해서 그러는 것입니다. 자기가 이기기 위해서 지역갈등을 일으키고 나라를 분열시키는 것입니다. 지역갈등을 일으키는 사람만 악한 게 아닙니다. 보수와 개혁의 갈등을 일으키는 사람도 마찬가지입니다. 이런 사람은 자기가 선거에서 이기려고 나라를 분열시키는 악한 사람입니다.

부정한 돈을 받는 정치인은 어떻습니까? 역시 악한 정치인이지요. 이들이 왜 그렇게 합니까? 자기의 이기적인 욕심 때문에 그렇게 합니다. 사리사욕 때문이거나 최소한 선거에서 이기려는 욕심 때문에 부정한 돈을 받는 것 아닙니까? 이렇게 경쟁심과 이기심으로 정치하는 사람은 모두 악한 지도자입니다.

교회에서도 마찬가지입니다. 다른 교인들과 경쟁하고 다른 부서와 경쟁하고 자기 부서의 이익을 위해 다투는 사람은 악한 지도자입니다. 성도들을 자기편과 다른 편으로 나누는 사람은 마귀적인 지도자입니다. 하늘의 지혜를 가진 참된 지도자는 화평과 관용과 양선과 긍휼의 마음으로 섬깁니다. 절대 편파적이거나 위선적인 자세로 섬기지 않습니다. 거짓으로 선을 행하지 않고 진심으로 선을 행합니다. 온유한 마음으로 선한 말과 행동을 합니다. 이런 사람이 참된 지혜를 가진 지도자입니다.

그런데 지도자들이 이런 자세로 교회를 섬기면 성과가 빨리 나타날까요? 대체로 빨리 나타나지 않습니다. 빠른 성과는 경쟁심을 자극해야 나타납니다. 심지어 위선적인 행동을 해서라도 거창한 말과 행동을 보여줘야 합니다. 그러나 본문을 유의해서 보십시오. 본문은 무엇이라고 결론을 내립니까?

"화평하게 하는 자들은 화평으로 심어 의의 열매를 거두느니라"(18절)

시기와 다툼이 의의 열매를 맺는 게 아니라 화평이 의의 열매를 맺는 것입니다. 지도자가 참된 지혜로 섬기면 성과가 늦어지는 것 같이 보여도 사실은 이것이 진짜 좋은 열매를 맺는 길입니다.

오늘 본문은 참된 신자의 기본적인 자세에 대해 가르쳐 줍니다. 특히 이 말씀은 선생이나 지도자에게 더 필요한 말씀입니다. 우리는 지식만 있어서는 안 됩니다. 지식이 선한 말을 통해 역사해야 합니다. 그러나 말만 있어도 안 됩니다. 바른 행동이 따라야 합니다. 그러나 바른 말과 행동만으로도 안 됩니다. 올바른 마음의 자세를 갖춰야 합니다. 진정으로 하나님과 이웃을 사랑하는 순수하고 온유한 마음으로 행동해야 합니다. 시기와 다툼으로 하는 섬김은 아무리 좋은 말과 행동을 해도 마귀적인 것입니다. 좋지 않은 결과를 초래합니다. 자신에게 큰 해가 되는 것은 말할 것도 없습니다.

우리 모두 온유한 마음으로 선한 말을 하며 그대로 행동까지 하는 올바른 신자가 되고 올바른 지도자가 될 수 있기를 바랍니다. 그래서 의의 열매를 풍성히 맺어 하나님께 영광을 돌리고 교회에 큰 유익을 끼치며 우리 자신도 하나님의 큰 칭찬을 받을 수 있기 바랍니다.

IV. 겸손한 믿음

15. 다투지 말고 기도하십시오(약 4:1-4)
16. 하나님의 열렬한 사랑(약 4:5-10)
17. 이웃을 비방하지 마십시오(약 4:11-12)
18. 큰소리치지 마십시오(약 4:13-17)
19. 천국에 합당한 부자(약 5:1-6)

15. 다투지 말고 기도하십시오

너희 중에 싸움이 어디로부터 다툼이 어디로부터 나느냐 너희 지체 중에서 싸우는 정욕으로부터 나는 것이 아니냐 너희는 욕심을 내어도 얻지 못하여 살인하며 시기하여도 능히 취하지 못하므로 다투고 싸우는도다 너희가 얻지 못함은 구하지 아니하기 때문이요 구하여도 받지 못함은 정욕으로 쓰려고 잘못 구하기 때문이라 간음한 여인들아 세상과 벗된 것이 하나님과 원수 됨을 알지 못하느냐 그런즉 누구든지 세상과 벗이 되고자 하는 자는 스스로 하나님과 원수 되는 것이니라(약 4:1-4).

• 파이팅

제가 학교를 그만 두고 우리 교회로 온 지 몇 달이 지난 후에 어느 교회의 장로님 한 분이 제 개인 홈페이지에 격려의 글을 올렸습니다. 장로님은 글의 말미에 이렇게 썼습니다. "목사님 파이팅! 서석교회 파이팅!" 워낙 점잖은 장로님이기에 이 파이팅(fighting)이라는 표현이 좀 특별하게 보였습니다. 아마 장로님도 인터넷에 올리는 글이라 일부러 파격적인 용어를 사용한 것 같습니다. 실제로 인터넷을 보면 사람들이 '파이팅' 혹은 '홧팅'이라는 말을 많이 씁니다. 이때 파이팅이라는 말이 무슨 뜻으로 쓰이는 것입니까? 아마도 '힘내라' 혹은 '성공해라'는 뜻으로 쓰이는 것이겠지요. 결코 나쁜 뜻이라고 할 수 없습니다.

그런데 여러분, 파이팅이라는 말이 원래 무슨 뜻입니까? 싸운다는 뜻입니다. 그러면 파이팅이라고 외치는 사람이 싸움을 붙이기 위해서 이런 말을 하는 것입니까? 그렇지는 않지요. 그냥 열심히 잘하라고 격려하기 위해서 이런 말을 하는 것입니다. 굳이 싸우라는 의미가 있다면 아마도 사탄과 싸워서 이기라는 뜻이 있을 것입니다. 그러나 대체로 사람들은 싸우라는 뜻이 아니라 그냥 격려하는 뜻으로 이 말을 씁니다.

왜 하필이면 사람을 격려하는 데 싸우라는 말을 사용하게 되었겠습니까? 그것은 사람이 성공하려면 다른 사람들과의 싸움에서 이겨야 하기 때문입니다. 운동경기에서도 이겨야 성공합니다. 기업 운영에서도 이겨야 성공합니다. 학생이 공부할 때도 다른 학생과의 경쟁에서 이겨야 좋은 성적을 얻습니다. 이렇게 세상에서 성공하려면 싸움에서 이겨야 합니다. 그래서 '싸우라'는 의미를 가진 '파이팅'이라는 말이 성공을 위한 격려의 말이 된 것입니다. 우리가 남에게 이겨야 성공할 수 있다는 것은 참으로 슬픈 현실입니다.

• 싸우는 이유

오늘 본문도 이런 현실을 잘 보여줍니다. 본문은 사람이 무엇 때문에 싸운다고 합니까? 자기의 욕심 때문에 싸운다고 합니다. 사람은 자기가 원하는 것을 얻기 위해서 싸우는 것입니다. 그런데 내가 원하는 것을 남과 싸우지 않고도 얻을 수 있다면 어떻게 할까요? 그래도 싸울까요? 싸우지 않습니다. 내가 원하는 것을 남과 싸우지 않고도 얻을 수 있는데 왜 싸우겠습니까? 우리는 얻고 싶은 것을 그냥 얻을 수 없으니까 싸우는 것입니다. 만일 우리가 얻고 싶은 것을 그냥 얻을 수 있다면 굳이 싸우지 않을 것입니다.

가뭄이 심해지면 평소에 사이좋게 지내던 농부들이 서로 자기 논에 물을 대려고 물싸움을 하는 경우가 있습니다. 심지어 마을끼리 싸우기도 합니다. 그러나 물이 풍부하고 남아도는데도 물싸움을 하는 사람은 없습니다. 사람이 쉽게 얻을 수 있는 것을 가지고 남과 싸우는 경우는 별로 없습니다. 쉽게 얻을 수 없을 때 남보다 먼저 차지하려고 혹은 남의 것을 빼앗으려고 싸웁니다. 이 점에서는 본문의 가르침이 세상 사람들의 생각과 같습니다.

그러나 그다음에 나오는 가르침은 세상 사람들의 생각과 전혀 다릅니다. 세상 사람들은 싸워서 이기면 얻을 수 있다고 생각하는 데 반해 본문은 싸워서 이겨도 얻을 수 없다고 가르쳐 줍니다. 본문 2절은 무서운 표현을 씁니다.

"너희는 욕심을 내어도 얻지 못하여 살인하며 시기하여도 능히 취하지 못하므로 다투고 싸우는도다 너희가 얻지 못함은 구하지 아니하기 때문이요."

• 다툼과 기도

　이 말씀을 잘 보십시오. 이 말씀은 우리가 욕심을 내도 얻지 못하니까 살인한다고 합니다. 우리가 시기해도 얻지 못하니까 다투고 싸운다고 합니다. 그런데 얻지 못하는 이유가 무엇입니까? 구하지 않기 때문입니다. 하나님께 기도하지 않기 때문입니다. 이 말씀은 우리가 기도하지 않으면 아무리 욕심을 내고 시기해도 얻을 수 없다는 뜻입니다. 우리가 기도하지 않으면 아무리 살인하고 다투고 싸워도 얻을 수 없다는 뜻입니다. 달리 말하면, 우리가 기도하지 않는 한 아무리 남과 싸워서 이겨도 얻을 수 없다는 것입니다. 우리는 기도해야 얻을 수 있습니다.
　사실 그렇지 않습니까? 하나님께서 허락해 주시지 않으면 우리가 어떻게 원하는 것을 얻을 수 있겠습니까? 남에게서 뺏는다고 얻을 수 있습니까? 하나님께서 허락해 주시지 않는데 어떻게 얻습니까? 남의 것을 빼앗아도 금방 다 날아가버릴 것입니다. 그렇기 때문에 싸운다고 얻을 수 있는 것이 아닙니다. 오직 하나님께서 주셔야 얻을 수 있습니다. 그래서 본문은 하나님께 구해야 얻을 수 있다고 가르쳐 주는 것입니다.
　이스라엘 왕 아합은 자기 왕궁 곁에 있는 나봇의 포도원이 몹시 탐났습니다. 그래서 그것을 사려고 했지만 나봇이 거절했습니다. 왜냐하면 그 포도원은 나봇의 가문이 하나님으로부터 받은 가업이었기 때문입니다. 아합은 풀이 죽었습니다. 그러자 아합의 아내 이세벨이 그 포도원을 얻으려고 나봇을 중상모략하여 죽여버립니다. 그리고 아합에게 그 포도원을 가지라고 합니다. 그래서 아합이 좋다고 그 포도원을 취했지만 정말 그 포도원을 가졌습니까? 아닙니다. 아합이 일시적으로는 소유했지만 오히려 그 죄 때문에 전쟁터에서 죽고 말았습니다. 포도원을 가지지 못하게 된 것입니다. 이렇듯 하나님께서 허락해 주시지 않으면 아무리 남을 해치고 빼앗아도 결코 얻을 수 없습니다.

우리는 먼저 이것을 알아야 합니다. 우리가 무엇을 얻기 위해 남과 싸우지만 사실은 남과 싸운다고 얻을 수 있는 것이 아닙니다. 남과 싸워서 이기면 얻을 수 있는 것처럼 생각하게 만드는 것은 사탄의 유혹입니다. 우리가 얻을 수 있는 길은 오직 하나님께 기도하는 것입니다. 그런데 생각해 보십시오. 하나님께서 어떤 사람의 기도를 들어주십니까? 이웃을 용서하고 하나님 뜻대로 살며 기도하는 사람의 기도를 들어주시지요. 남과 싸우는 사람은 기도가 응답되지 않습니다. 그러므로 남과 싸워서 이기는 것은 결코 우리의 소원을 이루는 길이 아닙니다. 이것이 세상 사람들의 생각과 얼마나 많이 다릅니까.

이것은 앞에서 배운 말씀과 잘 통합니다. 3장 뒷부분에서는 시기와 다툼이 있는 것은 세상적이요 정욕적이요 마귀적이라고 했습니다. 그런데 정말 세상에서는 남과 싸워서 이겨야 얻는다고 생각하기 때문에 시기하고 다투지 않습니까? 시기와 다툼과 싸움은 정말 세상적인 것입니다. 이런 세상적인 방법으로는 결코 우리가 원하는 것을 얻을 수 없습니다. 오히려 하나님께 기도해야 얻을 수 있습니다. 세상만사는 하나님께서 주관하시며 당신의 뜻에 따라 우리에게 주시기 때문입니다.

우리가 이것만 분명히 알면 진정한 평화를 누리며 살 수 있습니다. 이런 믿음의 삶을 통해 누리는 평화는 두 가지입니다. 첫 번째 모습은 이웃과 싸우지 않으므로 얻는 평화입니다. 여러분은 혹시 이런 경험이 있습니까? 집에 TV가 하나 있는데 두 자녀의 취향이 달라서 서로 다른 프로그램을 보겠다고 자꾸 싸웁니다. 그런데 TV가 고장이 나면 더 이상 TV를 가지고 싸우지는 않습니다. 왜 그렇습니까? 싸운다고 자기가 원하는 프로를 볼 수 있는 게 아니라는 것을 알기 때문입니다. 싸워도 소용이 없다는 것을 분명히 알면 싸우지 않습니다. 이렇게 되면 적어도 어느 정도의 평화는 얻습니다. 그러나 이것은 뭔가 좀 부족합니다. 싸우지는 않지만 원하는 것을 얻지 못한 평화이기 때문입니다.

두 번째 모습은 하나님으로부터 원하는 것을 얻고 누리는 평화입니다. 생각해 보십시오. 집에 TV가 하나여서 자녀들이 자꾸 싸우는데 만일 부모님이 TV를 하나 더 사 주면 어떻게 되겠습니까? 이제 더 이상 TV 때문에 싸울 필요가 없습니다. 그뿐 아니라 각각 자기가 보고 싶은 프로그램을 마음껏 볼 수 있습니다. 그러면 서로 싸우지도 않고 오히려 더 큰 기쁨과 행복을 누리며 살 수 있는 것입니다.

그러나 한 가지 문제가 있습니다. 자녀들이 TV 때문에 싸운다고 부모님이 쉽게 TV를 하나 더 사 줍니까? 잘 안 사 주지요. 왜 안 사 줍니까? TV가 별로 자녀들에게 유익하지 않기 때문입니다. 하지만 만일 컴퓨터 하나를 가지고 서로 공부하겠다고 싸운다면 부모님이 하나 더 사 줄 수도 있을 것입니다.

• **잘못된 기도**

이렇게 하나님께 기도하여 얻는 것이 필요한 것을 얻는 가장 좋은 길입니다. 또한 서로 평화롭게 사는 길입니다. 그러나 우리가 하나님께 기도해도 얻지 못할 때가 있습니다. 정욕으로 쓰려고 잘못 구할 때입니다. 왜 잘못 구하면 주시지 않습니까? 잘못 구하는 것이 기분 나빠서입니까? 정욕으로 구하니까 미워서입니까? 아닙니다. 하나님께서는 항상 우리를 사랑하십니다. 우리의 기도를 들어주시지 않는 것도 우리를 사랑하시기 때문입니다. 그것을 들어주면 우리에게 해가 되기 때문입니다. 이것은 자녀들이 아무리 TV를 한 대 더 사 달라고 졸라도 부모님이 사주지 않는 것과 같습니다.

여기서 좀 주의해야 할 것이 있습니다. 우리가 잘못 구하는 경우가 여러 가지라는 사실입니다. 어떤 경우에는 아예 받으면 안 될 것을 구합니다. 이런 것은 받을 수 없습니다. 만일 우리가 노는 것을 좋아한다고 평생 놀고먹으며 살 수 있도록 로또에 당첨되게 해달라고 기도하면 하나님께서 들어주시겠습니까? 그 사람이 그렇게 평생 놀고먹으면 죽어서 어디로 가겠습니까? 지옥에 가요. 그런데 하나님께서 그런 기도를 들어주시겠습니까?

여러분 잊지 마십시오. 놀고먹으면 지옥에 갑니다. 예수님은 달란트 비유를 통해 이것을 분명히 알려주셨습니다. 우리는 각자 하나님께서 맡겨 주신 일에 최선을 다하며 성실하게 살아야 합니다.

가사를 돌보고 자녀를 양육하는 것도 귀한 사역입니다. 우리는 직장일이든 가정일이든 성실히 해야 합니다. 그런데 놀고먹으며 살 수 있도록 돈을 듬뿍 달라고 간구하는 것은 정욕을 따라 잘못 구하는 것입니다.

어떤 경우에는 시기적으로 나중에 받아야 할 것을 조급하게 당장 달라고 간구합니다. 이것은 다음에 적절한 때가 되면 하나님께서 주실 것입니다. 만일 어떤 신자가 신앙 훈련이나 인격 훈련도 받기 전에 일할 욕심만 앞세워 41세부터 장로가 되게 해 달라고 기도한다면 잘못 구하는 것입니다. 우선 이것은 시기적으로 조급하게 구하는 것이기 때문에 잘못 구하는 것입니다. 그리고 목적도 좋지 않습니다. 장로가 되게 해 달라는 것이니 좋은 목적 같지만 그렇지 않습니다. 이것은 자기의 실제 모습보다 앞서가려고 하는 교만한 모습입니다. 결코 잘하는 것이 아닙니다.

하지만 때가 되면 하나님께서 허락해 주실 만한 간구입니다. 만일 빨리 장로가 되게 해 달라고 기도하지 않고, 나를 훈련시켜 주시고 성장시켜 주신 후에 장로의 직분을 주셔서 하나님을 더 잘 섬기게 해 달라고 기도한다면 좋은 기도가 될 것입니다.

방향이 잘못된 간구도 있습니다. 하나님께서는 교육자로 세워 인재를 양성하는 사역을 맡기려고 하시는데 자기는 정치인으로 성공하게 해 달라고 기도하는 것은 방향이 잘못된 기도입니다. 이렇게 방향이 잘못된 기도에도 두 가지가 있습니다.

첫째, 자기의 사명을 알면서 부귀영화의 욕심 때문에 다른 방향으로 기도하는 것입니다. 이것은 동기 자체가 악하므로 고쳐야 합니다. 욕심을 버리고 바른 방향을 찾아 바르게 기도해야 합니다. 둘째, 자기의 사명을 잘 몰라서 자기에게 적합한 사역을 찾지 못하고 엉뚱한 것을 맡겨 달라고 기도하는 것입니다. 이 경우는 동기가 올바릅니다. 다만 하나님의 뜻을 잘 몰라서 잘못된 것을 이루어 달라고 기도하는 것뿐입니다. 이런 경우에는 동기가 바르기 때문에 다른 기도라도 열심히 하는 것이 기도를 하지 않는 것보다 훨씬 낫습니다.

사실 본문에서 말하는 잘못 구하는 것은 악한 동기로 구하는 것을 의미합니다. 정욕을 채우려고 악한 마음으로 구하는 것입니다. 이것은 정말 잘못된 것입니다. 이런 기도를 드려서는 안 됩니다. 그러나 악한 마음이 아니라 단지 하나님의 뜻을 몰라서 하나님께서 주려고 하시는 것을 구하지 않고 다른 것을 구하는 것은 괜찮습니다. 왜냐하면 이것은 하나님을 사랑하는 마음으로 기도하는 것이기 때문입니다.

만일 우리가 하나님을 사랑하는 마음으로 기도한다면, 하나님의 뜻을 몰라서 다른 것을 구한다고 해도 하나님께서 좋은 것으로 바꿔서 이루어 주실 것입니다. 하나님께서는 우리의 마음을 보시기 때문입니다. 하지만 우리가 그런 과정 속에서 하나님의 뜻과 인도하심을 깨닫게 되면 겸손히 내 생각을 바꿔서 하나님의 뜻에 맞는 기도를 드려야 합니다.

우리는 많은 기도를 합니다. 그러나 적지 않은 경우에 그 기도가 하나님의 뜻에 맞는지 확신하기 어렵습니다. 예를 들어, 대학에 진학하려는 학생이 어느 과에 지원해야 할지 어느 대학에 지원해야 할지 하나님의 인도하심을 어떻게 알 수 있겠습니까? 이런 경우에는 순수하게 하나님과 이웃을 사랑하는 마음으로 좋은 결과를 바라며 기도하면 됩니다. 이것은 동기가 옳으므로 좋은 기도입니다. 하나님께서 좋은 길로 인도해 주실 것입니다. 그러나 나의 출세와 욕심만을 위해 기도한다면 대입을 위해 기도하든 취업을 위해 기도하든 정욕으로 잘못 구하는 것이 됩니다.

그러므로 우리는 바른 동기를 가지고 최선의 판단 속에 원하는 것을 정하여 하나님께 간절히 기도하면 됩니다. 그러면 하나님께서 기쁘게 들어 주시고 가장 좋은 것으로 응답해 주십니다.

• 세상의 벗

바른 기도를 드리기 위해서는 정욕으로 쓰려고 잘못 구하지 말아야 합니다. 그러려면 무엇이 필요하겠습니까? 세상과 벗 되려고 하지 않는 자세가 필요합니다. 본문은 4절에서 이렇게 말합니다.

"간음한 여인들아 세상과 벗된 것이 하나님과 원수 됨을 알지 못하느냐 그런즉 누구든지 세상과 벗이 되고자 하는 자는 스스로 하나님과 원수 되는 것이니라."

세상과 벗이 되려고 하는 사람은 세상이 좋아하는 것을 얻으려고 합니다. 그런데 세상이 좋아하는 것은 인간의 정욕대로 사는 것입니다. 그래서 세상과 벗이 되려고 하는 사람은 정욕에 쓰려고 잘못 구합니다. 그러면 기도가 응답되지 않습니다. 기도가 응답되지 않으면 신앙생활에 힘이 없어지고 신앙도 무너지게 됩니다.

본문이 세상과 벗이 되는 것을 얼마나 강하게 꾸짖는지 보십시오. 4절은 "간음한 여인들아"라고 부릅니다. 이것은 여성도들에게 주시는 말씀이 아닙니다. 모든 신자들에게 주시는 말씀입니다. 본문은 모든 신자들을 간음한 여인이라고 부르는 것입니다. 신자들이 언제 간음한 여인이 됩니까? 하나님을 따르지 않고 세상을 따를 때 그렇게 됩니다. 왜냐하면 하나님의 신부된 성도들이 하나님을 따르지 않고 세상을 따르는 것이 영적 간음이기 때문입니다. 세상과 벗이 되는 것은 이렇게 무서운 악입니다.

그렇다면 세상과 벗이 되려고 하는 게 어떻게 하는 것입니까? 세상과 친해지려고 하는 것입니다. 이를 위해 가장 우선적으로 나타나는 모습은 세상에 잘 보이려고 하는 것입니다. 세상에 잘 보이려고 하는 데는 두 가지 모습이 있습니다.

첫째, 세상 사람들에게 잘 보이려고 하는 것입니다. 사람들에게 잘 보이려고 하면 하나님께 잘 보이려고 하기 어렵습니다. 왜냐하면 사람들은 외모를 보고 하나님께서는 중심을 보시기 때문입니다. 사람들에게 잘 보이려면 외모에 치중하게 됩니다. 그리고 남들과 겨루어 이겨야 인정을 받기 때문에 경쟁적이 됩니다. 이때 꼭 세속적인 출세를 위해서 경쟁적이 되는 것만 문제가 되는 것이 아닙니다. 하나님나라를 위해서 경쟁적이 되는 것도 똑같이 문제가 됩니다. 우리가 교회에서 선한 사역을 해도 사람들의 칭찬을 추구한다면 이것은 지금 세상에서 칭찬을 받으려는 것입니다. 세상의 벗이 되려는 것과 같습니다. 이것은 악한 모습입니다.

여러분, 이런 질문을 한 번 생각해 보십시오. "우리는 하나님의 칭찬을 받으려고 할 때와 사람의 칭찬을 받으려고 할 때 중 언제 더 이웃과 경쟁적이 됩니까?" 하나님의 칭찬을 바라는 사람은 이웃과 경쟁적이 되지 않습니다. 하나님께서는 우리의 마음을 보십니다. 업적을 보시지 않습니다. 승패의 결과도 보시지 않습니다. 그래서 하나님께 잘 보이기 위해 이웃에게 이길 필요는 전혀 없습니다. 더욱이 하나님께서는 다투는 것을 싫어하십니다. 그래서 더더욱 이웃과 경쟁적이 될 수 없습니다.

그러나 사람들은 외모만 보기 때문에 사람들의 칭찬을 받으려면 업적을 보여줘야 합니다. 특히 이웃에게 이기는 모습을 보여줘야 합니다. 그래서 경쟁적이 되는 것입니다. 이렇게 세상에서 칭찬을 받으려고 하면 시기와 다툼이 생깁니다. 그러면 세상적이요 정욕적이요 마귀적이 됩니다.

이것은 교회에서 사람들의 칭찬을 받으려고 할 때도 마찬가지입니다. 교회의 사람들도 외모를 보기 때문입니다. 우리가 세상에서나 교회에서나 사람들의 칭찬을 받으려고 하면 세상적이요 정욕적이요 마귀적이 될 수밖에 없습니다. 심지어 기도나 구제나 금식 같은 경건행위조차도 그것으로 사람들의 칭찬을 받으려고 하면 하나님이 기뻐하시는 행위가 되지 못합니다. 그래서 예수님도 마태복음 6장에서 우리가 사람에게 보이려고 기도나 구제나 금식을 하면 하나님의 칭찬을 받지 못한다고 가르쳐 주셨습니다.

둘째, 세속적인 관점에서 성공하려고 하는 것입니다. 하나님나라를 위한 좋은 일에 성공하는 것이 아니라 세상에서 부귀영화를 얻는 데 성공하려고 하는 것이 세상을 따르는 것입니다. 이런 삶은 동기도 하나님을 위한 것이 아니고, 외적인 모습도 세상의 쾌락과 방탕과 사치를 추구하는, 정말 잘못된 모습입니다. 이것은 참으로 타락한 모습이며 영적으로 간음한 모습입니다. 그런데도 세상 사람들은 오히려 이것을 더 원합니다. 이것이 세상에서는 더 성공적인 삶처럼 보이기 때문입니다.

그러나 이것이야말로 앞에서 말한 대로 비참한 삶입니다. 이런 것을 추구하는 사람은 하나님으로부터 얻을 수 없기 때문에 서로 다투고 시기하며 죽입니다. 그러나 그렇게 해도 원하는 것을 얻지 못합니다. 혹시 얻는다 해도 얼마 가지 못합니다. 그래서 늘 마음에 허무와 고통과 염려가 가득합니다. 정말 비참한 삶입니다.

아무쪼록 우리는 정욕을 위해 악한 마음으로 기도하지 말고, 다른 사람에게 이겨서 성공하려고 하지 말고, 오직 하나님께 기도하여 필요한 은혜를 풍성히 받기 바랍니다. 그리고 그 복으로 더 크게 하나님과 이웃을 섬기며 귀하고 보람된 삶을 살 수 있기 바랍니다.

16. 하나님의 열렬한 사랑

너희는 하나님이 우리 속에 거하게 하신 성령이 시기하기까지 사모한다 하신 말씀을 헛된 줄로 생각하느냐 그러나 더욱 큰 은혜를 주시나니 그러므로 일렀으되 하나님이 교만한 자를 물리치시고 겸손한 자에게 은혜를 주신다 하였느니라 그런즉 너희는 하나님께 복종할지어다 마귀를 대적하라 그리하면 너희를 피하리라 하나님을 가까이하라 그리하면 너희를 가까이하시리라 죄인들아 손을 깨끗이 하라 두 마음을 품은 자들아 마음을 성결하게 하라 슬퍼하며 애통하며 울지어다 너희 웃음을 애통으로, 너희 즐거움을 근심으로 바꿀지어다 주 앞에서 낮추라 그리하면 주께서 너희를 높이시리라(약 4:5-10).

• 하나님의 사랑

우리는 모두 하나님께서 우리를 극진히 사랑하신다는 것을 알고 있습니다. 그런데도 우리는 늘 하나님의 사랑을 더 많이 받고 싶어합니다. 그런데 여러분 하나님의 사랑을 듬뿍 받으면 어떤 일이 일어나는지 아십니까? 도대체 하나님의 사랑이란 무엇입니까?

이 세상에는 여러 가지 사랑이 있습니다. 하지만 그 어느 것도 하나님의 사랑과 비교할 수는 없습니다. 하나님의 사랑은 우리가 세상에서 경험하는 사랑과 전혀 차원이 다르기 때문입니다. 그래서 하나님의 사랑은 우리의 말로 설명할 수 없습니다. 그러나 달리 설명할 방법이 없기 때문에 우리의 말로 설명해야 합니다. 그러다 보니 우리가 경험한 것과 비교하며 설명할 수밖에 없습니다.

우리가 경험하는 세상의 사랑에는 어떤 것이 있습니까? 여러분은 사랑이라는 말을 들으면 어떤 사랑이 가장 먼저 머리에 떠오르십니까? 몇 가지 예를 들어 볼까요? 부모님이 자녀를 사랑하는 사랑, 남편이 아내를 사랑하는 사랑, 열애에 빠진 청년이 자기 연인을 사랑하는 사랑, 왕이 백성을 사랑하는 사랑, 목자가 양을 사랑하는 사랑, 탐욕에 가득한 사람이 돈을 사랑하는 사랑, 정치인이 권력을 사랑하는 사랑 등 이런 여러 가지 사랑 중에 하나님의 사랑을 조금이나마 보여주는 사랑이 있습니다. 그런 사랑은 하나님의 사랑과 닮은 점이 있기 때문입니다.

그렇다면 세상의 여러 가지 사랑 중에 어떤 사랑이 하나님의 사랑과 가장 비슷할까요? 우리가 하나님을 부를 때 뭐라고 가장 많이 부릅니까? '아버지'라고 부르지요. 왜 하나님을 아버지라고 부릅니까? 아버지의 모습이 그래도 하나님을 표현하는 데 가장 적합하기 때문입니다. 이것은 부모님의 사랑이 하나님의 사랑과 가장 비슷하다는 것을 의미합니다.

부모님이 자녀를 키우면서 겪는 가장 중요한 일이 무엇이겠습니까? 가장 염려하고 가장 기뻐하는 것이 자녀의 어떤 문제일까요? 아마 결혼일 것입니다. 결혼은 사람의 일생에서 가장 중요한 문제라고 해도 과언이 아닐 것입니다. 그러나 이렇게 중요한 자녀의 결혼이 부모님의 뜻대로 되는 경우가 별로 없습니다. 많은 부모님들이 자녀의 문제 중에 결혼만큼 마음대로 안 되는 일도 없다고 합니다. 그렇게 말을 잘 듣던 자녀들도 결혼 문제에 부딪치면 부모님의 말씀을 듣지 않기가 일쑤입니다. 그래서 부모님들이 반은 이해하고 반은 자포자기하며 하는 말이 있지요. "지들이 서로 좋아하면 됐지 뭐!"

하지만 아무리 자기들끼리 좋아해도 부모님이 도저히 그냥 두지 못할 때가 있습니다. 어떨 때입니까? 자기 자녀가 속아서 결혼하려고 할 때입니다. 그대로 결혼했다가는 틀림없이 인생을 망칠 것이라고 생각되면 부모님이 애타게 말립니다. 이렇게 필사적으로 결혼을 말릴 때는, 심지어 그 사람과 결혼하면 내 자식으로 치지 않겠다는 말까지 합니다. 이런 경우에 자녀는 어떻게 해야 합니까? 부모님과 연인 중에 한쪽을 선택해야 합니다.

부모님이 이런 식으로 나오는 모습은 마치 질투하는 것과 비슷합니다. 부모님이 자녀에게 저 사람과 결혼하면 내 자식이 아니라고 하며 결사적으로 결혼을 막는 것은 투기하는 모습과 비슷하지 않습니까? 그런데 정말 부모님이 질투하는 것입니까? 아닙니다. 다만 자녀를 사랑해서 자녀가 잘못되는 것을 막으려고 하는 것뿐입니다.

하나님의 사랑도 이와 비슷한 모습을 가지고 있습니다. 하나님도 우리가 해로운 것을 따라가려고 하면 이런 식으로 막으십니다. 마치 우리가 악한 사람과 결혼하는 것을 막는 부모님과 같습니다. 그러면 하나님께서는 우리를 누구와 결혼하지 못하게 하시고, 누구와 결혼하게 하실까요? 세상과 결혼하지 못하게 하시고 예수님과 결혼하게 하십니다.

하나님께서는 우리가 세상과 결혼해서 세상과 짝이 되면 세상적이요 마귀적이 된다는 것을 아십니다. 그렇게 되면 우리는 이웃과 싸우게 되고 그래도 아무것도 얻지 못하는 비참한 인생이 됩니다. 하나님께서는 이것을 모두 아시기 때문에 절대 우리를 그대로 두실 수 없습니다. 그래서 우리가 세상과 결혼하는 것을 강하게 막으시는 것입니다. 이 모습은 마치 하나님께서 우리가 세상과 결혼하는 것을 시기하는 것처럼 보입니다. 그래서 성경은 하나님께서 우리를 시기하기까지 사랑하신다고 가르쳐 주는 것입니다.

물론 시기하기까지 사랑하는 모습에는 우리가 하나님만 사랑하기를 원하시는 모습도 있습니다. 그러나 이 사랑도 결국은 우리를 유익한 길로 이끄는 사랑입니다. 그러므로 하나님께서 우리를 사랑하여 독점하시려는 모습이나 우리의 유익을 위해서 세상을 따르지 못하게 하시는 모습이나 비슷한 것입니다.

그런데 믿음이 약한 사람의 눈에는 자기가 세상을 따라가는 것을 하나님께서 방해하는 것이 마치 자기의 자유를 구속하는 것처럼 보입니다. 이것은 정말 시기심으로 다른 사람을 사랑하지 못하게 구속하는 것과 비슷합니다. 하지만 하나님께서 이렇게 하시는 것은 우리로 하여금 더 잘되게 하기 위해서입니다. 하나님께서는 시기하며 자유를 구속하지만 실제로는 더 큰 유익을 주십니다. 그래서 본문 6a절이 이렇게 가르쳐 주는 것입니다.

"그러나 더욱 큰 은혜를 주시나니."

언뜻 보면 하나님께서 시기심으로 우리를 속박하시는 것 같지만 사실은 우리가 세상을 따르면 해를 입게 되고 하나님을 따르면 큰 은혜를 입습니다. 특히 하나님께서는 우리가 시기심 때문에 속박당하는 것보다 훨씬 더 큰 은혜를 입혀 주십니다. 그래서 이런 하나님의 사랑을 본문은 이렇게 표현하는 것입니다. '하나님은 우리를 시기하기까지 사랑하시나 실은 더욱 큰 은혜를 주신다.'

따라서 하나님을 만나면 절대 손해를 입지 않습니다. 항상 유익만 얻습니다. 아무리 하나님께서 우리에게 제한을 가하셔도 하나님께서는 그런 제한과는 비교도 되지 않는 더 큰 은혜를 베풀어 주십니다. 아니, 제한 자체가 우리의 유익을 위한 사랑입니다. 그러므로 여러분, 세상과 벗이 되지 못하더라도 섭섭하게 생각하지 마십시오. 반드시 그보다 더 큰 은혜와 축복을 받게 될 것입니다. 마치 자녀가 지금 야비한 사람과 결혼하는 길이 막히면 오히려 더 좋은 배우자를 만나 더 행복한 가정을 이루게 되는 것과 같습니다.

• 겸손과 은혜

그런데 이런 은혜를 입으려면 한 가지 조건이 있습니다. 그것은 겸손입니다. 본문 6절은 이렇게 가르쳐 줍니다.

"그러나 더욱 큰 은혜를 주시나니 그러므로 일렀으되 하나님이 교만한 자를 물리치시고 겸손한 자에게 은혜를 주신다 하였느니라."

하나님께서 더 큰 은혜를 주시는데 겸손한 자가 그것을 받는다는 것입니다. 이 말씀에는 두 가지 의미가 있습니다.

첫째, 하나님께서는 당신을 믿고 의지하며 기도하는 자에게 은혜를 주신다는 것입니다. 하나님을 의지하는 것이 바로 겸손입니다. 믿음이야말로 하나님 앞에서의 겸손입니다. 그리고 하나님을 의지하지 않는 불신이야말로 하나님 앞에서의 교만입니다. 그러므로 당연히 교만한 자는 은혜를 받지 못하고 겸손한 자만 은혜를 받는 것입니다.

둘째, 하나님께서는 당신의 뜻대로 사는 자에게 은혜를 주신다는 것입니다. 생각해 보십시오. 하나님 앞에서 교만한 사람이 어떻게 행동하겠습니까? 자기 마음대로 행동하겠지요. 하나님을 무시하고 자기 욕심대로 행동하며 세상을 따를 것입니다. 마치 부모님의 말씀을 무시하고 자기가 제일 잘 아는 것처럼 함부로 행동하다가 야비한 사람에게 속아 결혼하는 자녀와 같습니다. 교만한 모습이지요. 이런 사람은 하나님의 은혜를 입지 못합니다. 그러나 하나님 앞에서 겸손한 사람은 하나님의 말씀에 순종합니다. 그러면 당연히 세상의 유혹을 거부합니다. 그래서 복을 받게 되는 것입니다.

우리는 보통 어떤 모습을 겸손하다고 하고 어떤 모습을 교만하다고 합니까? 대적하는 모습을 교만하다고 하고 순종하는 모습을 겸손하다고 하지요. 여기서 꼭 기억해야 할 것이 있습니다. 그것은 겸손과 교만은 누구에게 겸손하고 누구에게 교만한가 하는 것이 중요하다는 사실입니다. 예를 들어, 일병이 아군 장교에게 대들면 교만한 것입니다. 그러나 적군 장교에게 대드는 것도 교만한 것입니까? 아니지요. 오히려 적군에게는 대드는 것이 겸손한 것입니다.

왜냐하면 아군 상관의 명령을 따르는 것이기 때문입니다.

신앙생활도 마찬가지입니다. 우리가 세상에서 악을 따르라는 유혹을 받을 때는 순종하는 것이 겸손이 아니라 거부하는 것이 겸손입니다. 왜 그렇습니까? 그것이 바로 하나님의 말씀에 순종하는 것이기 때문입니다. 그래서 본문도 하나님께서 교만한 자를 물리치시고 겸손한 자에게 은혜를 주신다고 한 다음에 하나님께 순복하고 마귀를 대적하라고 가르쳐 주는 것입니다. 마귀에게는 대적하는 것이 겸손이고 하나님께는 순종하는 것이 겸손이기 때문입니다.

신앙생활에서 가장 중요한 모습 중의 하나가 겸손입니다. 사실 신앙 자체가 겸손입니다. 생각해 보십시오. 내가 부족해서 하나님의 은혜로 구원을 얻으려고 그리스도의 십자가를 의지하는 것이 믿음입니다. 그러니 믿음 자체가 얼마나 겸손한 것입니까? 믿음은 오직 하나님의 은혜로 구원을 얻는다고 믿는 것입니다. 자기의 것은 전혀 내세울 게 없습니다. 그래서 하나님을 믿는 사람은 사람들 앞에서도 겸손해집니다.

그러나 하나님과 사람 앞에서 겸손하다고 하여 세상 사람들의 악한 유혹에도 마냥 겸손하게 순종해서는 안 됩니다. 오히려 그런 악에는 말할 수 없이 용감하게 대적합니다. 자기 나라에 충성스러운 사람일수록 적에게는 용감하게 대적합니다. 우리는 겸손해야 하지만 우리의 겸손은 하나님께 순종하는 겸손이지, 세상에 순종하는 겸손이 아닙니다. 오히려 세상의 악에 대해서는 과감하게 반대하고 저항하는 용기가 참된 겸손입니다. 그것이 하나님을 철저히 의지하고 순종하는 모습이기 때문입니다.

• 마귀의 시험

우리가 하나님께 순종하고 세상을 대적하면 어떻게 됩니까? 여기서 세상은 세상적이요 정욕적이요 마귀적이라고 할 때의 세상을 의미합니다. 악한 세상이지요. 우리가 하나님께 순종하면 우리는 세상을 이길 수 있습니다. 세상의 모든 유혹과 박해를 이겨내고 믿음을 지키며 바른 신앙생활을 할 수 있습니다.

이것을 본문은 두 가지 모습으로 가르쳐 줍니다. 하나는 우리가 마귀를 대적하면 마귀가 도망간다는 것입니다. 그리고 다른 하나는 우리가 하나님을 가까이하면 하나님도 우리를 가까이해 주신다는 것입니다.

여러분, 우리가 어떻게 하면 세상에서 마귀의 유혹을 물리칠 수 있을까요? 대적하면 됩니다. 그래서 이런 말이 있습니다. "마귀를 무서워하지 말라. 마귀가 할 수 있는 것은 두려워하게 하는 것뿐이다."

마귀가 우리를 넘어뜨리는 무기가 몇 가지 있습니다. 그것은 씨 뿌리는 자의 비유에 잘 나와 있습니다. 좋은 씨가 땅에 떨어졌지만 어떻게 되면 열매를 맺지 못합니까? 길가에 떨어지면 열매를 맺지 못하지요. 이런 씨는 어떤 경우를 의미합니까? 사람이 하나님의 말씀을 들으나 마귀가 그 말씀을 받아들이지 못하게 하는 경우입니다. 하나님의 말씀을 무관심하게 듣고 넘어가게 만듦으로써 넘어뜨리는 것입니다. 말씀을 들을 때 다른 생각을 하게 만든다든지 말씀을 들어도 자기 생각과 다르다고 배척하게 만드는 것입니다. 전도해 보면 이런 사람을 많이 만날 수 있습니다.

돌밭에 떨어진 씨는 어떤 경우를 의미합니까? 처음에는 기쁘게 믿지만 환난이나 핍박이 오면 믿음을 포기하는 경우입니다. 마귀는 말씀대로 사는 사람에게 환난을 보냅니다. 그래서 두렵게 만들어 말씀대로 살지 못하게 하는 것입니다. 또 가시떨기에 떨어진 씨는 어떤 경우를 의미합니까? 말씀을 받았지만 세상의 염려와 재리의 유혹 때문에 말씀대로 살지 못하고 믿음을 포기하는 경우입니다. 이때 마귀는 하나님의 말씀대로 살면 돈도 못 벌고 망할 것 같다는 염려를 심어 줍니다. 혹은 돈을 벌려면 세상적인 방법으로 살아야 할 것 같다는 생각을 불어넣어 줍니다. 마귀는 이런 염려와 유혹으로 우리의 믿음을 넘어뜨리려 합니다.

마귀가 우리를 넘어뜨리는 방법 중에서 아주 중요한 방법이 바로 두렵게 만드는 것입니다. 정직하게 살면 돈을 제대로 벌 수 없고 자녀교육도 제대로 시킬 수 없을 것 같다는 염려를 불어넣습니다. 주일을 지키면 사회생활이 제대로 되지 않을 것 같다는 염려를 불어넣습니다.

이럴 때 우리는 어떻게 해야 합니까? 담대하게 마귀를 대적하고 과감하게 하나님의 말씀에 순종해야 합니다. 마귀는 실제로 우리를 해치지 못합니다. 다만 해칠 것같이 위협을 합니다. 그래서 우리가 두려움에 빠져 하나님의 뜻을 저버리면 진짜 해를 당하는 것입니다. 그러나 두려워하지 않고 하나님 말씀에 순종하면 아무런 해도 당하지 않습니다. 오히려 마귀의 유혹과 위협은 사라져버립니다.

이런 모습을 잘 보여주는 장면이 《천로역정》에 나옵니다. 《천로역정》은 한 신자가 세상을 떠나 천국을 향해 가는 여정을 우화적으로 그린 소설입니다. 《천로역정》 가운데 신자가 가는 길에 사자 두 마리가 길 양편에서 포효하는 곳이 있습니다. 얼마나 무섭게 덤벼드는지 모릅니다. 그런데 잘 보면 사자 두 마리가 다 쇠사슬에 매여 있습니다. 그러므로 사자가 아무리 으르렁대도 길 한복판까지는 공격할 수 없습니다. 신자가 그 한 가운데로 똑바로 가면 전혀 해를 당하지 않습니다. 사자는 단지 두렵게만 할 뿐입니다. 그러나 만일 한 사자를 보고 무서워서 다른 쪽으로 피하면 반대쪽에 있는 사자에게 해를 당합니다.

하나님의 섭리를 정말 잘 보여주는 장면입니다. 마귀는 우리를 직접 해치지 못합니다. 그냥 무섭게 해서 우리를 하나님께 순종하지 못하게 할 뿐입니다. 우리가 여기에 넘어가 하나님께 불순종하면 진짜 해를 당합니다.

우리가 구원의 길을 가는 또 다른 방법은 하나님께 가까이 가는 것입니다. 마귀는 우리가 대적하면 도망갑니다. 반면에 하나님께서는 우리가 가까이 가면 우리에게 가까이 오십니다. 이 말씀은 우리가 하나님께 한 걸음 다가가면 하나님과 우리 사이가 한 걸음만큼 가까워진다는 뜻이 아닙니다. 우리가 한 걸음 하나님께 가까이 가면 하나님께서는 두 걸음 우리에게 가까이 오신다는 뜻입니다. 아니, 두 걸음이 아니라 열 걸음이라도 오십니다. 우리에게 필요한 만큼 가까이 오십니다. 마귀는 우리가 대적하면 도망가버리고, 하나님께서는 우리가 순종하며 가까이 가면 성큼 다가오십니다. 그러므로 우리가 조금만 순종하면 하나님께서 우리에게 오셔서 큰 은혜를 베풀어 주십니다.

• 하나님을 가까이하는 방법

그러면 하나님을 가까이하는 방법이 무엇입니까? 손을 깨끗하게 하고 마음을 성결하게 하는 것입니다. 손을 깨끗하게 하는 것은 행위로 하나님께 순종하며 바르게 사는 것입니다. 곧 하나님을 가까이하려면 하나님을 의지하고 하나님 말씀에 순종해야 합니다.

하나님을 가까이하기 위해 우리가 많이 하는 것이 기도와 말씀 묵상입니다. 혹은 예배드리는 것입니다. 이것도 하나님을 가까이하기 위해 꼭 필요한 것입니다. 그러나 그 이상으로 중요한 것이 우리의 손을 깨끗하게 하는 것입니다. 하나님께 순종하며 바르게 사는 것이 하나님을 가까이하는 길입니다.

그리고 마음을 성결하게 해야 합니다. 마음이 성결하다는 것은 두 마음을 품지 않고 지조 있게 한마음을 품는 것입니다. 이것은 앞에서 세상의 정욕을 따르는 사람을 '간음한 여인들'이라고 표현한 것과 잘 맞습니다. 또한 하나님께서 시기하기까지 사랑하신다는 말씀과도 잘 통합니다. 한 여인이 두 남자에게 마음을 준다면 그것은 성결한 마음이 아닙니다. 이와 같이 우리가 세상과 벗하려는 마음도 가지고 하나님을 섬기며 하나님의 축복을 받으려는 마음도 가진다면 우리 마음은 성결하지 못합니다. 마음을 성결하게 하라는 것은 온 마음을 다해 오직 하나님을 사랑하고 섬기라는 뜻입니다.

만일 우리가 세상과 짝하여 우리 정욕대로 살지 않고 하나님을 섬기며 순종하는 삶을 살고 있다면 정말 고마운 일입니다. 정말 칭찬받을 일입니다. 그러나 만일 우리에게 그렇지 못한 모습이 있다면 고쳐야 합니다. 언제까지 차일피일 미루면서 고치지 않고, 외형은 신자인데 내면은 신자답지 못하게 살겠습니까? 사실 우리에게는 신자다운 모습도 있겠지만 동시에 세상과 벗하는 모습도 있을 것입니다. 그렇다면 오늘 본문을 생각하며 그런 모습을 고치고 신앙이 성장할 수 있기를 바랍니다.

세상적인 모습을 고치려면 어떻게 해야 하겠습니까? 세상을 따르던 것을 마음 아파해야 합니다. 그리고 그런 모습을 버려야 합니다. 그리고 하나님께 순종하겠다고 결단해야 합니다. 이것이 하나님 앞에서 자기를 낮추는 참된 겸손입니다. 이렇게 하면 어떻게 됩니까? 하나님께서 높여주십니다. 하나님의 사랑과 은혜를 받게 되고 세상에서 존귀한 사람이 되는 것입니다.

재미있지 않습니까? 우리는 세상에서 존귀해지기 위해 세상과 친해지려고 합니다. 그러나 그것으로는 아무것도 얻지 못합니다. 오히려 세상을 따르지 않고 하나님을 따를 때 세상에서도 존귀한 사람이 되는 것입니다. 수단방법을 가리지 않고 애를 쓰며 싸워도 원하는 것을 얻지 못하고, 오히려 하나님께 순종하며 기도해야 얻을 수 있는 것과 같습니다. 이것은 하나님의 자녀인 우리에게 더욱 그렇습니다. 하나님께서 우리를 사랑하시며 간섭하시기 때문입니다. 세상 사람들은 혹시 일시적으로나마 세상적인 방법으로 성공할지 몰라도 하나님의 자녀는 그렇게 안 됩니다. 하나님께서 시기하기까지 사랑하시며 세상과 짝하지 못하게 만드시기 때문입니다.

하나님께서는 우리를 열렬히 사랑하십니다. 그래서 우리가 세상과 짝하며 세상을 따르도록 내버려두지 않으십니다. 마치 사랑하는 자녀가 비열한 사기꾼에게 속아 결혼하려고 하는 것을 막는 것과 같습니다. 그러나 하나님께서 이렇게 막기만 하시는 것이 아니라 놀라운 사랑으로 돌보아 주십니다. 우리 모두가 마귀를 단호히 대적하고 겸손히 하나님께 순종하여 하나님의 크신 사랑과 축복 속에 존귀한 삶을 살 수 있기 바랍니다.

17. 이웃을 비방하지 마십시오

형제들아 서로 비방하지 말라 형제를 비방하는 자나 형제를 판단하는 자는 곧 율법을 비방하고 율법을 판단하는 것이라 네가 만일 율법을 판단하면 율법의 준행자가 아니요 재판관이로다 입법자와 재판관은 오직 한 분이시니 능히 구원하기도 하시며 멸하기도 하시느니라 너는 누구이기에 이웃을 판단하느냐(약 4:11-12).

• 죄와 죄인

여러분 혹시 이런 표어를 보신 적이 있습니까? "죄는 미워하되 사람은 미워하지 말라." 어떻습니까? 좋은 표어지요. 인간적으로 볼 때도 공감이 되지만 성경의 가르침에 비춰 봐도 옳은 말입니다. 하나님께서 죄를 미워하십니까? 그렇습니다. 그러나 하나님께서 죄인을 미워하십니까? 아닙니다. 하나님께서는 죄인을 사랑하십니다. 그래서 죄인을 구원하시려고 독생자 예수님을 보내신 것입니다.

분명히 하나님께서는 죄를 싫어하십니다. 그래서 없애버리려고 하십니다. 결국 하나님나라가 완성되면 죄는 세상에서 사라질 것입니다. 하지만 죄인은 다릅니다. 죄인도 예수님만 믿으면 파멸되지 않고 하나님나라에서 영생을 누리게 됩니다.

그런데 이 표어를 좀더 기독교적으로 바꾸면 어떻게 될까요? 특히 야고보서 4장 1-12절 말씀에 비춰서 표현하면 어떻게 될까요? 야고보서 4장 7절은 우리에게 누구를 대적하라고 합니까? 마귀를 대적하라고 하지요. 그렇다면 표어를 이렇게 바꿀 수 있지 않을까요?

"마귀는 미워하되 죄인은 미워하지 말라."

앞 장에서 우리는 마귀를 대적하는 것이 얼마나 중요한지 살펴봤습니다. 그러면서 마귀에 대해서는 고분고분한 게 아니라 과격하고 뻣뻣하게 대적하는 것이 오히려 겸손한 것이라고 했습니다. 왜냐하면 그것이 하나님께 순종하는 자세이기 때문입니다.

그런데 이렇게 마귀를 대적하다보면 한 가지 실수를 범할 위험이 있습니다. 그것은 마귀만 대적하는 것이 아니라 마귀에게 속아 악을 행하는 사람까지 대적할 위험이 있다는 것입니다. 물론 우리가 마귀를 대적하기 위해서는 마귀의 도구가 된 사람을 대적해야 할 때도 많습니다. 그러나 그렇다고 해서 마귀를 대하듯이 그 사람을 대해서는 안 됩니다. 아무리 그가 악한 짓을 했더라도 말입니다. 왜냐하면 그 사람은 회개하여 구원받을 가능성이 있고 또한 하나님께서 그것을 원하시기 때문입니다.

이런 모습에 대해서는 고영근 목사님이 좋은 모범을 보여줍니다. 고 목사님은 박정희 전 대통령의 독재를 많이 꾸짖었습니다. 설교나 강연을 통해 박 전 대통령을 비판했습니다. 속히 독재를 중단하라고 촉구했습니다. 그러다가 감옥에 들어가게 되었습니다. 그런데 그분은 그곳에서 박 전 대통령을 위해 금식기도를 했습니다. 박 전 대통령이 속히 회개하여 독재를 그치고 억압하던 사람들을 풀어 주며 악에서 떠나 선한 사람이 되게 해 달라고 기도한 것입니다. 이것은 마귀에게는 항거하지만 죄인은 사랑하는 대표적인 모습이라고 볼 수 있습니다.

• 형제 비방

본문 말씀도 이런 모습을 보여줍니다. 야고보서는 4장 7절에서 마귀를 대적하라고 했습니다. 그러나 본문에서는 형제를 비방하지 말라고 합니다. 여기서 비방은 그 사람이 잘되기를 바라며 잘못을 꾸짖는 것이 아닙니다. 비방은 적대시하며 말하는 것입니다. 심판하고 정죄하며 비난하는 것입니다.

형제를 비방하지 말라는 말씀은 형제가 악한 일을 하지 않았을 때만 해당되는 걸까요? 악한 일을 했을 때는 비방해도 된다는 뜻일까요? 아닙니다. 악한 일을 했을 때도 비방하지 말라는 뜻입니다. 왜 그렇습니까? 악한 일을 한 사람을 하나님께서 용서하셨을지도 모르기 때문입니다. 그뿐이 아닙니다. 사람을 심판하고 정죄하는 것은 사람이 할 일이 아니라 하나님께서 하실 일이기 때문입니다. 그래서 비록 잘못을 저지른 사람이라고 해도 내가 심판자가 되어 정죄하고 비방해서는 안 됩니다. 결국 야고보서 4장이 가르쳐 주는 것은, 마귀는 대적하되 죄 지은 형제에게는 마귀 대하듯이 대적하지 말라는 것입니다.

물론 그 사람의 악을 막기 위해 그를 반대해야 할 때도 있습니다. 그에게 저항해야 할 때도 있습니다. 그러나 그를 적대시하는 마음으로 비방해서는 안 됩니다. 부모님이 자녀의 의견에 반대할 때도 있고 꾸짖을 때도 있지만 그렇다고 자녀를 적대시합니까? 아닙니다. 사랑하지요. 사랑하기 때문에 잘 되게 하려고 반대하는 것입니다.

본문은 사랑으로 이웃을 반대하거나 꾸짖는 것을 하지 말라는 뜻이 아닙니다. 적대시하고 정죄하며 비방하는 것을 하지 말라는 뜻입니다. 왜 그렇습니까? 하나님께서는 그를 적대시하지 않으시고 오히려 언제든지 받아들이실 준비가 되어 있기 때문입니다. 어쩌면 이미 용서하셨는지도 모르기 때문입니다. 우리는 그의 잘못을 생각하며 비방하지만 그는 이미 회개했고 하나님의 용서를 받았을지도 모릅니다. 하나님께서 그를 이렇게 대하시는데 우리가 그를 대적하고 비방하면 우리는 하나님의 대적자가 되고 맙니다.

다윗의 생애를 보면 이런 사건이 나옵니다. 사울을 따르던 군대장관 아브넬이 다윗에게 항복하러 옵니다. 다윗은 아브넬의 항복을 받아주기로 하고 평안히 돌려보냅니다. 그러나 다윗의 군대장관 요압이 몰래 뒤쫓아가서 아브넬을 죽입니다. 다윗이 용서해 준 사람을 요압이 죽인 것입니다. 그래서 어떻게 됩니까? 다윗은 요압이 워낙 세력이 강해서 벌하지 못합니다. 그러나 다윗은 죽을 때 솔로몬에게 결코 요압을 평안히 죽게 하지 말라고 유언합니다. 결국 요압은 비참하게 죽습니다. 요압은 왕이 용서한 사람을 자기 마음대로 심판하고 죽였기 때문에 이렇게 무서운 벌을 받은 것입니다.

그렇다면 하나님께서 용서하신 사람을 우리가 마음대로 심판하고 정죄한다면 얼마나 무서운 벌을 받겠습니까? 이웃을 비방하는 것은 이렇게 무서운 죄인 것입니다.

더욱이 사람을 심판하실 분은 오직 하나님이십니다. 그런데도 우리가 남을 심판하면 우리는 하나님의 자리를 찬탈하는 자가 됩니다. 그리고 율법이 판단의 기준입니다. 그런데 우리 마음대로 판단하면 우리는 율법 위에 있는 자가 되고 율법의 판단자가 됩니다. 율법이 심판하지 않는데 우리가 심판하면 우리는 율법이 잘못되었다고 말하는 것과 같지 않습니까. 그래서 본문은 이웃을 비방하고 판단하는 자는 '율법을 비방하고 판단하는 자' 라고 합니다. 율법을 만드시고 사람을 심판하시는 분은 오직 하나님이십니다. 그런데 우리가 어떻게 감히 이웃을 판단합니까? 그것은 하나님의 자리를 뺏으려는 것과 같습니다. 얼마나 무엄한 일입니까?

우리는 절대 이웃의 심판자가 되면 안 됩니다. 이를 위해 주의해야 할 것들이 몇 가지 있습니다. 첫째, 우리는 그 사람의 상황을 알지 못하기 때문에 심판할 수 없다는 것을 늘 기억해야 합니다. 예수님은 산상설교에서 내 눈에 있는 들보를 먼저 빼어야 이웃의 눈에 있는 티를 밝히 보고 그것을 뺄 수 있다고 하셨습니다. 우리는 너무나 무지하고 또한 편견에 사로잡혀 있어서 이웃의 문제를 제대로 파악할 수 없습니다. 따라서 우리 눈에 보이는 대로 심판하면 잘못된 판단을 할 위험이 큽니다. 그래서 우리는 이웃을 심판하고 비방하면 안 되는 것입니다.

우리는 이웃의 상황에 처해 본 적도 없으면서 이웃을 비방하지 않도록 유의해야 합니다. 오래 전에 '모래시계' 라는 드라마가 방영되었습니다. 거기에 보면 반독재운동을 하던 여대생이 기관에 잡혀가서 고문을 당한 끝에 동료의 이름을 말하는 내용이 나옵니다. 여대생이 풀려나오자 많은 학생들이 그를 따돌립니다. 이것은 옳지 않습니다. 아무리 여대생이 동료의 이름을 말한 것이 잘못이라고 해도 우리가 똑같은 고문을 견뎌내고 비밀을 지킨 경험이 없다면 우리는 그 여대생을 비방할 자격이 없는 것입니다.

심지어 우리가 같은 고문을 견뎌냈다고 해도 이웃을 재판할 권리를 얻는 것은 아닙니다. 우리가 의롭다고 우리보다 덜 의로운 사람을 재판할 권리가 있는 것은 아닙니다. 여전히 재판자는 하나님 뿐이십니다. 우리가 이것을 분명히 알면 이웃을 비방하지 않게 될 것입니다.

혹은 남의 입장이 되어 보는 자세를 가진다면 비방을 덜할 것입니다. 더욱이 예수님의 말씀처럼 정말 자기 눈에서 들보를 꺼낸 사람이라면 얼마나 겸손해지겠습니까? 이런 사람이 자기 눈의 들보를 뺐다고 이제는 남의 눈에서 티를 빼려고 설치겠습니까? 우리가 자신의 부족함을 알고 또한 이웃의 형편을 이해하면 비방을 줄일 수 있습니다.

둘째, 사랑과 정의를 잘 이해해야 합니다. 왜냐하면 우리는 정의라는 이름으로 이웃을 정죄하거나 비방하는 경향이 있기 때문입니다. 혹은 사랑이라는 이름으로 정의를 포기하고 남이 무슨 짓을 해도 그냥 넘어가는 경향이 있기 때문입니다. 사랑과 정의는 그렇게 상반되는 개념이 아닙니다. 정의는 사랑에서 나오고, 사랑은 정의를 지키는 것입니다. 사랑 없이 원칙만 지키는 것은 정의가 아닙니다. 사랑이라는 미명 하에 함부로 원칙을 어기는 것도 정의가 아닙니다.

　예를 들어, 차를 운행할 때는 규정 속도를 지키는 게 정의입니다. 서로 약속한 것을 지키는 것이기 때문입니다. 그러나 규정 속도를 지키는 것은 동시에 사랑이기도 합니다. 그렇게 해야 많은 사람이 해를 당하지 않고 평화롭게 살 수 있기 때문입니다. 그런데 사람의 목숨이 경각에 이른 화급한 일을 당하면 어떻습니까? 그럴 때는 과속하는 것이 정의입니다. 반대로 차가 낡아서 시속 100킬로미터를 넘게 달리면 위험한 경우에는 아무리 법으로 시속 110킬로미터까지 달릴 수 있다고 해도 110킬로미터로 달리는 것은 정의가 아닙니다. 이것은 위험한 운행이고 사랑이 없는 운행이기 때문입니다. 사랑이 없으면 아무리 법을 지켜도 정의가 아닌 것입니다.

　어떤 사람의 행동을 볼 때, 그 행동이 그 자신과 이웃에게 유익한 것인지 해로운 것인지 판단하여 해로우면 말리는 것이 사랑이며 정의입니다. 이를 위해서 우리는 판단도 할 수 있고 꾸중도 할 수 있습니다. 그러나 이것은 대적하여 비방하는 것이 아니라 사랑하여 충고하는 것입니다. 이것은 해야 합니다. 그러나 내 마음에 들지 않는다고 비방하는 것은 사랑에서 나온 것이 아니기 때문에 정의가 아닙니다. 이것은 피해야 합니다.

　특히, 오늘 본문 말씀은 말에 대한 교훈입니다. 형제를 비방하지 말라는 것은 무엇보다 말로 비방하지 말라는 뜻입니다. 이것을 바로 앞에서 가르쳐 준 말씀과 연결해 보면 다음과 같은 교훈이 됩니다.

　앞에서는 마귀를 대적하고 하나님을 가까이하기 위해 무엇을 하라고 했습니까? 손을 깨끗이 하고 마음을 성결케 하라고 했습니다. 손을 깨끗이 하라는 것은 행동을 바르게 하라는 뜻입니다. 마음을 성결케 하라는 것은 두 마음을 품지 말고 하나님을 사랑하며 섬기라는 뜻입니다. 따라서 이것은 행동과 마음에 대한 교훈입니다. 그리고 오늘 본문에서는 형제를 비방하는 말을 하지 말라고 합니다. 이것은 말에 대한 교훈입니다. 이웃을 해치는 말을 하지 않는 것이 마귀를 대적하고 하나님을 가까이하는 길입니다.

정말 그렇습니다. 생각해 보십시오. 형제를 비방하면 어떻게 됩니까? 자기가 형제의 심판자가 되어 진정한 심판자이신 하나님의 자리를 찬탈하는 것이 됩니다. 이것은 하나님의 대적자가 되는 것입니다. 하나님의 대적자가 되면 저절로 마귀의 동역자가 됩니다. 마귀가 하나님의 대적자이기 때문입니다. 우리가 이웃을 비방하면 결국 마귀를 가까이하고 하나님을 대적하게 되는 것입니다. 그래서 마귀를 대적하고 하나님을 가까이하려면 이웃을 비방하지 말아야 하는 것입니다.

• **교만과 비방**

하나님께서는 누구를 물리치시고 누구에게 은혜를 주십니까? 교만한 자를 물리치시고 겸손한 자에게 은혜를 주시지요. 그런데 형제를 심판하고 정죄하는 사람은 어떤 사람입니까? 하나님의 자리를 차지하려고 하는 교만한 사람이고, 하나님께서 주신 율법을 심판하는 교만한 사람입니다. 그래서 본문이 이런 사람에게 뭐라고 합니까? "너는 누구이기에 이웃을 판단하느냐" 무슨 뜻입니까? "너는 그럴 자격도 없으면서 이웃을 판단하니 정말 교만한 사람이

다" 하는 뜻이지요. 이렇게 이웃을 비방하는 말을 하는 사람은 교만한 사람이기 때문에 은혜를 받을 수 없는 것입니다.

이것을 잘 보여주는 사건이 미리암의 사건입니다. 미리암은 자기 동생인 모세가 구스 여인을 취했다고 모세를 비방했습니다. 이때 미리암의 태도를 보십시오. 미리암은 모세가 너무 자기 마음대로 한다고 생각했습니다. 그래서 '하나님이 저만 만나셨나? 나도 만나셨는데 왜 자기 마음대로 하는 거야' 하는 식으로 모세를 비방했습니다. 그러다가 어떻게 되었습니까? 하나님의 벌을 받아 한센병에 걸렸습니다. 한 주일 동안 비천한 처지가 되어 큰 고통을 받은 후에 회복되었습니다. 그것도 모세가 중보기도를 드려서 회복되었습니다. 이때 하나님께서 미리암에게 뭐라고 하셨습니까? "모세는 내가 특별히 쓰는 종인데 네가 감히 비방하느냐"라고 하셨습니다. 모세를 교만하다고 비난하는 순간 미리암이야말로 하나님 앞에서 교만한 사람이 되어 무서운 징계를 받은 것입니다.

그런데 오늘 본문에서 우리가 꼭 알아야 할 것은 모세 같은 특별한 종을 비방하는 것만 교만이 아니라는 것입니다. 어떤 이웃을 비방해도 교만입니다. 교만한 사람은 하나님께서 물리치시므로 우리는 어떤 사람을 비방해도 큰 해를 당하게 됩니다.

비방의 말은 이렇게 말하는 사람에게 큰 해를 끼칩니다. 그러나 말하는 사람에게만 해를 끼치는 것이 아닙니다. 또 누구에게 해를 끼칠까요? 비방하는 말을 듣는 사람에게도 끼칩니다. 비방하는 말을 들으면 비방을 받는 사람에 대해 나쁜 생각을 하게 됩니다. 그 사람은 나에게 아무 해도 끼치지 않았습니다. 더욱이 그 사람이 억울하게 비방을 받는지도 모릅니다. 그런데 괜히 그 사람을 미워하고 비하하게 되는 것입니다. 악한 사람을 미워해도 죄가 되는데 악하지 않을지도 모르는 사람을 미워한다면 얼마나 큰 죄가 되겠습니까?

여러분은 사람들이 누구를 비난하는 말을 들어도 결코 그런 말에 영향을 받지 않을 것 같습니까? 아닙니다. 그것은 거의 불가능합니다. 물론 처음에 한마디 들었을 때는 대수롭지 않게 생각할 수도 있습니다. 그러나 중요한 것은 사람에 대한 인상이 축적된다는 사실입니다. 사람에 대한 이미지는 계속 쌓입니다. 그래서 한 번 들었을 때는 큰 영향을 받지 않아도 자꾸 들으면 영향을 받게 됩니다. 나중에는 확신이 생기게 됩니다. 여러분 쌓이는 게 얼마나 무서운지 아시지요. 티끌도 쌓이면 태산이 됩니다. 그래서 비난은 아무리 작은 것이라도 하지도 말아야 하고 듣지도 말아야 하는 것입니다.

어느 교회에서 한 부서를 맡은 집사님이 담임목사님과 의견 충돌이 생겼습니다. 이 집사님은 화가 나서 자기가 지도하는 부서의 교인들을 만날 때마다 목사님을 비난했습니다. 그래서 어떤 결과가 생겼는지 아십니까? 그 집사님이 집요하게 목사님을 비난하는 말을 들은 교인들 중에 교회에 환멸을 느끼는 분이 생겼습니다. 목사님에 대한 이미지도 나빠졌고 교회에 가서 집사님의 비방을 듣는 것도 지겨웠습니다. 그래서 결국 교회를 떠나버리고 말았습니다.

그리고 비방의 말은 비방 받는 사람을 해칩니다. 사람들로부터 비방을 받기 시작하면 나쁜 사람이라는 이미지를 얻게 됩니다. 그러면 어떻게 됩니까? 소위 '왕따' 라고 불리는 따돌림을 당하게 됩니다. 이것은 사람 대우를 하지 않는 것이고 인격적인 살인이 됩니다. 그래서 예수님께서 산상설교에서 이렇게 말씀하셨습니다.

"옛사람에게 말한 바 살인하지 말라 누구든지 살인하면 심판을 받게 되리라 하였다는 것을 너희가 들었으나 나는 너희에게 이르노니 형제에게 노하는 자마다 심판을 받게 되고 형제를 대하여 라가라 하는 자는 공회에 잡혀가게 되고 미련한 놈이라 하는 자는 지옥 불에 들어가게 되리라"(마 5:21-22).

여기서 '라가'라는 말도 욕하는 말이고 '미련한 놈'이라는 말도 욕하는 말입니다. 예수님은 이웃을 말로 비방하는 것을 살인과 같다고 가르쳐 주신 것입니다.

이렇게 이웃을 비방하는 것은 비방하는 사람과 그 말을 듣는 사람과 비방의 대상이 되는 사람 모두를 해치는 무서운 죄입니다. 그 죄는 하나님을 대적하는 죄이고 사람을 죽이는 죄입니다. 얼마나 해로운 죄입니까? 그래서 주님이 금하시는 것입니다.

그런데 누가 이웃을 정죄하는 말을 많이 합니까? 일을 잘한 사람일까요, 잘못한 사람일까요? 악을 행한 사람일까요, 선을 행한 사람일까요? 생각해 보십시오. 남을 비방하는 사람은 교만한 사람입니까, 겸손한 사람입니까? 교만한 사람이지요. 그래서 일을 잘한 사람이 남을 비방하기 쉽습니다. 선을 행한 사람이 남을 비방하기 쉽습니다. 대체로 사람은 일말의 양심이 있어서 자기가 똑같은 잘못을 저지르면 남의 잘못을 신랄하게 비난하지 못합니다. 자기가 잘하고 남이 잘못했을 때 비방하기 쉬운 것입니다.

참으로 무서운 말이지만, 우리는 내가 잘할 때 남을 비방하지 않도록 조심해야 합니다. 내가 신앙생활을 잘할 때 더욱 말에 조심해야 합니다. 더 무섭게 말하면 하나님의 은혜와 복을 받았을 때 더욱 조심해야 하는 것입니다. 우리가 축복을 받고 교만해져서 남을 비방하면 그 축복이 오히려 우리에게 해가 됩니다.

이웃을 비방하지 말라는 말씀은 여러 가지 교훈을 포함하고 있습니다. 첫째, 하나님을 사랑하라는 교훈입니다. 하나님을 사랑하면 하나님의 심판권을 찬탈하려고 하지 않을 것입니다. 그래서 이웃을 심판하거나 정죄할 수 없습니다. 둘째, 이웃을 사랑하라는 교훈입니다. 이웃의 유익을 구하는 사람은 이웃을 비방할 수 없습니다. 이웃을 비방하면 그 말을 듣는 사람도 해치고 비방 받는 사람도 해치기 때문입니다. 셋째, 교만하지 말고 겸손하라는 교훈입니다. 교만한 사람은 이웃을 비방하지만 겸손한 사람은 이웃을 비방하지 않습니다. 넷째, 말을 조심하라는 교훈입니다. 교만과 증오가 마음에 있는 것도 문제지만 그것이 말로 표현되면 걷잡을 수 없이 큰 해가 발생합니다. 마음에만 있던 것은 시간이 지나면서 해소되면 별 문제가 생기지 않습니다. 그러나 그것이 말로 표현되면 많은 사람에게 큰 해를 끼치게 됩니다.

반면에 심판과 정죄는 하나님의 특권이라는 것을 기억하고, 이웃을 비방하지 않고 사랑으로 도우면 하나님의 영광을 드러내게 됩니다. 그리고 이웃도 비천해지지 않게 됩니다. 더욱이 우리가 이렇게 살면 하나님께서 우리에게 복을 내려 주십니다. 우리 모두가 사랑과 겸손으로 이웃을 비방하지 않고 최선을 다해 도울 수 있기 바랍니다. 그래서 하나님을 영화롭게 하고 이웃을 존귀하게 만들어 주며 우리 자신도 은혜와 복을 풍성히 누리게 되기 바랍니다.

18. 큰소리 치지 마십시오

들으라 너희 중에 말하기를 오늘이나 내일이나 우리가 어떤 도시에 가서 거기서 일 년을 머물며 장사하여 이익을 보리라 하는 자들아 내일 일을 너희가 알지 못하는도다 너희 생명이 무엇이냐 너희는 잠깐 보이다가 없어지는 안개니라 너희가 도리어 말하기를 주의 뜻이면 우리가 살기도 하고 이것이나 저것을 하리라 할 것이거늘 이제도 너희가 허탄한 자랑을 하니 그러한 자랑은 다 악한 것이라 그러므로 사람이 선을 행할 줄 알고도 행하지 아니하면 죄니라(약 4:13-17).

• 점과 무당

여러분, 혹시 점을 쳐 본 적이 있습니까? 없으면 더 좋겠지만 있어도 상관없습니다. 이 말씀은 점을 쳐도 괜찮다는 뜻이 아니라 과거에 점을 친 것은 별 문제가 아니라는 뜻입니다. 하나님께서는 과거의 죄에 연연해하는 분이 아니시기 때문입니다. 하나님께서는 지금의 우리 마음과 삶에 관심이 있으십니다. 그래서 전에 그런 일을 해본 적이 있는 것은 큰 문제가 아닙니다.

하지만 지금도 점을 쳐보고 싶거나 가끔 점을 친다면 문제입니다. 성경을 보면 무당이나 점쟁이를 어떻게 하라고 하는지 아십니까? 출애굽기 22장 18절에는 이렇게 기록되어 있습니다.

"너는 무당을 살려두지 말라."

또 신명기 18장 10-11절은 이렇게 가르쳐 줍니다.

"그의 아들이나 딸을 불 가운데로 지나게 하는 자나 점쟁이나 길흉을 말하는 자나 요술하는 자나 무당이나 진언자나 신접자나 박수나 초혼자를 너희 가운데에 용납하지 말라."

이렇게 하나님께서는 무당이나 점쟁이를 지극히 싫어하십니다. 왜 그렇겠습니까?

하나님께서 무당을 싫어하시는 이유는 크게 두 가지입니다. 첫째, 하나님 아닌 다른 신을 의지하기 때문입니다. 세상에는 두 가지 영적 존재가 있습니다. 하나는 하나님과 하나님을 섬기는 천사들이고, 다른 하나는 하나님을 대적하는 마귀와 그 졸개들입니다. 그런데 무당은 하나님이나 하나님의 심부름을 하는 천사의 도움을 받는 것이 아니라 마귀나 귀신의 도움을 받습니다. 그래서 무당을 찾거나 점을 치는 것은 하나님을 버리고 다른 신을 섬기는 것과 같습니다. 그러니 하나님께서 얼마나 싫어하시겠습니까?

둘째, 무당이 함부로 인간의 길흉을 말하기 때문입니다. 신명기 18장에서 하나님께서 없애버리라고 하는 사람들을 보십시오. 점쟁이, 길흉을 말하는 자, 요술하는 자, 무당, 진언자(주문이나 주술로 어떤 힘을 발휘하려고 하는 자), 신접자, 박수, 초혼자 등입니다. 이 사람들이 다 인간의 길흉을 말해 주지 않습니까? 심지어 흉한 일을 피하게 해준다고 말하지 않습니까? 하나님께서는 이런 것도 몹시 싫어하십니다. 왜 그런지 짐작이 될 것입니다. 실제로 인간의 길흉을 결정하는 분이 누구십니까? 하나님이십니다. 그런데 하나님의 뜻도 모르는 사람이 함부로 인간의 길흉을 말하면 하나님께서는 얼마나 불쾌하시겠습니까? 사람의 생사화복을 결정하는 분은 하나님이므로 무당이 사람의 생사화복을 바꿔 주겠다고 말하는 것은 하나님을 무시하는 교만한 행동입니다.

낮은 사람이 높은 사람의 권한을 침범하는 것은 교만입니다. 그 침범이 심각하면 무서운 벌을 받습니다. 옛날에는 왕의 권한을 침범하면 반역죄로 사형을 당했습니다. 하물며 창조주의 권한을 침범하면 어떻게 되겠습니까? 그런데 무당이 하는 짓이 바로 창조주의 권한을 침범하려고 하는 교만입니다. 그래서 하나님께서 무당을 사형에 처하라고 하시는 것입니다.

그런데 무당이 이런 일을 할 때 어떤 방법으로 합니까? 어떻게 길흉을 사람들에게 전해 줍니까? 말로 합니다. 그래서 무당은 크게 세 가지 문제를 안고 있습니다. 첫째, 다른 신을 섬기는 것이고, 둘째, 하나님 앞에서 교만한 것이고, 셋째, 그런 교만을 말로 표현하는 것입니다.

• 장사꾼의 교만

지금까지 무당의 문제점을 살펴봤는데, 이것이 본문과 어떤 연관성이 있는지 아시겠습니까? 본문을 보십시오. 처음에 "들으라"라는 말로 시작합니다. 이것은 결코 가벼운 표현이 아닙니다. 무서운 경고를 하겠다는 표현입니다. 그러니까 그다음에 나오는 내용은 심각한 죄여야 합니다.

그런데 그다음에 나오는 내용이 심각한 죄입니까? 장사하는 사람이 1년 동안 어떤 곳에 가서 장사를 하며 이익을 남기겠다고 계획을 세우는 것이 큰 잘못입니까? 장사 계획을 세우는 것 자체는 잘못이 아닙니다. 그렇다면 무엇이 문제입니까?

본문에서 장사꾼의 문제점은 크게 세 가지입니다. 첫째, 자기의 계획대로 될 것이라고 생각하는 교만입니다. 계획이 성취될지 안 될지는 하나님께서 결정하시는 것입니다. 그러므로 사람이 계획을 세우고 자기의 계획이 성취될 것이라고 자신 있게 말하는 것은 교만입니다. 본문은 이것을 허탄한 자랑이라는 표현으로 잘 보여주고 있습니다. 허탄한 자랑은 자기 힘으로 할 수 없는 것을 자랑하는 모습입니다. 장사꾼이 자기 계획대로 될 것이라고 큰소리치는 것은 자기가 할 수 없는 일을 할 수 있다고 말하는 것과 같습니다. 이게 허탄한 자랑입니다. 이것은 마치 자기가 하나님이나 된 것처럼 말하는 교만입니다.

이런 교만이 문제이기 때문에 본문은 이들에게 다음과 같은 말씀을 줍니다.

"내일 일을 너희가 알지 못하는도다 너희 생명이 무엇이냐 너희는 잠깐 보이다가 없어지는 안개니라"(약 4:14).

이것은 자기의 성공을 자신하고 있는 사람들에게 그들은 연약한 존재라는 것을 알려줌으로써 교만해지지 않도록 경고하는 말씀입니다. 그래서 본문에 나오는 장사꾼의 한 가지 문제는 교만입니다.

둘째, 돈을 사랑하는 모습입니다. 이들의 목적은 돈을 버는 데 있습니다. 돈을 추구한다는 것은 돈을 사랑한다는 뜻입니다. 더욱이 본문은 이들이 허탄한 자랑을 자랑한다고 꾸짖습니다. 허탄한 자랑은 앞에서 살펴본 대로 할 수 없는 것을 자랑한다는 뜻도 있지만, 자신을 과시하는 자랑을 한다는 뜻도 있습니다. 그렇다면 장사꾼이 무엇으로 자기를 과시하겠습니까? 돈으로 하지요. 장사꾼의 목적은 돈을 버는 것이기 때문에 돈을 번 것이 자랑거리입니다. 돈이 장사꾼을 높여줍니다. 그래서 장사꾼은 돈을 사랑하게 되는 것입니다.

더욱이 이들은 지금 자기 계획에 자신을 가지고 있습니다. 이런 장사꾼이 무엇을 많이 의지하겠습니까? 돈입니다. 왜냐하면 돈이 자기에게 힘을 준다고 믿기 때문입니다. 그래서 이들은 돈을 의지하고 돈을 자랑하고 돈을 추구합니다. 그러니 얼마나 돈을 사랑하겠습니까?

그런데 돈을 의지하는 것은 돈을 믿는 것이고, 돈을 믿는 것은 돈을 우상으로 섬기는 것입니다. 이들의 모습을 보십시오. 돈을 믿고 자기가 앞으로 이익을 얻을 것이라고 큰소리칩니다. 이 모습이 우상을 믿고 인간의 길흉을 말하는 무당의 모습과 얼마나 비슷합니까?

셋째, 교만한 마음을 말로 표현하는 모습입니다. 이들은 이런 생각을 마음에만 품고 있을 수도 있습니다. 그러나 본문을 보면 이들은 자기 계획을 말하고 있습니다. 허탄한 자랑을 한다는 표현은 이들이 자기 계획을 자신 있게 말하고 있다는 것을 보여줍니다. 이들은 말로 죄를 짓고 있는 것입니다.

결국 본문이 주는 교훈은 교만과 우상숭배와 말을 함부로 하는 것에 대한 경고입니다. 이 중에 교만과 말조심은 바로 앞 문단에서도 강조한 교훈입니다. 앞 문단에서 무엇을 가르쳐 주었습니까? 이웃을 비방하지 말라고 했습니다. 이웃을 비방하는 것은 하나님의 권한을 침범하는 교만입니다. 왜냐하면 이웃을 정죄하는 것은 하나님의 권한이기 때문입니다. 그리고 이웃을 비방하는 것은 말로 죄를 짓는 것입니다. 이렇게 앞 문단도 교만과 말에 대해 경고하고 있는 것입니다.

- **교만의 죄**

앞 문단과 지금 본문을 함께 살펴보면 교만에서 나오는 두 가지 모습을 알 수 있습니다. 하나는 사람이 교만해지면 자기가 마치 하나님이나 된 것처럼 행동하게 된다는 사실입니다. 그래서 이웃을 심판하고 정죄하며 비방하는 것입니다. 다른 하나는 자기가 계획을 세운 후에 그대로 될 것이라고 자랑하게 된다는 것입니다. 사람이 자기 계획을 자랑하면 어떻게 될까요? 실패하게 됩니다. 왜냐하면 하나님은 교만한 자를 물리치시기 때문입니다.

여기서 우리가 먼저 기억해야 할 것은 교만 자체가 죄라는 것입니다. 본문의 장사꾼은 돈을 자랑하는 교만을 보여주고 있습니다. 물론 돈을 자랑하는 교만만 죄가 되는 게 아닙니다. 다른 것을 자랑하는 교만도 죄입니다. 경건을 자랑하는 교만도 죄입니다. 왜냐하면 경건도 우리 계획대로 성취할 수 있는 게 아니기 때문입니다. 우리는 무슨 일에 있어서도 자기의 능력이나 경험이나 업적을 믿고 자기의 계획을 자랑해서는 안 됩니다. 자기 힘으로 할 수 있는 것처럼 말하는 것은 모두 교만 죄입니다. 우리는 그 어떤 일도 우리 생각대로 할 수 없기 때문입니다. 우리는 머리카락 하나도 희거나 검게 할 수 없지 않습니까?

"이는 네가 한 터럭도 희고 검게 할 수 없음이라" (마 5:36b).

예수님은 우리에게 맹세를 금하셨습니다. 왜 그렇습니까? 여러 가지 이유가 있지만 그중의 하나는 거짓말을 하지 못하게 하기 위해서입니다. 자기 힘으로는 아무것도 할 수 없는 사람이 맹세를 하면 얼마나 거짓말을 할 위험이 큽니까? 그리고 다른 이유도 있습니다. 그것은 자기가 할 수도 없는 것을 맹세하는 것은 교만이기 때문입니다. 이것은 야고보서 5장에 다시 나오므로 그때 자세히 살펴보도록 하겠습니다.

교만은 정말 무서운 죄입니다. 여러분, 사람이 지은 최초의 죄가 무엇입니까? 선악을 알게 하는 나무의 실과를 먹은 것입니다. 그런데 왜 그 실과를 먹었습니까? 그것을 먹어도 자기에게 해가 되지 않고 오히려 더 훌륭해져서 하나님처럼 될 것이라는 말에 속았기 때문입니다. 달리 말하면 하나님처럼 되고 싶어서 먹은 것입니다. 인류의 첫 번째 죄에 이미 교만의 악이 들어 있는 것입니다.

그런데 하나님처럼 되려고 하는 교만은 직접 하나님을 대적하는 데서만 나타나는 것이 아닙니다. 이웃을 대적하는 데서도 나타납니다. 이웃을 비방하는 일이 바로 하나님처럼 되려고 하는 교만입니다. 또 일을 하는 데서도 나타납니다. 자기 마음대로 할 수 있다고 큰소리치는 것이 바로 이런 교만입니다. 심지어 하나님을 섬기는 일을 하면서도 이런 교만에 빠질 수 있습니다. 권사가 전도계획을 세우고 그것을 확신하며 큰소리쳐도 이러한 교만입니다. 집사가 교회 봉사를 위한 계획을 세우고 큰소리쳐도 이러한 교만입니다. 목사가 목회 계획을 세우고 큰소리쳐도 자기가 하나님의 자리에 서려고 하는 교만입니다.

우리는 그 어떤 교만도 모두 다 물리쳐야 합니다. 그리고 오직 하나님의 은혜만 의지해야 합니다. 그럴 때 우리가 넘어지지 않고 하나님의 도우심으로 진정한 성공을 거둘 수 있는 것입니다.

• 교만과 믿음

혹시 영화에서 배가 풍랑을 만난 모습을 보신 적이 있습니까? 그런 장면에 자주 나오는 모습이 있지요. 사람들이 자기 몸을 배의 기둥 같은 데 묶는 것이지요. 왜 그렇게 합니까? 풍랑이 칠 때 혼자 힘으로는 파도를 이겨낼 수 없기 때문입니다. 생각해 보십시오. 파도가 배에 들이칠 때 혼자 서 있는 어른과 배의 기둥에 몸을 묶은 어린이 중에 누가 파도에 쓸려가지 않고 견디겠습니까? 강한 파도 앞에서 사람은 정말 연약한 존재입니다. 사람 중에 좀더 힘이 세고 안 세고는 별 차이가 없습니다. 혼자 서 있는 사람은 누구나 쓸려갑니다. 그러나 몸을 배에 묶어놓은 사람은 쓸려가지 않습니다.

우리가 하나님을 믿는 것이 바로 우리 몸을 하나님께 묶어놓는 것입니다. 하나님을 믿는 사람은 결코 자기 혼자 서 있으려고 하지 않습니다. 항상 하나님을 의지합니다. 그래서 어떤 일을 해도 혼자 힘으로 하려고 하지 않습니다. 무슨 일을 하든지 먼저 기도합니다. 그리고 계속해서 기도하며 일합니다. 이런 사람은 계획을 세울 때부터 하나님을 의지하며 세웁니다. 그래서 주님의 뜻을 먼저 생각하며 본문 15절처럼 말합니다.

"주의 뜻이면 우리가 살기도 하고 이것이나 저것을 하리라."

그런데 이 말을 잘 보십시오. 마음만 겸손한 게 아니라 말투도 얼마나 겸손합니까? 진정으로 겸손한 사람은 말에서도 겸손이 나타납니다. 본문은 교만과 말조심에 대해 가르쳐 주는데 사실은 교만하지 않고 겸손하면 저절로 말조심이 됩니다. 겸손하면 '내가 이것을 할 수 있다' 라는 식으로 말하지 않습니다. '주님께서 허락해 주시면 내가 이것을 할 수 있다' 라는 식으로 말합니다. 이렇게 겸손히 말하는 사람은 주님이 높여 주십니다. 그래서 더욱 성공하게 되고 더욱 존귀해집니다.

우리의 말조심에는 이웃을 비방하지 않는 것만 있는 것이 아니라 일을 할 때 자신만만하게 말하지 않는 것도 있다는 사실을 꼭 기억하시기 바랍니다.

여기서 우리는 세상에서 가르치는 교훈과 상반되는 교훈을 볼 수 있습니다. 세상에서는 '나는 할 수 있다'는 확신을 가져야 일을 잘할 수 있다고 가르칩니다. 사실 '나는 할 수 없다'고 생각하는 사람보다 '나는 할 수 있다'고 생각하며 적극적으로 나서는 사람이 일을 더 잘할 것입니다.

그렇다면 성도들은 어떻게 해야 합니까? 성도들은 '나는 할 수 없다'고 해야 합니다. 그러나 거기서 그쳐서는 안 됩니다. 그다음에 뭐가 있습니까? '그러나 하나님은 하실 수 있다'는 말을 꼭 덧붙여야 합니다. 성도들의 말은 '나는 할 수 없다'가 아니라 '나는 할 수 없다. 그러나 하나님께서는 하실 수 있다' 입니다. 그래서 우리는 겸손하지만 결코 아무것도 못하는 것처럼 포기하며 사는 것이 아닙니다. 내 힘으로 할 수 있는 것처럼 내가 큰소리를 치지 않는 것뿐이지 하나님께서 하실 수 있다는 것을 굳게 믿기 때문에 하나님 안에서는 확고하게 말하고 행동합니다.

내가 할 수 있다고 믿는 사람과 나는 하나님이 도와주시기 때문에 하나님의 뜻을 이룰 수 있다고 믿는 사람 중에 누구의 믿음과 자신감이 더 크겠습니까? 한 번 생각해 보십시오. 중학교 1학년 학생에게 중학교 1학년 수준의 수학 문제를 내주면서 집에 가서 풀어오라고 했습니다. 이 경우 다음 세 학생 중 누구의 자신감이 가장 클까요? 첫째, 수학을 잘하지만 자기 혼자 풀어야 하는 학생입니다. 둘째, 수학을 잘못하지만 자기 혼자 풀어야 하는 학생입니다. 셋째, 수학을 잘못하지만 수학박사인 형이 도와주는 학생입니다. 세 번째 학생이겠지요. 이때는 첫 번째 학생도 자신감이 꽤 있겠지요.

그러나 이 세 학생에게 대학생 수준의 수학문제를 내주면서 집에 가서 풀어오라고 하면 누구의 자신감이 가장 클까요? 역시 세 번째 학생이겠지요. 이때는 첫 번째 학생도 전혀 자신이 없을 것입니다. 사람은 자기를 믿을 때보다 능력 있는 사람을 믿을 때 자신감이 더 큰 것입니다. 하물며 자기를 믿는 자신감과 하나님을 믿는 자신감을 어떻게 비교할 수 있겠습니까?

사람은 할 수 없다고 생각하면 정말 아무것도 못합니다. 그래서 할 수 있다고 스스로 자신감을 가지는 것이 도움이 될 수도 있습니다. 그러나 이것은 하나님을 몰라서 인간의 힘으로만 사는 사람들에게나 해당되는 것입니다. 하나님을 믿는 사람은 전혀 다릅니다. 하나님을 믿는 사람은 하나님께서 모든 것을 주관하신다는 것을 압니다. 또한 하나님께서 인간의 교만을 싫어하신다는 사실을 압니다. 이런 사람은 인간이 스스로 자신감을 가지는 게 좋지 않다는 것을 압니다. 오히려 자기 힘으로는 할 수 없다는 것을 인정하고 하나님을 의지해야 한다는 것을 압니다. 하나님께서 도와주시면 무엇이든지 이룰 수 있다는 것을 압니다. 그리고 우리가 하나님을 믿고 의지하면 하나님께서 정말 도와주신다는 것을 압니다. 그래서 하나님을 믿는 사람은 겸손하면서도 말할 수 없이 강한 확신 속에서 일합니다. 그리고 하나님의 도우심으로 놀라운 일을 성취하게 됩니다.

• 욕심과 돈

본문은 세속적인 욕심과 돈에 대한 사랑도 경고하고 있습니다. 모든 자랑이 다 나쁘지만 세속적인 자랑은 이중으로 나쁩니다. 그것은 교만일 뿐 아니라 세상을 사랑하고 돈을 사랑하는 것이기 때문입니다. 사람은 자기가 귀하게 여기는 것을 자랑합니다. 학자는 학문을 자랑하지 미모를 자랑하지 않습니다. 왜냐하면 학자는 학문을 귀하게 여기기 때문입니다. 마찬가지로 세속적인 자랑을 하는 사람은 세상을 귀하게 여기는 사람입니다. 이런 사람은 세상을 사랑하는 사람입니다. 세상을 사랑하면 세상의 힘인 돈을 사랑합니다. 그래서 세속적인 자랑은 교만의 악이고 세상과 돈을 사랑하는 악입니다.

우리는 돈을 추구하지 말고 하나님의 뜻을 추구해야 합니다. 세상 사람들은 돈만 있으면 무엇이든지 할 수 있다고 믿기 때문에 돈을 추구합니다. 그러나 우리는 세상의 무엇을 가지고 있어도 할 수 없고 오직 하나님의 도우심을 받아야 할 수 있다고 믿습니다. 그래서 돈이 아니라 하나님의 뜻을 추구할 수밖에 없습니다. 하나님의 뜻에 맞지 않으면 하나님의 도우심도 없고 성취도 없기 때문입니다.

여기서 오해하면 안 됩니다. 돈을 추구하지 말라는 것은 돈을 최종 목표로 추구하지 말라는 뜻입니다. 돈을 최종 목표로 추구하는 것과 돈을 수단으로 추구하는 것은 많이 다릅니다. 만일 고귀한 목표를 두고 그 목표를 이루기 위해 돈을 벌어야겠다고 한다면 돈은 수단이지 최종 목표가 아닙니다. 이런 사람은 고귀한 목표를 잃어버리면서까지 돈을 벌려고 하지 않습니다. 그래서 악한 방법으로 돈을 벌지 않습니다. 그러나 고귀한 목표 없이 그냥 돈만 있으면 잘될 테니까 돈을 벌려고 한다면 돈이 최종 목표입니다. 이런 사람은 하나님의 뜻을 어기면서라도 돈을 벌려고 하게 됩니다. 이것은 악한 모습입니다.

세상에 여러 가지 독이 있습니다. 독 중에서 제일 무서운 독이 무엇인지 아십니까? '돈독' 입니다. 우리가 흔히 돈독이 올랐다고 하지요. 돈독이 오른 사람이 어떻게 하던가요? 이웃이 눈에 보이던가요? 체면을 차리던가요? 염치가 있던가요? 돈독이 심하게 오르면 인격이 없어집니다. 더 심해지면 신앙도 없어집니다. 돈이 최종 목표가 되면 이렇습니다.

그러나 하나님나라의 사업을 위해 돈이 필요하다고 생각되어 돈을 벌려고 하는 것은 아름다운 일입니다. 이때는 돈이 궁극적인 목표가 아닙니다. 하나님을 섬기는 도구입니다. 그래서 돈을 벌어 하나님을 잘 섬기려는 것입니다. 이런 목적으로 돈을 추구하는 사람은 악한 방법으로 돈을 벌려고 하지 않습니다. 하나님을 섬기는 마음으로 돈을 벌기 때문입니다. 그리고 돈을 벌면 선하게 사용합니다. 이렇게 돈을 추구하고 사용하는 것은 아름다운 일입니다.

본문은 특별한 내용으로 결론을 맺습니다. 17절입니다.

"그러므로 사람이 선을 행할 줄 알고도 행하지 아니하면 죄니라."

왜 이런 말씀으로 결론을 맺을까요? 이 말씀에는 지금까지 배운 선을 행하라는 뜻도 있습니다. 그러나 이 문단에서는 독특한 의미가 있습니다. 생각해 보십시오. 본문은 장사꾼의 자신만만한 계획과 자랑을 꾸짖었습니다. 돈 버는 것에 대해 비판적인 교훈을 주었습니다. 그러면 이 말씀을 읽는 사람들이 소극적이 될 위험이 있지 않습니까? 17절은 그렇게 소극적이 되지 않도록 격려해 줍니다.

본문은 장사하는 사람을 비난하는 것이 아닙니다. 사업 계획을 세우지 말라는 것이 아닙니다. 돈을 벌지 말라는 것이 아닙니다. 우리가 받은 달란트에 따라 우리는 최선을 다해 열매를 맺고 하나님과 이웃을 섬겨야 합니다. 그래서 우리는 장사를 하든 교육을 하든 농사를 짓든 최선을 다해 일해야 합니다. 일할 때는 최선을 다해 계획을 세우고 계획에 따라 능률적으로 일해야 합니다. 그리고 돈을 벌기 위해서도 노력해야 합니다. 이것은 하나님께서 우리에게 맡기신 귀한 사명입니다.

단, 우리의 사명은 그렇게 일하는 것과 돈을 버는 것에 궁극적인 목적이 있지는 않습니다. 그것으로 하나님의 뜻을 이루어 드리는 데 궁극적인 목적이 있습니다. 우리는 이런 목적을 가지고 최선을 다해 일하며 노력해야 합니다. 그리고 돈을 사랑하는 마음이 아니라 하나님과 이웃을 사랑하는 마음으로 돈을 벌어 선하게 사용해야 합니다.

이런 과정에서 정말 하나님을 기쁘시게 해드리고 하나님의 도우심으로 이 모든 선한 일을 이루어야 합니다. 이를 위해서는 결코 내 힘으로 할 수 있는 것처럼 교만해지지 말고 오직 겸손한 마음으로 하나님을 의지하며 일해야 합니다.

우리 모두가 이런 믿음과 겸손과 하나님에 대한 사랑으로 성실하게 살 수 있기 바랍니다. 그래서 하나님의 도우심을 받아 하나님 나라와 이웃을 위해 좋은 열매를 풍성히 맺을 수 있기 바랍니다.

19. 천국에 합당한 부자

들으라 부한 자들아 너희에게 임할 고생으로 말미암아 울고 통곡하라 너희 재물은 썩었고 너희 옷은 좀먹었으며 너희 금과 은은 녹이 슬었으니 이 녹이 너희에게 증거가 되며 불같이 너희 살을 먹으리라 너희가 말세에 재물을 쌓았도다 보라 너희 밭에서 추수한 품꾼에게 주지 아니한 삯이 소리 지르며 그 추수한 자의 우는 소리가 만군의 주의 귀에 들렸느니라 너희가 땅에서 사치하고 방종하여 살륙의 날에 너희 마음을 살찌게 하였도다 너희는 의인을 정죄하고 죽였으나 그는 너희에게 대항하지 아니하였느니라(약 5:1-6).

● 청부론과 청빈론

여러 해 전에 한국 교회에서는 소위 청부론(깨끗한 부자론)과 청빈론(깨끗한 빈자론) 사이에 격렬한 토론이 있었습니다. 청부론을 주장하는 사람들은 깨끗한 부자가 되는 것이 가능하고 또한 바람직하다고 생각합니다. 이들은 재물이란 하나님께서 주시는 것이기 때문에 정당한 방법으로 돈을 벌어 그 축복을 누리며 사는 것은 좋은 일이라고 봅니다. 그렇다고 해서 이웃에 대한 책임을 무시하는 것은 아닙니다. 수입의 많은 부분으로 이웃을 도와야 한다고 가르칩니다. 어떤 분은 수입의 약 35퍼센트로 이웃을 도와야 한다고 수치까지 제시합니다. 그리고 이렇게 많은 재산으로 이웃을 도왔다면 이제 남은 재산은 자기가 누리며 살아도 된다고 합니다.

이에 반해 청빈론을 주장하는 사람들은 깨끗한 부자가 되는 것이 불가능하다고 생각합니다. 또한 부는 바른 신앙생활에 방해가 되기 때문에 부자로 살면 안 된다고 믿습니다. 오히려 자발적으로 가난한 삶을 살아야 한다고 합니다. 특히, 수입의 많은 부분으로 남을 도왔다고 해도 그것으로 자기의 의무를 다했다고 할 수는 없다고 생각합니다. 왜냐하면 어려운 이웃은 항상 우리 주위에 있고 우리는 그들을 내 몸처럼 사랑해야 하기 때문입니다. 항상 어려운 이웃을 내 몸처럼 사랑하는 사람이 어떻게 어느 정도 남을 도왔다고 이제는 그만 도울 수 있겠습니까? 그래서 그리스도의 사랑을 품고 사는 성도라면 부자가 될 수 없다고 하는 것입니다.

청부론도 실행하기가 쉽지 않습니다. 아무리 돈을 많이 벌어도 수입의 35퍼센트를 이웃을 위해 내놓는 게 쉽겠습니까? 그러나 일단 그것만 내놓으면 남은 재산으로 얼마든지 사치스러운 삶을 살 수 있습니다. 그래서 이것은 부자들에게 아주 현실적인 가르침이 될 수 있습니다. 또한 막연하게 구제를 가르치는 것보다 부자들이 구제를 더 많이 하게 될 것입니다. 이런 것은 청부론의 장점입니다.

반면에 청빈론은 정말 따르기 어렵습니다. 아무리 많이 구제해도 그것으로 만족할 수 없습니다. 또한 부자가 많은 현대사회에서 가난하게 산다는 것도 쉽지 않습니다. 그래서 청빈론은 행동으로 옮기기가 정말 어렵습니다. 여러분 생각에는 이 둘 중에 어느 것이 더 옳은 것 같습니까?

본문은 이에 대해 어느 정도 가르쳐 줍니다. 제가 어느 정도라고 한 것은 본문 외에도 성경의 많은 부분이 부에 대해 가르쳐 주므로 본문만 가지고 부에 대해 다 알았다고 할 수는 없기 때문입니다. 하지만 우리는 본문을 통해 부에 대해 상당히 많은 것을 배울 수 있습니다. 이번 장의 제목이 "천국에 합당한 부자"이지만 사실 본문을 읽어 보면 부자는 다 지옥에 갈 것 같습니다. 본문이 워낙 무섭게 부자를 꾸짖기 때문입니다.

그러나 본문을 자세히 살펴보면 여기서 꾸짖는 것은 부자의 특정한 모습이라는 사실을 알 수 있습니다. 그래서 우리가 이런 모습을 멀리하는 부자가 될 수 있다면 천국에 합당한 부자가 될 수 있습니다. 이 말은 천국에 합당한 부자가 있다는 것을 전제하고 있습니다. 이렇게 볼 때 본문은 청부론과 청빈론 중에 청부론을 지지하는 것 같습니다. 하지만 사실은 그렇지 않습니다. 본문을 살펴보면 알게 될 것입니다.

• 일시적인 축복

먼저 본문은 앞 문단처럼 "들으라"라는 말로 시작됩니다. 이것은 앞으로 무서운 경고의 말씀을 주겠다는 뜻입니다. 실제로 본문 말씀이 얼마나 과격합니까? 본문은 부자들을 무섭게 꾸짖고 있습니다. 우리는 여기서 어떤 부자가 잘못된 부자인지를 따지기 전에 먼저 한 가지 사실을 알고 넘어가야 합니다. 그것은 악한 사람도 부자가 될 수 있다는 사실입니다.

본문에 나오는 부자를 보십시오. 이들은 옳은 사람을 정죄하고 죽입니다. 얼마나 교만한 행동입니까? 옳은 사람을 정죄하는 동안 얼마나 말을 함부로 했겠습니까? 또 돈을 많이 쌓았으니 얼마나 돈을 사랑하는 사람입니까? 그런데 바로 앞 문단에서는 이렇게 교만하고 돈을 사랑하고 말을 함부로 하는 장사꾼을 경고했습니다. 또 그 앞에서는 하나님께서 교만한 사람들을 물리치신다고 했습니다. 그렇다면 이렇게 교만하고 악한 사람들은 사업에 성공하지 못해야 하는 것 아닙니까? 그런데 오늘 본문을 보면 이렇게 교만하고 돈을 사랑하는 사람이 사업에 성공하여 부자가 되어 있는 것입니다.

도대체 어떻게 이런 일이 일어날 수 있습니까? 하나님께서 이런 사람들을 일시적으로 내버려두시기 때문입니다. 하나님께서는 사람들이 하는 행동에 따라 즉각적으로 대응하시지 않습니다. 하나님의 때에 응답하십니다. 특히 불신자의 악행을 바로 벌하지 않으시고 내버려두시는 경우가 많습니다. 한편으로는 그가 회개하기를 기다리시는 것이고, 다른 한편으로는 그의 죄를 내버려두셨다가 하나님의 때에 심판하시려는 것입니다. 그래서 교만하고 악한 사람도 부자가 될 수 있는 것입니다.

물론 악한 부자의 성공은 심판이 있기 전까지의 일시적인 성공입니다. 그런데 그 일시적인 것이 사람의 눈에는 길어 보입니다. 그래서 마치 악한 사람이 성공한 것처럼 보입니다. 그러나 하나님의 눈에는 그렇지 않습니다. 때가 되면 이들은 반드시 무서운 심판을 받게 됩니다. 꼭 최후의 심판 때에만 벌을 받는 것이 아닙니다. 이 세상에서도 벌을 받습니다.

시편 37편 7-10절은 이렇게 가르쳐 줍니다.

"여호와 앞에 잠잠하고 참고 기다리라 자기 길이 형통하며 악한 꾀를 이루는 자 때문에 불평하지 말지어다 분을 그치고 노를 버리며 불평하지 말라 오히려 악을 만들 뿐이라 진실로 악을 행하는 자들은 끊어질 것이나 여호와를 소망하는 자들은 땅을 차지하리로다 잠시 후에는 악인이 없어지리니 네가 그곳을 자세히 살필지라도 없으리로다."

이 말씀을 보십시오. 악한 사람이 성공해서 부자가 되어도 불평하지 말라고 합니다. 그는 조금 지나면 벌을 받아 사라질 것이기 때문입니다. 아무리 눈을 씻고 찾아봐도 찾을 수 없게 될 것입니다. 그래서 악한 부자는 성공한 부자가 아닙니다. 왜냐하면 무서운 심판이 기다리고 있기 때문입니다.

본문도 이런 악한 부자에게 얼마나 무서운 심판을 선포합니까? 우리는 이 세상에서 악한 사람이 돈도 벌고 성공하는 것처럼 보여도 그런 사람들 때문에 시험에 들지 말아야 합니다. 그들의 성공은 일시적인 것입니다. 현세에서의 진정한 성공과 내세에서의 영원한 상급은 이렇게 교만하고 악한 사람이 받는 것이 아닙니다. 겸손히 주님을 따르는 사람이 받습니다. 우리는 본문에 나오는 악한 부자의 모습을 잘 살펴보고 이런 모습을 피할 수 있기 바랍니다. 그래서 물질적인 축복을 받고도 천국에 들어갈 수 있는 사람이 되기 바랍니다.

• 악한 부자와 선한 부자

그러면 본문에 나오는 악한 부자는 어떤 사람입니까? 2-3절을 보십시오.

"너희 재물은 썩었고 너희 옷은 좀먹었으며 너희 금과 은은 녹이 슬었으니 이 녹이 너희에게 증거가 되며 불같이 너희 살을 먹으리라 너희가 말세에 재물을 쌓았도다."

이들은 재물을 잔뜩 쌓아둔 사람입니다. 옷은 좀이 먹었고 금과 은은 녹이 슬었습니다.

이렇게 재물이 썩었다는 것은 두 가지 의미가 있습니다. 하나는 이들의 재산이 종말에는 무용지물이라는 의미입니다. 썩었다는 것은 쓸모가 없다는 뜻입니다. 실제로 재물은 종말에 아무 쓸데가 없습니다. 본문은 이들이 말세에 재물을 쌓았다고 합니다. 그런데 말세에는 심판이 있습니다. 심판을 받을 때 재물이 도움이 됩니까? 안 되지요. 말세에는 재물이 아니라 믿음이 필요합니다. 올바른 신앙과 삶이 필요합니다. 그런데 이들은 바보처럼 신앙과 삶은 준비하지 않고 아무 도움도 되지 않는 재물만 잔뜩 쌓아놓은 것입니다.

재물이 썩었다는 말의 또 다른 의미는 재물을 너무 많이 너무 오래 쌓아두어서 썩었다는 것입니다. 이것은 재물을 적절하게 사용하지 않고 쌓아놓기만 한 것을 꾸짖는 말씀입니다. 그런데 재물을 쌓아놓는 것이 진짜 무서운 것은 단순히 재물이 구원에 도움이 되지 않는다는 사실이 아닙니다. 재물이 오히려 그 사람이 죄인이라는 것을 증명하는 증거물이라는 사실입니다. 재물을 쌓아놓은 것이 왜 죄인이라는 증거입니까? 악한 방법으로 쌓았다면 도둑놈이라는 증거입니다. 혹시 선한 방법으로 쌓았다고 하더라도 이렇게 재물을 쌓아만 둔 것은 이웃을 사랑하지 않았다는 증거입니다. 그래서 본문은 그 쌓은 재물의 녹이 부자를 잡아먹는다고 말하는 것입니다.

본문에서 부자의 첫 번째 악한 모습은 이렇게 재물을 쌓아놓은 것입니다. 이것은 정말 구원에는 관심이 없고 이 세상 재물만 사랑하는 모습입니다. 특히 재물로 이웃을 돕는 데는 관심이 없고 오직 자신만을 위해 쌓아놓은 모습입니다. 이런 부자는 구원을 받지 못합니다.

그렇다면 천국에 가는 부자는 어떤 사람이겠습니까? 이와 반대되는 두 가지 모습을 가진 부자입니다. 첫째, 재물 문제보다 영적인 문제에 더 관심을 가진 사람입니다. 그러니까 재물을 얻는 것보다 구원을 얻는 것이 더 중요하다고 생각하는 사람입니다. 이런 사람은 하나님의 뜻을 따를 것이냐 돈을 얻을 것이냐 중에 선택하라고 하면 하나님의 뜻을 따르겠다고 할 사람입니다.

그러나 오해하지 마십시오. 이 말은 돈을 버는 길과 하나님을 따르는 길이 서로 다를 때 돈을 버리고 하나님을 따라야 한다는 뜻입니다. 하나님을 따르면서도 돈을 벌 수 있다면 최선을 다해 돈을 벌어야 합니다. 농부가 열심히 일하면 하나님께서 맡기신 사명에도 충실한 것이고 동시에 소출이 많아져서 돈도 법니다. 그래서 농부가 열심히 일하는 것은 하나님을 따르면서 돈도 버는 것입니다. 앞에서는 선을 행할 줄 알고도 행하지 않으면 죄라고 했습니다. 하나님께서 맡겨주신 일을 열심히 하는 것은 선을 행하는 것입니다. 생업도 하나님께서 맡겨주신 일입니다. 그래서 우리는 최선을 다해 일하며 돈을 벌어야 합니다. 다만 하나님의 길을 떠나서 돈을 벌려고 하면 결코 안 됩니다.

둘째, 재물을 자기만을 위해 쌓아놓는 것이 아니라 사람들의 유익을 위해 쌓아놓는 사람입니다. 그래서 필요하다면 언제든지 사람들의 유익을 위해 재물을 사용하는 부자입니다. 재물을 이웃의 유익을 위해 쌓아놓은 대표적인 사람이 요셉입니다. 요셉은 애굽의 총리가 된 후 7년의 풍년 동안 곡식을 엄청나게 쌓아두었습니다. 어떤 목적 때문입니까? 흉년이 올 때 백성들을 잘 먹이기 위해서입니다. 부자가 아무리 재물을 쌓아놓아도 이렇게 이웃을 위해 쌓아놓는다면 그것은 선한 일입니다.

그러나 어리석은 부자 비유에 나오는 부자는 오직 자기만을 위해 재물을 쌓아놓았습니다. 그가 엄청난 곡식을 쌓아두고 뭐라고 합니까? 누가복음 12장 19절입니다.

"또 내가 내 영혼에게 이르되 영혼아 여러 해 쓸 물건을 많이 쌓아 두었으니 평안히 쉬고 먹고 마시고 즐거워하자 하리라 하되."

그러자 하나님께서 그 부자를 '어리석은 자' 라고 꾸짖으십니다. 하나님께서 부자를 어리석다고 꾸짖으시는 것은 부자가 곡식을 추수했을 때도 아니고, 창고에 모아두었을 때도 아닙니다. 바로 이 모든 것을 자기만을 위해 사용하겠다고 말할 때입니다. 쌓아놓은 재물이 자기만을 위한 것이 될 때 악이 되는 것입니다.

재물을 정당한 방법으로 벌면 그 재물을 축적하여 많은 재물을 소유해도 그 자체는 악이 아닙니다. 재물 소유의 목적이 이웃을 위한 것일 때는 재물 소유가 악이 아닙니다. 재물 소유의 목적이 이기적일 때 재물 소유가 악이 되는 것입니다.

그렇다면 재물을 이웃을 위해 사용하는 방법이 무엇이겠습니까? 크게 두 가지입니다. 하나는 직접 이웃을 도와주는 것입니다. 구제하는 것이지요. 이것은 누구나 알 수 있는 거니까 더 설명할 필요가 없을 것입니다. 다른 하나는 이웃에게 유익한 사업에 그 재물을 투자하는 것입니다. 예를 들어, 내가 공장을 운영하여 돈을 벌었다면 번 돈으로 가난한 사람을 돕는 것도 훌륭한 일입니다. 그러나 번 돈을 공장에 재투자하여 더 싸고 좋은 물건을 생산하는 것도 이웃을 돕는 일입니다. 만일 자기만 잘 살기 위해 재투자한다면 악한 부자이지만 이웃의 유익을 위해 재투자한다면 선한 부자입니다.

부자가 재물을 재투자하면 부자의 소유 재산이 많아집니다. 그러면 이 부자는 악한 사람입니까? 아닙니다. 그는 이웃을 위해 재산을 소유하고 관리하기 때문입니다. 이런 부자는 아무리 소유 재산이 많아도 그 재물을 결코 자기 유익을 위해 사치스럽게 사용하지 않습니다.

그러나 본문에서 말하는 부자를 보십시오. 이 악한 부자는 사치스러운 삶을 살고 있습니다. 사치스러운 삶을 산다는 것은 재물이 있는데도 어려운 이웃을 돕지 않고 있다는 증거입니다. 이것은 선을 행할 줄 알고도 행하지 않으면 죄라는 말씀에 해당되는 행동입니다. 그래서 사치스러운 삶은 죄입니다.

중세 교회에서는 인간의 심각한 죄를 일곱 가지로 정해서 가르쳤습니다. 그런데 그중의 하나가 '대식죄'(大食罪, sin of gluttony)입니다. 저는 신학교 1학년 때 이 말을 듣고 웃었습니다. "많이 먹는 게 왜 그렇게 큰 죄인가? 엄장이 크면 많이 먹어야지." 이게 저의 생각이었습니다. 그러나 신학교를 졸업한 직후에 그 뜻을 깨달았습니다. 여러분 왜 교회에서 많이 먹는 것을 그렇게 큰 죄라고 했을까요? 생각해 보십시오. 네 식구가 겨우 입에 풀칠을 하며 살고 있는데 아버지가 월급을 받아 혼자 3인분을 먹어버리면 다른 가족은 굶주리게 됩니다. 이게 얼마나 악한 일입니까? 그런데 실제로 세상에는 굶주린 사람이 많이 있습니다. 그러므로 혼자 많이 먹는 것이 무서운 죄인 것입니다. 마찬가지입니다. 이 세상에서 사치스럽게 사는 것은 가난한 집에서 어머니가 밍크코트를 사는 바람에 다른 식구가 헐벗게 되는 것과 같습니다. 그래서 사치스러운 소비가 무서운 죄인 것입니다.

반면에 아무리 소유 재산이 많아도 그것을 사치스럽게 소비하지 않고 그 재산을 바르게 운용하며 이웃에게 유익을 끼치는 부자는 악한 부자가 아닙니다. 이런 부자의 재산은 썩거나 녹이 스는 재산이 아닙니다. 이웃의 유익을 위해 잘 사용되는 재산이기 때문입니다. 그래서 소유한 재물로는 부자이지만, 소비하는 재물로는 이웃을 돕고 자기는 가난하게 산다면 이 사람은 천국에 합당한 부자입니다. 천국에 갈 수 있는 부자는 소유가 많지만 소비는 검소한 부자입니다. 소유가 많든 적든 소비가 사치스러운 사람은 천국에 가기 어려운 사람입니다.

다음으로 본문은 근로자의 임금을 착취하는 부자를 꾸짖고 있습니다. 앞에서는 이미 번 돈을 어떻게 관리하는가의 모습에서 어떤 사람이 악한 부자이고 어떤 사람이 선한 부자인지 가르쳐 주었습니다. 여기서는 어떻게 돈을 버는 사람이 악한 부자인지 가르쳐 줍니다. 그것은 근로자를 착취하여 돈을 버는 부자입니다. 임금을 주지 않는 것은 살인과 같습니다. 먹고 살려고 일을 한 사람에게 임금을 주지 않는 것이 살인과 무엇이 다릅니까?

그러면 근로자를 착취한 것만 죄입니까? 아닙니다. 이것은 착취의 대표적인 예일 뿐입니다. 근로자 외에 다른 사람을 착취하여 돈을 벌어도 역시 죄입니다. 근로자 외에 착취당하는 대표적인 사람이 누구입니까? 아마 소비자 아닐까요? 생산자나 판매자가 폭리를 취하면 그만큼 소비자는 착취를 당하는 것입니다. 요즈음에는 사용자와 근로자(노조)가 함께 폭리를 취하고 그 대신 소비자를 착취할 수도 있습니다. 이것도 심각한 악입니다.

더욱이 우리는 근로자나 소비자만이 아니라 우리의 모든 이웃을 착취할 수도 있습니다. 심지어 우리 후손까지도 착취할 수 있습니다. 어떤 경우가 그럴까요? 환경오염은 어떻습니까? 자기만 돈을 벌려고 환경을 오염시키면 그 피해를 많은 사람이 보게 됩니다. 심지어 후손까지 보게 됩니다. 얼마나 악한 일입니까? 이런 부자는 천국에 합당하지 않습니다. 천국에 합당한 부자는 이웃에게 해를 끼치지 않고 선한 방법으로 돈을 버는 부자입니다.

그다음으로 본문이 가르치는 것은 의로운 자를 학대하는 모습입니다. 이것은 부의 힘으로 사람들을 억압하는 것입니다. 이것은 약한 자를 착취하는 정도가 아니라 살아갈 수 없을 정도로 박해를 가하는 것입니다. 자본주의 사회에서는 돈 있는 사람이 엄청난 힘을 발휘합니다. 언젠가 TV 고발 프로그램에 대기업에서 노동조합을 만들려고 하는 근로자들을 박해하는 내용이 나왔습니다. 고용주가 어마어마한 재력을 이용해서 전문가들을 동원하여 노동조합을 박해하는 모습은 정말 끔찍했습니다.

부자들이 돈으로 공권력을 매수하는 경우도 있습니다. 우리나라에는 이런 모습이 정말 많지요. 정경유착이 얼마나 심각합니까? 왜 부자들이 정치권력과 야합합니까? 정치권력의 힘을 빌려 부당한 이익을 취하기 위해서 아닙니까? 재력을 이용한 이런 악들은 정말 사회를 파괴하는 무서운 죄입니다.

이렇게 부의 힘으로 사람의 생존권과 인권을 유린하고 박해하는 것은 부자의 악 중에서도 가장 큰 죄악입니다. 본문에는 부자의 세 가지 죄악이 나옵니다. 첫째가 재물을 쌓아둔 것이고, 둘째가 근로자를 착취한 것이고, 셋째가 인권을 유린하고 심지어 죽이는 것입니다. 이것은 작은 악부터 점점 큰 악을 기록한 점층법적인 표현입니다. 그래서 부자가 부의 힘으로 이웃의 생존권과 인권을 유린하는 것이 가장 악한 죄인 것입니다.

그러면 천국에 합당한 부자는 어떤 사람입니까? 본문에서는 부자의 악을 약한 것부터 심한 것의 순서로 가르쳐 주지만 우리는 순서를 거꾸로 해서 가장 심각하게 피해야 할 것부터 기록하면 다음과 같습니다.

첫째, 재물을 권력화하지 않는 사람입니다. 재물을 힘으로 생각하지 않고 재물의 힘으로 이웃을 해치거나 인권을 유린하지 않는 사람입니다. 둘째, 재물을 얻기 위해 이웃을 착취하지 않는 사람입니다. 근로자나 소비자나 일반인이나 누구에게도 해를 끼치지 않고 바른 방법으로 돈을 버는 사람입니다. 셋째, 자기가 얻은 재물을 잘 사용하는 사람입니다. 아무리 정당하게 재물을 얻어도 그 재물을 잘못 사용하면 악한 부자입니다. 항상 이웃을 사랑하는 마음으로 이웃의 유익을 위해 재물을 사용해야 합니다. 이웃의 장기적인 유익을 위해 재투자하거나 단기적인 유익을 위해 구제해야 합니다. 재투자를 하면 재산이 늘어날 수도 있습니다. 그러나 이것은 이웃 사랑의 목적을 가지고 있으므로 악이 아니라 선입니다.

하지만 자신을 위해서는 재물을 사치스럽게 사용하지 말아야 합니다. 결국 소유하고 관리하는 재물은 많아도 자기를 위해 소비하는 재물은 적은 사람이 천국에 합당한 부자입니다.

부자가 되든지 되지 않든지 다 하나님의 축복입니다. 항상 우리에게 좋은 것으로 주시는 하나님께서 적당한 재물을 주신 것이기 때문입니다. 하지만 게을러서 가난한 것은 올바른 모습이 아닙니다. 우리는 항상 정당한 방법으로 최선을 다해 일하고 노력해야 합니다. 이렇게 사는 중에 하나님께서 부자로 만들어 주시면 이웃을 사랑하는 마음으로 재물을 잘 관리해야 합니다. 그래서 소유한 재물은 많아도 결코 사치스럽게 살지 않고 오히려 자신은 가난하고 검소하게 살며 이웃을 돕는, 천국에 합당한 부자가 되기 바랍니다.

V.
인내하는
믿음

20. 참는 사람이 복을 받습니다(약 5:7-11)
21. 쓸데없는 말 대신 찬양과 기도를 하십시오(약 5:12-15)
22. 능력의 기도와 따뜻한 사랑이 가득한 교회(약 5:16-20)

20. 참는 사람이 복을 받습니다

그러므로 형제들아 주께서 강림하시기까지 길이 참으라 보라 농부가 땅에서 나는 귀한 열매를 바라고 길이 참아 이른 비와 늦은 비를 기다리나니 너희도 길이 참고 마음을 굳건하게 하라 주의 강림이 가까우니라 형제들아 서로 원망하지 말라 그리하여야 심판을 면하리라 보라 심판주가 문 밖에 서 계시니라 형제들아 주의 이름으로 말한 선지자들을 고난과 오래 참음의 본으로 삼으라 보라 인내하는 자를 우리가 복되다 하나니 너희가 욥의 인내를 들었고 주께서 주신 결말을 보았거니와 주는 가장 자비하시고 긍휼히 여기시는 이시니라(약 5:7-11).

• 착한 아빠

미국의 어느 슈퍼마켓에서 있었던 일입니다. 아버지와 함께 온 어린 아들이 아버지에게 떼를 쓰고 있었습니다. 그 행동이나 언성이 너무 흉해서 지나가는 사람들이 혀를 찰 정도였습니다. 아버지가 화를 낼 만도 한데 잘 참고 아들을 달랬습니다. "짐, 착하지 화내지 마." "짐, 기분 나빠도 참아야 한다." "짐, 여기는 사람이 많잖아. 여기서 화를 내면 안 돼." 아버지는 이런 말을 하며 겨우 참 았습니다.

장을 다 보고 계산대에 갔는데 아이도 이제 좀 진정이 되었습니다. 계산대에 있던 아가씨가 정말 놀랐다는 투로 말했습니다. "선생님, 정말 훌륭하시군요. 아이가 그렇게 떼를 쓰는데도 화내지 않고 잘 달래다니 정말 대단하세요." 아이가 하도 심하게 굴어서 계산대의 아가씨까지 다 본 것이었습니다. 그러나 이 말을 들은 아버지는 이렇게 대답했습니다. "아니요. 저는 아이를 달래지 않았어요." 아가씨가 이상해서 물었습니다. "계속해서 아이에게 '짐, 화내지마. 착하지.' 하면서 달래지 않았어요?" 그러자 아버지가 말했습니다. "아, 짐은 아이 이름이 아니고 제 이름이에요."

아버지는 아들을 달랜 게 아니라 자기를 달래며 화를 참고 있던 것입니다. 우습기도 하지만 고개가 끄덕여지기도 합니다. 아이를 잘 달래는 것도 훌륭합니다. 하지만 아이를 달래지 못하면 자기 자신이라도 달래서 더 흉한 모습을 보이지 않는 게 좋지 않습니까? 화가 날 만한 일에도 참고 화를 내지 않는 것은 참으로 대단한 일입니다. 그래서 성경도 이렇게 가르쳐 줍니다.

"노하기를 더디하는 자는 용사보다 낫고 자기의 마음을 다스리는 자는 성을 빼앗는 자보다 나으니라" (잠 16:32).

• 참음과 올바른 태도

우리가 이웃에게 화를 내지 않고 지낸다면 우리는 지금보다 몇 배 더 행복하게 살 수 있을 것입니다. 모든 일에 더 능률이 오를 것입니다. 이웃과의 오해도 많이 줄어들 것입니다. 참는 것은 이렇게 좋은 것입니다. 그런데 어떻게 하는 것이 참는 것입니까? 화를 참는 것은 본래의 평온한 마음을 지키는 것입니다. 어떻게 하는 것이 유혹을 참는 것입니까? 유혹을 따르지 않고 정상적인 삶을 지키는 것입니다. 두려움을 참는 것은 어떻게 하는 것입니까? 도망가지 않고 자기 자리를 지키는 것입니다. 이런 모습을 보면 참는 게 무엇인지 알 수 있습니다. 참는 것은 어떤 상황에서도 올바른 태도를 지키는 것입니다.

그런데 올바른 태도가 어떤 것입니까? 하나님의 뜻을 따르는 자세입니다. 믿음, 소망, 사랑, 공의 등을 지키는 것이 올바른 태도입니다. 그렇다면 참는 것은 어떤 상황에서도 믿음을 지키는 것이고, 소망을 지키는 것이고, 사랑을 지키는 것이고, 사명을 지키는 것이고, 의로운 삶을 지키는 것입니다. 본문도 참는 것에 대해 많이 가르쳐 주는데, 그 내용을 자세히 보면 바로 이런 것을 지키라는 교훈입니다. 그리고 본문은 우리가 어떻게 하면 참을 수 있는지 그 방법까지도 가르쳐 줍니다.

본문을 통해 우리 모두가 어떤 형편에서도 잘 참고 올바른 믿음과 삶을 지킬 수 있는 성도가 되기 바랍니다.

• 분노와 유혹

먼저 본문 앞에 나온 내용을 생각해 보십시오. 본문 앞에서는 악한 부자에게 무서운 경고를 던져줍니다. 그들은 의인들을 착취하고 박해하고 심지어 죽였습니다. 이런 악은 무엇을 불러일으키겠습니까? 분노입니다. 어디 그것뿐이겠습니까? 악한 부자들의 사치스러운 삶을 보면 사람들에게 어떤 생각이 들겠습니까? 부러움과 유혹이 생길 것입니다. 이렇게 악한 부자는 다른 사람들의 분노와 유혹을 불러일으킵니다. 앞 문단에서 이런 모습을 보여준 후, 본문에서는 성도들에게 참으라고 합니다. 그러면 무엇을 참아야 합니까? 바로 이런 분노와 유혹부터 참아야 하는 것입니다.

악한 사람이 부자가 되어 호의호식하는 것을 보면 우리 마음이 상하기 쉽습니다. 그런데 마음이 상하는 것 자체가 참지 못한 것입니다. 나의 처지에 대한 원망과 분노가 생긴 것이기 때문입니다. 다음에는 어떤 마음이 생기겠습니까? 대개 두 가지 모습으로 나타납니다. 첫째, 저 악한 사람이 망했으면 좋겠다는 마음입니다. 둘째, 나도 저 사람처럼 돈을 벌어야겠다는 마음입니다.

그러나 이 두 가지 모습은 다 옳지 않습니다. 아무리 악한 사람이라도 우리가 그를 정죄하거나 비방해서는 안 됩니다. 정죄와 비방은 우리가 할 일이 아니기 때문입니다. 이 문제는 앞에서 많이 살펴봤으므로 여기에서는 더 언급하지 않겠습니다. 단, 비방을 하지 않는다고 해서 경고도 하지 않는 것은 아닙니다. 우리는 하나님의 말씀으로 그런 사람에게 가르쳐 주어야 합니다. 악한 방법으로 부자가 되면 안 된다고 권면해야 합니다. 자기가 얻은 재물이라도 자기만을 위해 이기적으로 소비하면 안 된다고 가르쳐 주어야 합니다.

이렇게 경고해 주면 두 가지 효과를 거두게 됩니다. 하나는 악한 부자를 회개시키는 효과이고, 다른 하나는 피해를 당한 사람들을 위로하고 격려하는 효과입니다. 유감스럽게도 부자들은 이런 심판의 경고를 들어도 쉽게 삶을 바꾸지 않습니다. 하지만 그래도 간간히 말씀을 듣고 찔려서 삶을 바꾸는 사람도 있습니다. 하나님의 말씀은 혼과 영과 관절과 골수를 찔러 쪼개지 않습니까?

"하나님의 말씀은 살아 있고 활력이 있어 좌우에 날선 어떤 검보다도 예리하여 혼과 영과 및 관절과 골수를 찔러 쪼개기까지 하며 또 마음의 생각과 뜻을 판단하나니"(히 4:12).

오래 전에 어느 교회에서 설교를 하다가 사치스러운 삶이 얼마나 무서운 악인지를 아주 과격하게 선포한 적이 있습니다. 그런데 그 설교를 하고나서 제가 병이 나 버렸습니다. 설교 때문에 성도님들의 마음이 많이 상했다는 것을 느꼈기 때문입니다. "내가 뭔데 주님께서 사랑하시는 성도들을 마음 아프게 했을까? 나 자신도 그렇게 살지 못하는 주제에……." 이런 자책이 생겨 마음이 무척 상했습니다.

몇 달 후에 우연히 그 교회의 중직자 한 분을 만났습니다. 그 중직자는 그 설교를 듣고 소비 패턴을 바꿨다고 했습니다. 사치스러운 소비를 피하게 되었다는 것입니다. 저는 그 말을 듣고 큰 위로를 받았습니다. '아, 성도들의 마음을 상하게 한 말씀이었지만 그

말씀을 듣고 잘못된 삶을 바꾸는 사람도 있구나.'

그리고 악한 사람에게 징계를 선포하면 그 악에 시달리던 사람들이 큰 위로를 받습니다. '결국 하나님께서 악을 심판하시는구나. 내가 비록 부자가 되지 못했어도 저런 악을 행하지 않은 게 잘한 것이구나.' 또 격려도 받습니다. '앞으로도 나는 결코 악을 행하지 말아야지.' 우리는 하나님의 말씀으로 악한 부자들에게 경고해야 합니다. 하지만 악한 부자에게 분노를 폭발하여 그를 정죄하거나 비방하지는 말아야 합니다.

악한 부자를 보면서 우리가 이겨내야 할 또 한 가지 유혹은, 그 사람들처럼 악한 방법으로 돈을 벌고자 하는 욕심입니다. 이런 유혹에 빠져 악을 행해서는 안 됩니다. 사실 우리는 그들의 방법을 따른다고 해도 그들처럼 돈을 벌기는 어렵습니다. 원래 악한 사람은 하나님께서 내버려두시기 때문에 악한 방법으로라도 일시적으로 돈을 벌 수 있습니다. 하지만 하나님께서 사랑하시는 자녀들은 악한 방법으로 돈을 벌 수 없습니다. 하나님께서 내버려두시지 않기 때문입니다. 하나님께서는 사랑하는 자녀들의 삶에 강하게 간섭하십니다. 이것은 마치 불신자는 주일에 예배를 드리지 않아도 하나님께서 벌하시지 않지만, 신자가 주일에 예배를 드리지 않으면 벌하실 때가 있는 것과 같습니다. 하나님께서는 자녀들의 삶에 간섭하십니다. 그래서 하나님의 자녀가 악하게 살면 성공하지 못하는 것입니다.

우리는 악한 부자의 모습을 보고 시험에 들지 말아야 합니다. 오히려 잘 참고 바른 신앙의 자세를 지켜야 합니다. 이를 위해서는 특별히 필요한 것 두 가지가 있습니다. 하나는 현세에도 하나님의 상급과 심판이 있다는 것을 믿고 기다리는 것입니다. 다른 하나는 내세에서 하나님의 상급과 심판을 받게 된다는 것을 믿고 기다리는 것입니다.

본문을 보십시오. 참으라고 가르치기 위해 무엇을 보여줍니까? 먼저 농부들이 열매를 바라며 길이 참고 이른 비와 늦은 비를 기다리는 모습을 보여줍니다. 당시에는 가을에 새해가 시작되었기 때문에, 이른 비는 12~2월에 내리는 겨울비이고, 늦은 비는 4~5월에 내리는 봄비입니다. 농부는 씨를 뿌린 후에 비가 내릴 것을 기다리며 꾸준히 밭을 돌봅니다. 비가 오지 않는 동안에도 밭일을 중지하지 않고 꾸준히 합니다. 농부가 이렇게 바른 농부의 자세를 지키는 것이 참는 것입니다.

농부는 비가 올 것을 믿고 기다릴 때 참을 수 있습니다. 우리도 마찬가지입니다. 하나님의 축복이 임한다는 것을 믿을 때 믿음을 포기하지 않고 바른 신앙의 자세를 지킬 수 있습니다. 이것은 내세의 영생만 믿고 기다리는 게 아닙니다. 이 세상에서도 하나님께서 복을 주신다는 것을 믿고 기다리는 것입니다. 여름 내내 오지 않던 비가 겨울이 되면 폭우로 쏟아 부어집니다. 그동안 임하지 않던 하나님의 축복도 때가 되면 폭우처럼 쏟아부어질 것입니다. 지금은 악한 사람이 잘살고 선한 사람이 못사는 것 같지만 때가 되면 악인들은 벌을 받고 의를 지킨 우리는 하나님의 상급을 받을 것입니다. 이것을 믿고 지금의 어려움을 참으며 믿음과 선한 삶을 지켜야 하겠습니다.

• 하나님의 자비와 긍휼

이것을 증명하기 위해 본문은 환난 속에서도 참았다가 나중에 큰 복을 받은 욥의 예를 듭니다. 그러면서 뭐라고 합니까? 하나님은 가장 자비하고 긍휼히 여기시는 분이라고 합니다. 하나님께서 사랑이 부족하거나 능력이 부족해서 지금 복을 내려 주시지 않는 것이 아닙니다. 하나님께서는 극진한 사랑 속에 최선의 때를 기다리고 계실 뿐입니다. 하나님께서 가장 적합한 시기에 가장 좋은 것으로 갚아주실 것입니다. 우리는 이것을 믿고 기다리며 악에 빠지지 말아야 합니다.

마태복음을 보면 믿음이 크다고 칭찬받는 사람 두 명이 나옵니다. 하나는 말씀만으로 자기 종을 고쳐달라고 한 백부장입니다. 백부장의 믿음을 보시고 예수님은 이렇게 말씀하셨습니다.

"예수께서 들으시고 놀랍게 여겨 따르는 자들에게 이르시되 내가 진실로 너희에게 이르노니 이스라엘 중 아무에게서도 이만한 믿음을 보지 못하였노라"(마 8:10).

다른 하나는 귀신들린 딸을 위해 예수님께 간구한 가나안 여인입니다. 이 여인이 예수님께 와서 딸을 구해 달라고 간구했습니다. 그러나 예수님은 들은 척도 안 하셨습니다. 얼마나 속이 상했겠습니까? 그래도 여인은 참고 다시 간구했습니다. 마구 소리를 지르며 따라갔습니다. 그러자 제자들이 여인이 저렇게 소리 지르며 따라오니 보내시라고 부탁했습니다. 그때 예수님은 이스라엘 사람들만 도와주겠다고 하셨습니다. 여인이 얼마나 기운이 빠졌겠습니까? 그러나 조금도 좌절하지 않았습니다. 그 절망감을 참고 그래도 딸을 구해 주시도록 간구했습니다. 이번에는 자녀의 떡을 개에게 줄 수 없다고 하셨습니다. 얼마나 화가 났겠습니까? 그러나 여인은 모든 실망과 분노와 속상함을 다 참고 간구했습니다.

"여자가 이르되 주여 옳소이다마는 개들도 제 주인의 상에서 떨어지는 부스러기를 먹나이다 하니"(마 15:27).

그러자 주님은 여인의 믿음이 크다고 칭찬하시면서 딸의 병을 고쳐 주셨습니다.

예수님께서 여인에게 시련을 주신 것은 사랑과 능력이 없어서가 아닙니다. 여인과 주위의 많은 사람들에게 참 믿음은 이렇게 오래 참는 것이며 이렇게 참고 믿음을 지킬 때 큰 복을 받는다는 것을 알려 주시기 위해서 그렇게 하신 것입니다.

하나님께서 지금 우리에게 시련을 주시는 것도 같은 이유 때문입니다. 하나님께서 시련을 주셔도 꼭 참고 절대 믿음을 잃지 마십시오. 그리고 하나님께 기도하십시오. 그러면 욥이나 가나안 여인처럼 머지않아 큰 복을 받게 될 것입니다.

- 하나님의 심판

또한 우리는 하나님의 심판을 볼 수 있어야 합니다. 하나님께서는 악을 끝없이 내버려두시는 분이 아닙니다. 때가 되면 심판하십니다. 특히 종말에는 가차 없이 심판하십니다. 그래서 본문이 뭐라고 가르쳐 줍니까? 주의 강림이 가깝다고 하지 않습니까? 우리가 주님의 재림을 생각하며 심판을 두려워한다면 절대 엉뚱한 행동을 하지 않습니다.

그런데 심판이 우리에게만 임합니까? 아닙니다. 지금 악을 행하는 부자들에게도 임합니다. 그래서 악한 부자들의 모습을 봐도 하나님께서 그들을 심판하신다는 것을 생각하며 직접 그들을 저주하지는 마십시오. 심판은 하나님께 달린 것이니 내가 나서서 정죄하고 비방하는 죄를 지을 필요가 없습니다. 아니 지어서는 안 됩니다. 하나님께서 가장 정의롭게 심판해 주실 것입니다. 그들이 받을 심판을 기억하고 그들의 호화로운 삶을 부러워하지 마십시오. 그들은 곧 망할 것입니다. 이 세상에서 망하고 내세에서는 영원한 벌을 받을 것입니다. 그러므로 우리도 악을 행하면 똑같이 무서운 심판을 받는다는 사실을 기억하고 악에 빠지지 않도록 각별히 조심해야 합니다.

우리가 친일파라고 부르는 사람들이 어떤 사람인지 아십니까? 물론 그들 중에는 처음부터 친일파인 사람도 많습니다. 하지만 오랫동안 일본의 압박에 항거하며 독립운동을 하다가 마지막 순간에 친일파가 된 사람도 적지 않습니다. 최남선이 어떤 사람입니까? 독립선언문을 쓴 사람입니다. 그러나 나중에는 친일파가 되었습니다. 윤치호는 어떤 사람입니까? 한국 YMCA를 창설했고 연희전문학교 교장도 했던 민족의 지도자였습니다. 독립신문의 사장도 역임했고 105인 사건으로 체포되기도 했던 독립운동의 중요한 인물이었습니다. 그러나 나중에는 친일파가 되고 말았습니다. 이렇게 훌륭한 독립운동가였던 사람들이 나중에 친일파가 된 경우가 많이 있습니다. 이런 사람들을 생각하면 정말 마음이 아프고 안타깝습니다. 이런 사람들은 오랫동안 올바른 자세를 지켰으나 끝까지 참지 못했기 때문에 친일파라는 오명을 남기게 된 것입니다.

독립운동을 하던 사람들이 끝까지 참지 못하고 나중에 친일파로 돌아선 이유가 무엇이겠습니까? 하나님께서 좋은 날을 주실 것이라는 믿음이 약해졌기 때문입니다. 하나님의 심판이 올 것이라는 두려움이 약해졌기 때문입니다. 일본이 승승장구하는 상황을 보며 일본의 승리가 대세라고 오판했기 때문입니다. 그래서 하나님께서 악을 패배시키시고 선을 이루실 것이며, 우리에게 좋은 날을 주실 것이라는 것을 잊었기 때문입니다. 침략자인 일본을 섬기다가는 나중에 하나님의 심판을 받게 되고 민족의 심판을 받게 되리라는 것을 두려워하지 않았기 때문입니다. 지금 기세가 등등한 악에 압도되어 하나님의 섭리를 바라보지 못하면 더 이상 참지 못하고 악에게 패하는 것입니다.

우리는 세상에서 기세를 떨치는 악에 미혹되지 말아야 합니다. 오히려 그것을 심판하시는 하나님의 섭리를 밝히 바라봐야 합니다. 그리고 우리가 끝까지 믿음을 지키면 반드시 좋은 것으로 보답해 주실 하나님의 사랑과 능력을 굳게 믿어야 합니다. 하나님께서는 이 세상에서도 우리에게 보답해 주시고, 내세에서는 영생을 주실 것입니다. 이것을 밝히 보면 이 세상에서 악한 부자들의 사치와 횡포를 봐도 원망하거나 정죄하지 않습니다. 또한 그들이 부러워서 죄를 짓는 유혹에 빠지지도 않습니다.

본문의 가르침은 악한 부자의 문제에만 국한되어 있는 게 아닙니다. 우리를 시험에 들게 만드는 모든 어려움을 다 포함하고 있습니다. 우리는 어떤 어려움 속에서도 참고 믿음을 지키면 하나님께서 반드시 좋은 것으로 채워 주신다는 것을 믿어야 합니다. 그리고 참지 못하면 하나님의 무서운 심판을 받게 된다는 것을 기억해야 합니다. 그러면 어떤 상황에서도 참고 믿음을 지킬 수 있을 것입니다.

• 소망과 사랑과 소명을 지킴

참는 것은 올바른 태도를 취하는 것입니다. 그래서 믿음을 지키는 것도 참는 것이지만 소망을 지키고 사랑을 지키고 소명을 지키는 것도 참는 것입니다. 이 중에 우리는 주로 믿음을 지키는 것을 살펴보았습니다. 하지만 그 안에는 앞으로 좋은 것을 주실 것이라는 소망을 지키는 것도 포함되어 있었습니다.

사실은 소망이 있어야 믿음도 지킬 수 있습니다. 본문은 선지자들이 참은 모습을 보고 배우라고 하는데 선지자들이 참은 것도 자기의 예언이 성취될 것이라는 소망을 지킨 것이고 동시에 하나님께서 이루어 주실 것이라는 믿음을 지킨 것입니다.

원망하거나 비방하지 말라는 것은 사랑을 지키라는 것과 같습니다. 악한 방법으로 부자가 되지 말라는 것은 참고 공의를 지키라는 것과 같습니다. 이렇게 참으라는 말씀 안에는 모든 어려움과 유혹을 다 참으라는 뜻이 있고, 믿음과 소망과 사랑을 지키라는 뜻도 들어 있습니다.

본문에서 서로 원망하지 말고 참으라는 것은 악한 부자에 대해서만 그러라는 게 아닙니다. 누구에 대해서나 다 참고 원망하지 말라는 뜻입니다. 사실 우리는 가까운 사람에게서 더 많이 또 더 크고 깊게 상처를 받습니다. 교인들은 목사에게서 상처받기 쉽습니다. 자녀는 부모에게서 상처받기 쉽습니다. 아내는 남편에게서, 남편은 아내에게서 상처받기 쉽습니다. 교우들 간에도 상처받기 쉽습니다. 우리는 가까운 사람들에게서 상처를 받아도 참아야 합니다. 우리는 그 어떤 사람에 대해서도 참고 사랑을 지켜야 합니다. 그래야 우리의 신앙을 지키고 하나님의 축복을 받을 수 있습니다.

여기서 참고 원망하지 말라는 말씀에 주의할 필요가 있습니다. 왜냐하면 세상에서는 원망을 참지 말고 표출하는 것이 더 좋다고 가르치는 경향이 있기 때문입니다. 물론 세상에도 화가 날 때 화를 내는 것보다 내지 않는 것이 더 건강에 좋다고 주장하는 사람들이 있습니다. 그러나 세상의 심리학이나 상담학이 뭐라고 가르치더라도, 하나님께서 참고 원망하지 말라고 하셨다면 분명히 그것이 우리에게 더 좋기 때문에 그렇게 말씀하신 것입니다. 우리는 세상의 학설도 존중해야 하지만 성경이 분명히 가르쳐 주는 것은 성경의 가르침을 따라야 합니다. 성경의 가르침이 세상의 지식보다 낫기 때문입니다.

그래서 우리는 속상한 일이 있을 때 화를 내서 풀어버리려고 하지 말아야 합니다. 오히려 참고 하나님의 은혜를 바라며 기도로 해결해야 합니다. 그러면 인간의 지식으로는 알 수 없는 놀라운 평강이 임할 것입니다. 그리고 하나님의 도우심 속에 이 세상과 오는 세상에서 큰 복을 누리게 될 것입니다. 우리 모두가 모든 일에 오래 참고, 믿음과 소망과 사랑과 소명을 지켜 주님께 영광을 돌리고 세상에 큰 유익을 끼칠 수 있기 바랍니다.

21. 쓸데없는 말 대신 찬양과 기도를 하십시오

내 형제들아 무엇보다도 맹세하지 말지니 하늘로나 땅으로나 아무 다른 것으로도 맹세하지 말고 오직 너희가 그렇다고 생각하는 것은 그렇다 하고 아니라고 생각하는 것은 아니라 하여 정죄 받음을 면하라 너희 중에 고난 당하는 자가 있느냐 그는 기도할 것이요 즐거워하는 자가 있느냐 그는 찬송할지니라 너희 중에 병든 자가 있느냐 그는 교회의 장로들을 청할 것이요 그들은 주의 이름으로 기름을 바르며 그를 위하여 기도할지니라 믿음의 기도는 병든 자를 구원하리니 주께서 그를 일으키시리라 혹시 죄를 범하였을지라도 사하심을 받으리라(약 5:12-15).

• 사람을 움직이는 요소

사람은 여러 가지 요인에 따라 움직입니다. 여러분은 주로 무엇에 따라 움직이십니까? 사람을 움직이는 요인은 여러 가지 방법으로 분류할 수 있습니다. 예를 들어, 성경의 주요 주제인 믿음, 소망, 사랑도 사람을 움직이는 요인입니다. 사람은 믿음에 따라 움직입니다. 믿으면 따르지만 믿지 않으면 따르지 않습니다. 사람은 소망에 따라 움직입니다. 잘될 거라는 소망이 있으면 열심히 노력하지만 소망이 없으면 포기해 버립니다. 사람은 사랑에 따라 움직입니다. 사랑하는 사람에게는 친절하지만 사랑하지 않는 사람에게는 불친절합니다. 확실히 믿음, 소망, 사랑은 사람을 움직이는 중요한 요소입니다.

또 지, 정, 의도 사람을 움직입니다. 지, 정, 의는 지식과 감정과 의지를 말합니다. 사람은 지식에 따라 움직입니다. 예배 시간이 바뀌었다는 것을 알면 집에서 나오는 시간이 달라집니다. 사람은 감정에 따라 움직입니다. 재미있는 일은 시키지 않아도 열심히 하지만 고통스러운 일은 좀처럼 하지 않습니다. 또한 사람은 의지에 따라 움직입니다. 새벽기도회에 나가겠다는 의지가 강하면 시계를 울리게 해서라도 나가지만 의지가 약하면 잘 나가지 않습니다.

그러면 지식과 감정과 의지 중에 사람을 움직이는 데 가장 영향력이 큰 것이 무엇이겠습니까? 사람에 따라 다르겠지만 대체로 감정입니다. 예를 들어, 사람은 고통을 피하고 싶어합니다. 그래서 고통을 피하기 위해서는 많은 노력을 합니다. 사람은 즐거움을 원합니다. 그래서 즐거움을 얻기 위해서는 많은 노력을 합니다. 그리고 사랑하는 사람을 위해서도 헌신적으로 행동합니다. 이렇게 사랑의 감정과 고통의 감정과 즐거움의 감정은 사람을 움직이는 강력한 요소입니다. 이것은 예수님도 우리에게 행동을 요구하실 때 이런 감정을 이용하신 데서 잘 알 수 있습니다.

성경을 보면 예수님께서 중요한 교훈을 주신 후에 그것을 따르게 하기 위해 어떤 말씀을 하십니까? '이 교훈대로 살면 천국에서 행복하게 살 것이고, 이 교훈대로 살지 않으면 지옥에서 큰 고통을 당할 것이다' 라는 내용의 말씀을 하십니다. 예를 들어, 마태복음 13장 42-43을 보십시오.

"풀무 불에 던져 넣으리니 거기서 울며 이를 갈게 되리라 그때에 의인 들은 자기 아버지 나라에서 해와 같이 빛나리라 귀 있는 자는 들으라."

이것은 사람이 고통을 피하고 싶어하고 즐거움을 얻고 싶어하는 것을 이용하여 바르게 살도록 교훈하시는 모습입니다.

또 예수님께서 하나님의 은혜를 가르쳐 주시며 하나님의 뜻대로 살라고 교훈하십니다. 하나님의 은혜를 알면 하나님을 사랑하게 되고, 하나님을 사랑하게 되면 하나님께 순종하게 되기 때문입니다. 이렇게 사랑의 감정과 기쁨의 감정과 고통의 감정이 사람을 움직이는 데 큰 역할을 하는 것입니다.

사람은 기쁨을 얻기 위해서나 고통을 피하기 위해서도 행동하지만 반면에 큰 기쁨을 만나거나 고통을 당해도 행동이 달라집니다. 고통이 생기면 원망을 하기 쉽습니다. 고통 때문에 화가 나서 과격한 행동을 하기도 합니다. 기쁨이 생기면 기분이 들떠서 평소와 다른 행동을 하기 쉽습니다.

그렇다면 우리가 이런 기쁨과 고통을 당할 때 어떻게 해야 하겠습니까? 감정에 따라 함부로 움직이지 않고 항상 올바른 태도를 취하도록 주의해야 합니다. 감정적으로 움직이다가는 악을 행할 위험이 크기 때문입니다. 이렇게 어떤 상황에서도 올바른 태도를 잃지 않는 것이 바로 참는 것입니다. 그러니까 기쁨이나 고통 속에서도 우리는 참고 바른 신앙의 자세를 지켜야 하는 것입니다.

• 맹세와 말조심

우리는 바로 앞 문단에서 참는 것에 대해 배웠습니다. 남의 악한 모습을 보고 원망하는 감정이 생길 때 원망하지 않는 것이 참는 것입니다. 아무리 선하게 살아도 좋은 열매가 맺어지지 않아 낙심이 될 때 포기하지 않고 끝까지 선하게 사는 것도 참는 일입니다. 앞 문단에서는 참는 모습 중에 마음과 말과 행동의 참는 것을 가르쳐 주었는데, 그중에서도 특히 마음과 행동의 참음을 많이 가르쳐 주었습니다. 이에 반해 본문은 특별히 말의 참음을 강조하고 있습니다.

본문은 먼저 맹세하지 말라고 합니다. 이 말씀은 여러 가지 의미를 가지고 있습니다. 마태복음 5장 34절에서 예수님께서 맹세하지 말라고 하신 것은 거짓말할 마음도 품지 말라는 뜻입니다. 맹세하는 사람의 마음을 생각해 보십시오. 우리가 어떤 약속에는 맹세를 하고 어떤 약속에는 맹세를 하지 않는다면 이 두 약속을 지키려는 마음이 똑같습니까? 아니지요. 맹세한 것은 지킬 마음이 더 강하고 맹세하지 않은 것은 지킬 마음이 약합니다. 곧 맹세를 하는 사람은 맹세하지 않는 일에 대해서 이미 거짓말할 마음을 어느 정도 가지고 있는 것입니다.

만일 말한 것을 모두 다 차별 없이 꼭 지키려고 한다면 어떤 말에 대해서만 특별히 맹세할 필요는 없을 것입니다. 그래서 예수님께서 맹세하지 말라고 하신 것은 어떤 일에 대해서나 거짓말할 마음을 조금도 가지지 말라는 뜻입니다.

또 사람은 전능한 존재가 아니기 때문에 함부로 맹세하면 지킬 수 없는 경우가 생깁니다. 아니, 지킬 수 없는 경우가 생기는 정도 가 아니라 사람은 자기 힘으로 지킬 수 있는 게 하나도 없습니다. 그래서 사람이 정말 거짓말을 하지 않으려면 맹세할 수가 없는 것 입니다. 예수님은 거짓말을 하지 않도록 하기 위해 맹세를 하지 말 라고 하신 것입니다.

본문의 맹세하지 말라는 교훈에도 거짓말을 하지 말라는 의미 가 포함되어 있습니다. 하늘이나 땅이나 아무것으로도 맹세하지 말고 지극히 말을 조심해서 죄 정함을 면하라고 말합니다. 이 말씀 은 우리가 아무것도 할 수 없으니 함부로 맹세했다가 거짓말이 되 지 않도록 주의하라는 뜻입니다.

그러나 본문에는 그런 뜻만 있는 것은 아닙니다. 하늘이나 땅이 나 그 어느 것으로도 맹세하지 말아야 할 또 다른 이유가 있습니다. 그것은 우리가 하늘의 일이나 땅의 일이나 아무것도 우리 마음대 로 할 수 없으면서 그런 것으로 맹세한다면 하나님의 권위를 가로 채려는 죄가 되기 때문입니다. 도대체 우리가 무엇이기에 하늘이 나 땅을 두고 맹세할 수 있습니까? 아니 하늘이나 땅은 그만두고 우리는 돌이나 머리카락을 두고도 맹세할 수 없습니다. 그런 것들 중에도 우리 마음대로 할 수 있는 것은 없기 때문입니다. 본문은 우리로 하여금 교만한 짓을 못하게 하려고 맹세하지 말라는 교훈 을 주신 것입니다.

그런데 맹세는 말로 합니다. 그래서 맹세하지 말라는 것은 말조 심하라는 뜻도 있습니다. 본문은 말을 할 때 맹세는 하지 말고 '그 렇다'고 할 것은 '그렇다'고 하고, '아니다'라고 할 것은 '아니다' 라고만 하라고 가르쳐 줍니다. 이것은 함부로 말하지 말고 말을 참으라는 교훈입니다.

사람이 말을 참기 어려울 때가 언제겠습니까? 앞 문단에서 보여 준 대로 악한 사람을 볼 때입니다. 또 언제겠습니까? 아까 사람을 움직이는 가장 강력한 것이 감정이라고 했습니다. 특히 고통과 즐거움과 사랑의 감정이 사람을 많이 움직인다고 했습니다. 말을 하게 만드는 것도 마찬가지입니다. 고통과 즐거움과 사랑의 감정이 사람을 말하게 만듭니다.

이런 감정이 생길 때 우리는 말을 참지 못하고 실수하기 쉽습니다. 이런 감정 중에서 본문은 특히 고통과 기쁨 때문에 실수하는 것을 경고하고 있습니다. 우리는 고통과 기쁨이 생길 때 말을 조심해야 합니다. 물론 맹세도 하지 말아야 합니다.

• **고난과 말조심**

사람이 고통을 겪으면 어떤 말을 합니까? 원망의 말을 하지요. 누구를 원망합니까? 먼저 사람을 원망합니다. 그러다가 크게 시험을 받으면 하나님까지 원망하게 됩니다. 그런데 원망의 말 중에 가장 심한 말이 무엇인지 아십니까? 맹세입니다. 우리가 극도로 원망할 때 어떤 말을 합니까? "절대 가만 두지 않겠다"라는 말을 합니다. 그런데 이런 말이 바로 맹세입니다.

하나님을 원망하면 어떤 말을 합니까? "다시는 하나님을 찾지 않겠다", "내가 다시 교회에 나가나 봐라" 이런 식의 말을 합니다. 그런데 이런 말도 다 맹세입니다. 하나님을 원망하면 이런 식의 맹세를 하기 쉽습니다. 이렇게 볼 때 본문의 맹세하지 말라는 교훈에는 감정에 따라 함부로 맹세하기 쉬울 때 말을 참고 맹세하지 말라는 뜻이 있습니다.

물론 우리는 맹세만 참을 게 아니라 악한 말을 다 참아야 합니다. 그래서 본문의 메시지는 고난을 당할 때 하나님이나 사람을 원망하는 말을 하지 말라는 것입니다. 믿음을 포기하는 말을 하지 말라는 것입니다. 악을 행하겠다고 결심하는 말을 하지 말라는 것입니다.

그러면 고통을 겪을 때 맹세나 원망의 말 대신 무엇을 해야 합니까? 기도해야 합니다. 그래서 본문은 이렇게 가르쳐 줍니다.

"너희 중에 고난 당하는 자가 있느냐 그는 기도할 것이요"(약 5:13a).

이 말씀은 고난을 당할 때 원망이나 엉뚱한 맹세를 하지 말고 기도하라는 것입니다.

고난을 당할 때 기도해야 하는 데는 크게 두 가지 이유가 있습니다. 하나는 고난을 해결하기 위해서이고, 다른 하나는 고난 중에 시험에 들지 않기 위해서입니다. 이 중에 고난을 해결하기 위해서 기도하는 것은 뒷부분에 다시 나오니까 나중에 좀더 살펴보기로 하고, 여기서는 시험에 들지 않기 위해 기도하는 것을 살펴보겠습니다.

우리가 고난을 당할 때 빠지기 쉬운 시험이 몇 가지 있습니다. 우선, 남을 원망하는 것입니다. 그런데 이렇게 원망하는 마음을 인간의 힘만으로는 참기 어렵습니다. 그러나 그 어려움을 하나님께

아뢰면 참을 수 있습니다. 사랑과 권능의 하나님께서 도와주실 것이기 때문입니다.

그것만이 아닙니다. 원망을 참는다고 해도 그 원망을 마음에 담아두면 나에게 상처가 됩니다. 또한 그것이 언젠가 폭발하여 이웃과 나에게 다시 상처를 줍니다. 그러나 그 원망을 다 하나님께 내어놓으면 내 마음에 상처가 생기지 않고 평안을 얻게 됩니다. 더욱이 전능하시고 사랑이 많으신 하나님께서 그 아픔을 다 들으시고 직접 내 마음에 놀라운 평안을 주십니다. 기도는 이웃을 원망하지 않고 참게 해주면서도 우리 속에 상처를 남기지 않는, 진정한 치유의 길입니다.

빌립보서 4장 6-7절은 이렇게 가르쳐 줍니다.

"아무 것도 염려하지 말고 다만 모든 일에 기도와 간구로, 너희 구할 것을 감사함으로 하나님께 아뢰라 그리하면 모든 지각에 뛰어난 하나님의 평강이 그리스도 예수 안에서 너희 마음과 생각을 지키시리라."

고난을 당할 때 원망하는 마음을 참고 오히려 감사하는 마음으로 하나님께 기도하면 하나님의 놀라운 평강이 임합니다. 이 평강은 두 가지 평강입니다. 하나는 마음의 평강입니다. 마음의 모든 아픔과 상처를 치유하는 평강입니다. 다른 하나는 삶의 평강입니다. 하나님께서 기도를 들으시고 고난을 해결해 주셔서 얻는 평강입니다. 그래서 고난을 당할 때는 기도해야 합니다.

고난당할 때 빠지기 쉬운 두 번째 시험은 실망하여 포기하는 것입니다. 이때 하나님께 기도하면 새로운 희망을 얻을 수 있습니다.

고난에 빠진 사람에게 가장 위험한 일이 그 고난만 바라보는 것입니다. 그러면 실망과 원망밖에 생기지 않습니다. 고난 속에서도 하나님을 바라봐야 합니다. 그러면 새로운 희망을 얻어 그 절망을 이겨내고 믿음을 지킬 수 있습니다.

여러분, 영화에서 어떤 사람이 절벽에 떨어질 위험에 빠진 장면을 보신 적이 있습니까? 그러면 구조대원이 와서 그 사람에게 가장 먼저 주의를 주는 게 뭡니까? 내려다보지 말라는 것입니다. 그럴 때 내려다보면 두려움에 빠져 더욱 위험해집니다. 위를 보아야 합니다. 구조대원을 보아야 합니다. 그래야 마음에 평안과 희망이 생겨 구조를 받을 수 있습니다.

우리가 고난을 당할 때도 비슷합니다. 고난만 바라보면 절망합니다. 하나님을 바라봐야 합니다. 그런데 기도하면 저절로 하나님을 바라보게 됩니다. 그러면 희망을 얻어 죄에 빠지지 않고 믿음을 지키게 됩니다. 그래서 고난을 당할 때는 기도해야 합니다.

세 번째 시험은 함부로 서원하는 것입니다. 서원은 하나님께 어떤 조건을 내세우며 기도하는 것입니다. "하나님께서 이렇게 해주시면 저는 하나님께 이것을 바치겠습니다"라는 식으로 자기의 소원을 아뢰면서 동시에 약속을 하는 것입니다. 물론 서원을 해도 됩니다. 그러나 감정에 휩싸여 서원하면 자기가 감당하지 못할 것을 서원하게 될 위험이 있습니다. 그러면 결과적으로 거짓말을 하게 됩니다. 그래서 함부로 서원하면 안 됩니다.

따라서 기도할 때는 맹세가 포함된 서원을 하는 것이 아니라 그냥 기도만 하는 것이 더 바람직합니다. 하나님께서는 사랑의 하나님이십니다. 서원을 해야 들어 주시는 분이 아닙니다. 서원은 간절한 마음의 표현이기는 하지만 잘못하면 교만이나 거짓이 됩니다. 그래서 고난을 당할 때는 서원의 맹세도 하지 말고 그냥 기도만 하는 것이 가장 좋습니다.

본문은 고통을 겪을 때 쉽게 원망하거나 좌절하여 함부로 말하지 말라고 가르쳐 줍니다. 특히 맹세하지 말고 오히려 하나님께 기도하라고 가르쳐 줍니다. 기도하면 고난 때문에 오는 모든 문제를 해결할 수 있습니다. 기도를 통해 하나님을 의지하면 실망도 하지 않고 자기감정에 따라 함부로 맹세하거나 원망하지도 않게 됩니다. 그리고 억지로 참을 때 생기는 상처도 생기지 않습니다. 그리고 하나님께서 주시는 참된 평강을 얻게 됩니다. 더 좋은 것은 하나님께서 그 고난 자체를 해결해 주신다는 것입니다.

● 즐거움과 말조심

본문은 즐거워하는 사람이 있으면 찬송하라고 가르쳐 줍니다. 즐거움의 감정도 사람을 움직입니다. 그런데 즐겁다고 항상 좋은 방향으로만 움직이지는 않습니다. 즐거움 때문에 실수하는 경우도 많습니다. 여러분은 기분이 좋아지면 어떤 실수를 합니까? 함부로 큰소리치거나 약속하지 않습니까?

세례 요한을 죽인 헤롯이 생각나십니까? 헤롯은 자기 동생 빌립의 아내 헤로디아와 결혼한 것을 세례 요한이 꾸짖자 아내를 위해 세례 요한을 잡아가뒀습니다. 그러나 헤롯은 세례 요한을 의롭고 거룩한 사람으로 보고 존중했습니다. 그런데 그의 생일에 헤로디아의 딸 살로메가 춤을 춰서 헤롯과 많은 손님들을 기쁘게 해줬습니다. 그러자 헤롯이 어떻게 합니까? 살로메에게 '무엇이든지 구하라' 고 하면서 나라의 절반이라도 주겠다고 약속하지요. 헤롯은 기쁨 때문에 함부로 맹세한 것입니다. 헤로디아는 그 기회를 이용해서 딸에게 세례 요한의 머리를 달라고 하라고 말합니다. 결국 헤롯은 본의 아니게 세례 요한을 죽이게 됩니다.

이렇게 사람은 기분이 좋으면 큰소리를 치거나 함부로 약속하게 됩니다. 그래서 본문이 무엇이라고 합니까? 즐거운 사람은 찬송하라고 합니다. 달리 말하면 기쁘다고 함부로 말하지 말고 겸손히 하나님을 찬양하라는 것입니다.

사람이 어떨 때 기쁩니까? 일이 잘될 때 기쁘지요. 이럴 때는 보통 마음이 어떻게 될까요? 교만해집니다. 자기가 뭐나 된 것 같은 기분이 듭니다. 그래서 교만한 마음으로 큰소리치기 쉽습니다.

구약성경을 보면 이스라엘이 남북으로 나뉜 후 남 유다에 아마샤라는 왕이 있었습니다. 아마샤는 에돔의 공격을 받자 하나님을 믿고 의지하여 에돔을 크게 물리쳤습니다. 얼마나 기쁜 일입니까? 그런데 아마샤는 그 기쁨 속에 교만해져서 북이스라엘의 요아스 왕에게 도전합니다. 요아스는 아마샤에게 에돔을 이긴 것으로 만족하고 가만히 있으라고 합니다. 괜히 건방 떨다가 망할 것이라고 경고합니다. 그러나 아마샤는 계속해서 요아스에게 대결하자고 합니다. 그러다가 결국 요아스에게 패하여 비참한 처지가 됩니다. 나중에는 부하들에게 배신을 당해 죽고 맙니다(왕상 14:1-20).

기쁠 때 우리가 할 일은, 자랑하는 것도 아니고 교만해지는 것도 아니고 큰소리치는 것도 아니고 맹세하는 것도 아닙니다. 오직 하나님을 찬양하는 것입니다. 기쁠 때 하나님을 찬양하는 것은 우리에게 기쁨을 주신 하나님을 높이는 것입니다. 얼마나 좋은 일입니까? 그것만이 아닙니다. 하나님을 찬양하는 중에 모든 것이 하나님의 은혜라는 것을 깨닫게 됩니다. 그래서 교만해지는 것을 피할 수 있습니다. 그러면 큰소리도 치지 않게 되고 함부로 맹세하지도 않게 됩니다. 그러므로 기쁠 때는 하나님을 찬양해야 합니다.

- **기도의 방법**

본문은 이렇게 감정에 따라 함부로 움직이지 말고 잘 참아 바른 신앙생활을 하라고 가르쳐 줍니다. 특히 고난을 당할 때는 기도하며 시험에 들지 말라고 합니다. 즐거울 때는 찬송하며 시험에 들지 말라고 합니다. 그리고 이어서 고난당할 때 기도하도록 기도에 대해 더 가르쳐 줍니다. 특히 기도하는 방법과 기도의 능력을 가르쳐 주는데 여기서는 기도의 방법을 살펴보겠습니다.

먼저 병든 사람이 어떻게 기도해야 하는지 가르쳐 줍니다. 장로들을 청하여 기도를 받으라고 합니다. 장로들은 기름을 바르며 기도하라고 가르쳐 줍니다. 기름을 바르며 기도하라는 것은 올바른 기도의 자세로 기도하라는 뜻입니다. 다른 이상한 미신적인 행동은 하지 말고 교회의 정상적인 기도 모습으로 기도하라는 것입니다. 그러나 형식보다 더 중요한 것이 믿음입니다. 그래서 본문은 믿음의 기도가 병든 자를 고쳐 준다고 가르쳐 줍니다. 특히 믿음의 기도는 치유의 은혜만 입게 해주는 것이 아니라 죄 사함의 은혜도

입혀 줍니다.

　이 말씀은 몇 가지 중요한 교훈을 줍니다. 첫째, 중보의 기도가 얼마나 중요한지 가르쳐 줍니다. 특히 믿음이 돈독한 사람의 중보 기도는 큰 역사를 이룹니다.

　둘째, 정상적인 기도면 된다는 것을 가르쳐 줍니다. 교회의 예식에 따라 기도하면 됩니다. 이상한 행동을 해야 기도가 응답되는 것이 아닙니다. 이상한 소리를 내거나 사람을 때리거나 할 필요가 없습니다. 기도에서 진짜 중요한 것은 믿음입니다. 그런데 아직도 우리 주위에는 이상하게 기도하는 사람이 적지 않습니다. 만일 자기의 습관이기 때문에 좀 독특하게 기도하는 것이라면 괜찮습니다. 하지만 특별한 행동을 해야 기도가 응답된다고 생각하면 잘못입니다. 기도에서 중요한 것은 형식이 아니라 믿음입니다. 물론 지나치게 형식을 무시하고 기도하면 시험에 드는 사람이 생길 수도 있으므로 어느 정도의 기본 형식은 갖추는 것이 좋습니다. 기도의 형식은 교회의 예식에 맞을 정도면 됩니다.

　이렇게 믿음으로 기도하고, 교회 예식을 지키며 기도하고, 서로 위해서 기도하는 것은 아주 귀한 일입니다. 이런 기도는 큰 역사를 이룹니다. 병도 낫게 해주고 죄 사함의 은혜도 얻게 해줍니다. 기도가 이런 능력이 있다는 것을 알면 사람들은 더욱 서로 위하여 기도할 것입니다. 본문은 이런 것을 알려 줌으로써 어려울 때 더욱 기도하도록 돕습니다. 기도의 능력에 대해서는 다음 장에서 살펴보겠습니다.

　사람은 감정에 의해 많이 움직입니다. 그래서 우리는 감정을 잘 참거나 혹은 좋은 방향으로 이용해야 합니다. 이를 위해서는 고난

당할 때 그 감정을 이용해서 기도해야 합니다. 그러면 얼마나 간절히 기도하겠습니까? 고난당할 때 기도하지 않으면 원망하기 쉽습니다. 혹은 원망하지 않아도 마음에 상처를 입기 쉽습니다. 더욱이 어려움이 해결되지 않습니다. 그래서 고난을 당할 때는 무엇보다도 기도해야 합니다.

즐거울 때는 찬송해야 합니다. 즐거운 감정이 가득하면 얼마나 힘차게 찬송하겠습니까? 하지만 즐거울 때 찬송하지 않고 그 기분을 자기 마음대로 표출하면 교만하게 되어 큰소리치거나 헛맹세를 하기 쉽습니다. 그러면 파멸로 가게 됩니다. 우리 모두가 어려울 때는 기도하고 즐거울 때는 찬송하여 더욱 행복한 신앙생활을 할 수 있기 바랍니다.

22. 능력의 기도와 따뜻한 사랑이 가득한 교회

그러므로 너희 죄를 서로 고백하며 병이 낫기를 위하여 서로 기도하라 의인의 간구는 역사하는 힘이 큼이니라 엘리야는 우리와 성정이 같은 사람이로되 그가 비가 오지 않기를 간절히 기도한즉 삼 년 육 개월 동안 땅에 비가 오지 아니하고 다시 기도하니 하늘이 비를 주고 땅이 열매를 맺었느니라 내 형제들아 너희 중에 미혹되어 진리를 떠난 자를 누가 돌아서게 하면 너희가 알 것은 죄인을 미혹된 길에서 돌아서게 하는 자가 그의 영혼을 사망에서 구원할 것이며 허다한 죄를 덮을 것임이라(약 5:16-20).

• 바르게 사는 힘, 바르게 사는 삶

이제 야고보서 강해의 마지막 장입니다. 누가 여러분에게 야고보서의 주제가 무엇이냐고 묻는다면 무엇이라고 대답하시겠습니까? '행함이 없는 믿음은 죽은 믿음이다' 라고 대답하시면 되겠지요. 당시의 많은 성도들이 예수님을 믿기만 하면 구원을 받는다는 복음의 진리를 오해하여, 그냥 예수님을 구원자라고 말하기만 하면 아무렇게나 살아도 구원을 받는다고 생각했습니다. 야고보서는 이런 사람들에게 진짜 믿음은 반드시 행위를 수반한다는 것을 가르쳐 주는 책입니다.

그런데 믿는 사람은 바르게 살아야 한다는 것을 알아도 실제로 바르게 살기는 상당히 어렵습니다. 크게 두 가지 이유 때문입니다. 하나는 어떻게 사는 것이 바른 삶인지 몰라서 그렇습니다. 다른 하나는 바르게 살 힘이 없어서 그렇습니다. 그래서 야고보서는 세 가지를 해줍니다. 첫째, 참된 신앙생활을 하려면 바르게 살아야 한다는 것을 강력하게 가르쳐 줍니다. 둘째, 바른 삶이 구체적으로 어떻게 사는 것인지 알려줍니다. 그리고 셋째, 바르게 살 힘을 줍니다.

야고보서가 어떻게 바르게 살 힘을 줍니까? 바르게 살 힘을 주는 첫 번째 방법은 하나님께서는 좋은 것만 주시는 분이라는 사실을 알려 주는 것입니다. 야고보서는 1장에서 시련을 이기는 방법을 가르쳐 주는데, 하나님은 좋은 것만 주신다는 것을 알려 주는 것이었습니다. 하나님께서 좋은 것만 주신다는 것을 알면 시련도 결국 유익하다는 것을 깨닫게 됩니다. 그러면 시련 속에서도 낙심하거나 죄 짓지 않고 그 시련을 이겨낼 수 있는 것입니다. 이 말씀이 기억나십니까?

"이는 너희 믿음의 시련이 인내를 만들어 내는 줄 너희가 앎이라 인내를 온전히 이루라 이는 너희로 온전하고 구비하여 조금도 부족함이 없게 하려 함이라"(약 1:3-4).

이 말씀은 어떻습니까?

"온갖 좋은 은사와 온전한 선물이 다 위로부터 빛들의 아버지께로부터 내려오나니 그는 변함도 없으시고 회전하는 그림자도 없으시니라"(약 1:17).

바르게 살 힘을 주는 두 번째 방법은 선하게 살지 않으면 무서운 심판을 받는다고 경고하는 것입니다. 이 말씀도 생각나시지요.

"들으라 부한 자들아 너희에게 임할 고생으로 말미암아 울고 통곡하라 너희 재물은 썩었고 너희 옷은 좀먹었으며 너희 금과 은은 녹이 슬었으니 이 녹이 너희에게 증거가 되며 불같이 너희 살을 먹으리라 너희가 말세에 재물을 쌓았도다"(약 5:1-3).

이렇게 야고보서는 하나님께서 좋은 것만 주신다는 것과 나중에 무서운 심판이 있다는 것을 보여줌으로써 바르게 살 힘을 줍니다.

그리고 바른 삶이 어떤 것인지 알려줍니다. 몇 가지만 생각해 보더라도 사람을 차별하지 말라는 말씀, 말조심해야 한다는 말씀, 경쟁심이 있는 것은 세상적이요 정욕적이요 마귀적이라는 말씀, 형제를 비방해서는 안 된다는 말씀, 교만하게 자기 계획대로 될 것처럼 살면 안 된다는 말씀, 돈을 사랑하면 안 된다는 말씀, 참아야 한다는 말씀 등이 있습니다.

• **기도와 찬양**

　이런 여러 가지 교훈 중에 우리는 앞 장에서 쓸데없는 말은 피하고 찬양과 기도를 드려야 한다는 말씀을 살펴봤습니다. 어려울 때는 기도하고 즐거울 때는 찬양하는 것이 우리가 시험에 들지 않고 하나님의 은혜 안에서 사는 길입니다. 그러면서 야고보서는 특히 기도하라는 것을 강조하기 위해 기도의 방법과 능력을 가르쳐 줍니다. 기도의 방법은 믿음의 기도여야 하고, 교회의 정당한 예식에 맞는 기도면 됩니다. 그리고 서로 위해서 기도해 주는 것이 좋습니다. 이런 기도는 병을 고쳐 주고 죄의 용서까지 받게 해주는 능력이 있습니다.

　여기서 믿음의 기도가 죄를 용서받게 해준다는 말씀을 주의해서 살펴봐야 합니다. 여러분, 아버지가 믿음으로 기도하면 아들은 믿지 않아도 죄를 용서받고 구원을 받습니까? 아니지요. 아들 자신이 믿어야 구원을 받지요. 그렇다면 믿음의 기도가 죄를 용서받게 해준다는 말씀이 무슨 뜻일까요? 믿음의 기도는 믿지 않는 사람을 믿게 만들어서 죄를 용서받게 해준다는 뜻입니다.

　저는 성도님들의 기도 제목 중에서 가장 안타까운 것이 믿지 않는 가족을 위해 드리는 기도입니다. 여러분, 가족이 아직 믿지 않고 있어도 실망하지 마십시오. 믿음의 기도는 불신자를 믿게 만들어 죄를 용서받고 구원을 받게 해주는 힘이 있습니다.

- **믿음의 기도: 의인의 기도**

그러면 믿음의 기도는 어떤 모습을 가지고 있습니까? 여러 가지가 있겠지만 먼저 본문이 보여주는 것부터 살펴보면, 본문은 믿음의 기도에 대해 세 가지 특징을 강조합니다. 첫째, 의인의 기도이고, 둘째, 남을 위한 기도이고, 셋째, 간절한 기도입니다.

먼저 의인의 기도부터 살펴봅시다. 의인이 어떤 사람입니까? 죄에서 먼 사람입니다. 사람이 죄에서 멀어지기 위해서는 두 가지가 필요합니다. 하나는 죄를 짓지 않는 것이고, 다른 하나는 죄를 용서받는 것입니다. 본문은 이 두 가지를 다 보여줍니다. 먼저 앞 문단인 14-15절을 보면 병든 자는 교회의 장로들을 청하여 기도를 받으라고 합니다. 그리고 믿음의 기도는 병든 자를 일으킨다고 하지요. 이 말씀은 장로들이 믿음의 기도를 드린다는 뜻입니다. 달리 말하면, 일반 평신도가 아니라 교회의 장로들을 청하라고 하는 이유는 장로들이 평신도보다 더 좋은 믿음의 기도를 드리기 때문입니다.

그런데 본문은 16절에서 의인의 간구는 역사하는 힘이 크다고 합니다. 그렇다면 이 말씀은 믿음의 기도가 의인의 기도라는 뜻이고, 따라서 장로가 의인이라는 뜻입니다. 왜 장로가 평신도보다 더 의인입니까? 본문은 두 가지 의인의 기도를 말하고 있습니다. 하나는 죄를 용서받은 의인의 기도이고, 다른 하나는 남달리 의롭게 사는 의인의 기도입니다.

16절은 의인의 기도에 대해 말하기 전에 죄를 서로 고하며 기도하라고 합니다. 이 말씀은 죄를 회개한 후에 기도해야 의인의 기도가 된다는 뜻입니다. 이것은 죄를 용서받아야 의인이 된다는 뜻입니다. 우리가 잘 아는 말이지요. 그래서 우리도 기도할 때 먼저 회개의 기도를 드리지 않습니까? 의인의 기도가 되려면 죄를 회개하고 기도해야 합니다.

그러나 만일 죄를 용서받아 의인이 되는 것뿐이라면 장로나 평신도나 차이가 없을 것입니다. 더 의롭게 산 사람이나 더 많이 죄를 지은 사람이나 용서받으면 똑같기 때문입니다. 그런데 왜 평신도가 아니라 장로를 청하라고 하는 것입니까? 장로의 삶이 평신도의 삶보다 더 의롭기 때문입니다. 장로는 삶에 있어서 평신도보다 더 의롭기 때문에 평신도보다 더 의인인 것입니다. 그래서 장로를 청하라고 하는 것입니다.

우리가 교회에서 어떤 사람을 장로로 선출합니까? 디도서 1장 5절을 보면 '장로는 책망할 것이 없는 사람이어야 한다' 고 가르쳐 줍니다. 원칙적으로 장로는 남달리 의로운 삶을 사는 사람입니다. 그래서 장로의 기도가 의인의 기도가 됩니다. 곧 본문이 말하는 의인의 기도는 의롭게 사는 사람의 기도라는 뜻이며, 동시에 죄를 용서받고 의롭게 된 사람의 기도라는 뜻입니다.

여기서 의인에 대해 오해하면 안 됩니다. 예수님을 믿는 사람은 다 의인입니다. 이 점에서는 우리 모두가 의인이고 우리의 기도도 의인의 기도이며 응답됩니다. 그러나 이것은 넓은 의미에서 말하는 의인이고, 본문에서 말하는 의인은 좀 다릅니다. 본문에서 말하는 의인은 남달리 의로운 사람입니다. 남달리 의롭게 산 사람이고 남달리 잘 회개한 사람입니다.

그렇다면 의롭게 사는 사람과 회개하는 사람이 서로 다른 사람입니까? 아닙니다. 여러분, 어떤 사람이 회개합니까? 말씀대로 살아야 한다고 믿는 사람이 회개하지요. 말씀대로 살지 않아도 괜찮다고 생각하는 사람은 회개하지 않습니다. 별로 잘못이라고 생각하지도 않는데 왜 회개하겠습니까? 그러니까 회개하는 사람은 의롭게 살려고 노력하는 사람이고 이미 상당히 의롭게 살고 있는 사람입니다.

여러분은 혹시 자기가 할 일을 하지 않아 공동체에 큰 피해를 입히는 사람을 본 적이 있습니까? 습관적으로 이렇게 사는 사람이 자기가 할 일을 하지 않았다고 미안해합니까? 자기가 할 일을 하지 않았다고 몹시 미안해하는 사람은 실수로 그렇게 한 사람입니다. 습관적으로 그러는 사람은 미안해하지 않습니다. 여러분은 습관적으로 약속을 어기면서 전혀 미안해하지 않는 사람을 보면 기분이 어떤가요? 그런 사람에게 친근감이 가나요? 하지만 실수로 약속을 어기고 진심으로 사과하는 사람은 괜찮지요?

우리와 하나님의 관계도 그렇습니다. 우리가 하나님의 말씀을 어기고 진심으로 회개하는 것은 말씀대로 살려고 노력할 때입니다. 하나님께서는 이런 사람을 정말 좋아하십니다. 다윗이 바로 이런 사람 아닙니까? 다윗이 얼마나 무서운 죄를 지었습니까? 그러나 얼마나 간절히 회개했습니까? 그래서 다윗은 하나님의 큰 은혜와 사랑을 입은 것입니다.

본문이 의롭게 사는 사람과 죄를 회개하는 사람을 의인이라고 하지만 사실 이 두 모습은 항상 같이 다닙니다. 의인은 의롭게 살기 위해 최선을 다하는 사람입니다. 그러다가 자기가 부족하여 잘못을 저지르면 최선을 다해 회개하는 사람입니다. 아무렇지도 않게 습관적으로 죄를 짓고 미안한 마음도 별로 없이 형식적인 회개만 하는 사람은 의인이 아닙니다. 이런 것은 회개가 아닙니다. 그냥 벌을 피하고 복을 받기 위해서 겉으로만 종교의식을 행하는 것에 불과합니다.

다윗과 대조되는 사울이 그랬습니다. 사울이 아말렉을 진멸하라는 하나님의 명령을 어기고 사무엘의 지적을 받았을 때 어떻게 했습니까? 사울은 눈물로 자기 죄를 회개하지 않았습니다. 사무엘에게 제발 떠나지 말고 자기와 함께 백성에게 나가서 자기 체면을 살려달라고 부탁했습니다. 사울은 죄를 짓고도 진정으로 회개하지 않고 자기 이권에만 관심을 가졌던 것입니다. 진심으로 죄를 회개하지는 않고 기도 응답을 받기 위해 회개의 형식만 갖추는 사람의 기도는 의인의 기도가 아닙니다. 이런 기도는 응답받지 못합니다.

• 믿음의 기도: 남을 위한 기도

두 번째 믿음의 기도는 남을 위한 기도입니다. 왜냐하면 하나님을 믿는 사람은 이웃을 사랑하게 되고 따라서 이웃을 위해 기도하게 되기 때문입니다. 이렇게 남을 위해 기도하는 것은 두 가지 장점이 있습니다. 하나는 이것이 의인의 기도이고 사랑의 기도이기 때문에 더 잘 응답된다는 것입니다. 여러분, 잊지 마십시오. 자기 혼자 자기를 위해 기도하는 것보다 남을 위해 기도하며 서로를 위해 기도하는 것이 더 잘 응답됩니다. 이것이 사랑의 기도이고 의인의 기도이기 때문입니다.

다른 하나는 더 많은 기도를 하게 된다는 것입니다. 여러분은 자기 문제만 가지고 기도할 때와 많은 이웃을 위해 기도할 때 중 언제 기도를 더 많이 하게 됩니까? 많은 이웃을 위해 기도할 때지요. 이렇게 많은 사람이 서로를 위하여 기도하면 나를 위한 기도도 많아집니다. 그래서 서로 위해서 하는 기도가 더 능력 있는 기도가 되는 것입니다.

• **믿음의 기도: 간절한 기도**

세 번째 믿음의 기도는 간절한 기도입니다. 본문은 엘리야의 기도를 소개하면서 간절히 기도했다고 표현하고 있습니다. 우리나라 성경(개역개정판)이 엘리야가 간절히 기도했다고 표현한 것은 좋은 번역입니다. 하지만 원어를 문자적으로 번역하면 "기도로 기도했다"입니다. 이 말은 '간절히 기도했다'는 뜻도 되고, '기도답게 기도했다'는 뜻도 되고, '바르게 기도했다'는 뜻도 됩니다.

바르게 기도하는 것도 아주 중요하지만 이것은 이미 야고보서 4장에서 살펴봤기 때문에 여기서는 더 이상 살펴보지 않겠습니다. 다만 아무리 간절히 기도해도 바르지 않은 기도나 기도답지 않은 기도는 믿음의 기도가 아니고 응답되지 않는다는 것을 잊지 마시기 바랍니다.

우리는 올바른 기도를 드릴 뿐 아니라 간절한 기도를 드려야 합니다. 엘리야는 하나님에 대한 열심이 특별했던 사람입니다. 엘리야는 자신이 하나님을 위해 열심이 유별하다고 합니다.

"그가 대답하되 내가 만군의 하나님 여호와께 열심이 유별하오니 이는 이스라엘 자손이 주의 언약을 버리고 주의 제단을 헐며 칼로 주의 선지자들을 죽였음이오며 오직 나만 남았거늘 그들이 내 생명을 찾아 빼앗으려 하나이다"(왕상 19:14).

엘리야가 하나님의 뜻이 이루어지기를 기도할 때 얼마나 간절히 기도했겠습니까? 이렇게 간절히 기도하는 게 믿음의 기도입니다.

그런데 자신을 위해서는 간절히 기도하기가 비교적 쉽습니다. 누구나 자신은 사랑하기 때문입니다. 그러나 남을 위해서는 간절히 기도하기가 쉽지 않습니다. 앞에서 살펴본 대로 믿음의 기도는 이웃을 위해 하는 기도인데 이때 간절히 기도해야 참된 믿음의 기도인 것입니다.

우리가 이웃을 위해 간절히 기도하기 위해서는 그의 형편을 생각하는 것이 큰 도움이 됩니다. 무디가 자식을 잃은 사람에게 위문을 갔는데 웬일인지 눈물도 나지 않고 마음도 맨송맨송했습니다. 혼자 민망해서 어쩔 줄 모르다가 자기 자식이 죽었다면 어떨까 하는 생각을 해봤습니다. 그랬더니 금방 눈물이 나며 그의 심정이 이해가 되고 그를 위해 간절히 기도할 수 있었습니다. 우리가 이웃을 생각할 때 마음속으로 그의 형편이 되어 보는 상상을 하면 큰 도움이 됩니다.

기도할 때 상상이 도움이 되는 경우가 또 있습니다. 믿음의 기도는 기도가 응답되리라는 확신을 가지고 드리는 기도입니다. 그런데 어떻게 하면 응답의 확신을 가질 수 있을까요? 하나님의 사랑과 능력을 믿으면 됩니다. 또 내 기도가 하나님의 뜻에 맞는다는 확신을 가져도 됩니다. 여기에 덧붙여 상상도 도움이 됩니다. 하나님께서 내 기도에 응답해 주시는 모습을 상상하는 것입니다. 이런 긍정적인 상상은 내가 확신을 가지고 기도할 수 있도록 도와줍니다. 그래서 내 기도가 더욱 믿음의 기도가 되게 해줍니다. 하나님께서 치료의 광선으로 병을 고쳐 주시는 모습이나 하나님께서 내 몸을 구석구석 만지시며 약한 것을 바로잡아 주시는 것을 상상하는 것입니다. 이런 상상은 우리 마음을 강하게 만들어 주며 우리로 하여금 확신을 가지고 기도하도록 도와줍니다.

그러나 이때 유의해야 할 것이 있습니다. 이런 상상은 믿음을 도와주는 것이지 상상 자체가 어떤 힘을 가지고 있는 것은 아니라는 사실입니다. 만일 상상 자체가 힘이 있다고 생각한다면 그것은 상상하는 행동을 미신처럼 믿는 잘못된 신앙이 됩니다.

믿음은 또 다른 중요한 특징을 가지고 있습니다. 포기하지 않는 것입니다. 가나안 여인이 예수님께 자기 딸을 고쳐 달라고 간구할 때 예수님이 박대해도 포기하지 않고 계속 구하지요. 그러자 예수님께서 뭐라고 하십니까? 그 여인의 믿음이 크다고 칭찬하십니다. 우리가 어떤 문제에 대해 정말 믿음으로 기도하는지 알고 싶으십니까? 그렇다면 그 문제를 포기하지 않고 계속해서 기도하는지 생각해 보십시오. 포기하지 않고 기도한다면 믿음으로 기도하는 것입니다. 이런 기도는 하나님께서 응답해 주실 것입니다.

이런 믿음의 기도는 특별한 사람만 하는 것입니까? 적어도 장로는 되어야 하는 것입니까? 아닙니다. 만일 그렇다면 평신도는 기도할 필요 없이 그냥 장로님을 모셔다가 기도해 달라고 부탁만 하면 될 것입니다. 그러나 결코 그렇지 않습니다. 이것을 알려 주기 위해 야고보서는 엘리야의 예를 듭니다. 역사상 가장 강력한 기도 응답을 받은 사람 중의 하나인 엘리야도 우리와 똑같은 성정을 가진 사람이라고 가르쳐 줍니다.

엘리야를 생각해 보십시오. 이세벨이 죽이겠다고 하자 도망을 갔습니다. 그러다가 힘들다고 하나님께 죽여 달라고 합니다. 조금 전에 갈멜 산에서 큰 승리를 했는데도 지금은 낙심하여 도망가는 것입니다. 심지어 죽으려고 하는 것입니다. 그도 우리처럼 연약한 인간이었습니다. 강철 같은 신경과 강인한 감정을 가진 사람이 아니었습니다. 그런데도 그가 위대한 기도의 응답을 받은 것입니다.

우리도 최선을 다해 하나님을 사랑하고, 그 뜻대로 살려고 노력하고, 그렇게 살지 못할 때는 겸손히 회개하고, 이웃을 사랑하며 서로를 위해 간절히 기도하면 놀라운 역사를 체험할 수 있습니다.

더욱이 우리는 예수님께서 하신 것보다 더 큰일을 할 수 있다는 약속을 받지 않았습니까?

"내가 진실로 진실로 너희에게 이르노니 나를 믿는 자는 내가 하는 일을 그도 할 것이요 또한 그보다 큰 일도 하리니 이는 내가 아버지께로 감이라"(요 14:12).

우리 모두가 이런 믿음의 기도로 능력 있는 삶을 살 수 있기 바랍니다.

• 사랑의 공동체

본문은 믿음과 능력의 기도에 대해 가르쳐 주면서 한 가지 중요한 것을 덧붙입니다. 그것은 사랑의 공동체가 되어야 한다는 것입니다. 이런 메시지는 세 가지 표현에 잘 나타나 있습니다. 첫째, 서로 위해서 기도하라는 것입니다. 이것은 조금 전에 살펴봤으니까 더 생각하지 않겠습니다.

둘째, 서로 죄를 고하라는 것입니다. 이것은 앞에서 살펴본 대로 죄를 회개하고 의인이 되어야 한다는 뜻도 있지만 서로 깊은 성도의 교제가 있어야 한다는 뜻도 있습니다. 죄는 하나님께만 고백해도 됩니다. 그러나 다시는 그런 죄를 짓지 않겠다는 결심을 더욱 강하게 하려면 사람들 앞에서도 고백하는 것이 도움이 됩니다.

우리 교회 홈페이지에도 가끔 자기 결심을 더 강하게 만들기 위해 공개하는 분들이 있습니다. 분명히 결심을 만인에게 공포하면 결단이 더 강해지고 더 잘 지키게 됩니다. 죄를 사람들 앞에서 고백하는 것도 비슷합니다. 이것은 분명히 죄를 회개했다는 것과 다시는 그런 죄를 짓지 않기로 결심했다는 것을 보여줍니다. 그래서 회개의 의미가 강하게 있는 것입니다.

아울러 성도들이 서로 죄를 고백하는 것은 서로 철저히 신뢰하는 모습입니다. 이웃이 나를 사랑하고 이런 죄의 고백 때문에 나를 해치거나 미워하지 않으리라고 확신하는 것입니다. 이것은 내가 그를 사랑하고 그가 나를 사랑하지 않으면 얻을 수 없는 확신입니다. 그래서 자원하여 서로 죄를 고백하는 것은 최고 수준의 교제가 이루어진 것을 의미합니다. 이것이 진정한 사랑의 공동체입니다.

이런 공동체에서는 서로 위해서 간절히 기도하는 믿음의 기도가 드려지게 됩니다. 그러면 진정한 사랑과 믿음과 능력이 나타나는 공동체가 됩니다.

그러나 주의해야 할 것이 있습니다. 마음에 충분한 사랑과 신뢰가 생기지 않았는데 억지로 죄를 고백해서는 안 된다는 것입니다. 그러면 오히려 서로 상처를 받기 쉽습니다. 그러므로 서로 죄를 고백하는 행동보다 그만큼 깊은 믿음과 사랑을 회복하는 것이 더 중요합니다. 이렇게 깊은 성도의 교제 속에 서로 죄를 고백하며 위해서 기도하면 놀라운 은혜와 축복을 누리게 됩니다.

셋째, 이웃을 구원으로 인도하라는 것입니다. 앞에서는 병든 자를 위해 기도하며 서로 도움을 받도록 가르쳤습니다. 여기서는 죄에 빠진 사람을 구원으로 인도하라고 요청합니다. 이 말씀에는 두 가지 의미가 있습니다.

하나는 우리의 교제를 믿음이 좋은 사람들끼리만 하지 말고 아직 구원에 이르지 못한 사람과도 해야 한다는 것입니다. 참된 사랑이 있는 교회는 결코 자기들끼리만 사랑하는 교회가 아닙니다. 외부 사람들에게도 사랑을 베풀며 구원으로 인도하는 교회입니다. 교회는 사랑과 능력을 입으면 입을수록 더욱더 외부 사람들에게 구원을 전해야 합니다.

다른 하나는 행함이 없는 성도를 볼 때 정죄할 것이 아니라 그를 도와서 함께 산 믿음의 신앙생활을 할 수 있도록 도와야 한다는 것입니다. 야고보서는 사람을 정죄하려는 책이 아닙니다. 바른 길로 인도하고 구원하려는 책입니다.

우리는 이 책의 첫 부분에서 야고보서는 굳은 음식과 같다고 했습니다. 굳은 음식이라고 해서 사람을 상하게 하는 것이 목적입니까? 아닙니다. 더 큰 힘을 주는 것이 목적이지요. 야고보서를 읽으면서 우리는 스스로 정죄하지도 말고, 남을 정죄하지도 말고, 서로 격려하며 산 믿음의 길로 가야 합니다. 우리가 이렇게 이웃을 구원의 길로 인도하면 우리 모두가 죄에서 멀어지고 영생의 축복을 받게 될 것입니다.

아무쪼록 우리 모두가 야고보서의 말씀을 통해 산 믿음을 가지게 되고 더욱 귀한 하나님의 자녀로 자라게 되기 바랍니다. 그리고 마지막 본문 말씀처럼 믿음의 기도와 서로의 사랑을 통해 사랑과 능력의 교회를 이루어 우리와 이웃이 모두 큰 복을 누리는 귀한 신앙생활을 할 수 있기 바랍니다.

```
판 권
소 유
```

야고보서를 읽읍시다

2014년 10월 10일 인쇄
2014년 10월 15일 발행

지은이 | 오덕호
발행인 | 이형규
발행처 | 쿰란출판사

주소 | 서울특별시 종로구 이화장길 6
TEL | 02-745-1007, 745-1301, 747-1212, 743-1300
영업부 | 02-747-1004, FAX / 02-745-8490
본사평생화번호 | 0502-756-1004
홈페이지 | http://www.qumran.co.kr
E-mail | qrbooks@gmail.com
　　　　　　qrbooks@daum.net
한글인터넷주소 | 쿰란, 쿰란출판사

등록 | 제1-670호(1988.2.27)

책임교열 | 이화정 · 김영미

값 12,000원

ISBN 978-89-6562-683-1 93230

* 이 출판물은 저작권법에 의해 보호를 받는 저작물이므로 무단 복제할 수 없습니다.
* 잘못된 책은 교환해 드립니다.